西南大學創新團隊項目『古文字與出土文獻研究』（SWU2009108）

出土文獻綜合研究集刊

第十七輯

西南大學出土文獻綜合研究中心
西南大學漢語言文獻研究所
主辦

劉釗題

中文社會科學引文索引（CSSCI）來源集刊

中國人文社會科學集刊AMI綜合評價核心集刊

U1001633

出土文獻綜合研究集刊

學術顧問

裘錫圭　王　寧　高嶋謙一　李家浩　黄天樹　喻遂生　張顯成

學術委員會

主　任： 黄德寬

副主任： 吴振武

委　員：（音序排列）

黨懷興　方一新　馮勝利　洪　波　華學誠　蔣冀騁

李國英　劉　利　麥　耘　孟蓬生　錢宗武　孫玉文

唐賢清　汪啓明　汪維輝　吴福祥　楊寶忠　楊亦鳴

楊永龍　趙長才

編輯委員會

主　任： 劉　釗

副主任： 孟蓬生

委　員：（音序排列）

陳　偉　陳偉武　杜　鋒　馮勝君　胡　波　李　發

李守奎　李運富　劉樂賢　沈　培　蘇文英　王貴元

王化平　王立軍　王蘊智　徐在國　臧克和　張涌泉

張玉金　趙平安　鄭振峰

編輯部

主　　編： 孟蓬生

副 主 編： 李　發（常務）　胡　波

主　　任： 王化平

編　　輯： 杜　鋒　蘇文英

英文編輯： 王博暢

執行編輯： 李　發

古文字和出土文獻研究的第一要義是求真、務實，亟望你們的刊物能辨出自己的特色，儘可能刊登有價值的文章。

裘錫圭

二〇二〇年一月十八日

目　録

Contents

釋甲骨文“霿”及相關諸字

——從一版氣象背甲談起*

王子楊

摘　要：本文以清晰的甲骨照片爲依據，重新釋讀了《合集》21936這版龜背甲的兩條卜辭，指出這兩條卜辭占問的内容爲殷代氣象，從而揭示出這版龜背甲的價值。同時，釋出本版寫法特殊的“啓”“雷”和“霿”三字，豐富了我們對商代文字形體複雜性的認識。本文還以“霿”字考釋爲契機，連帶討論了甲骨文“玫”“娢”“烙”諸字的釋讀，或講解用法，或分析形體結構，提出了一些新的看法。

關鍵詞：甲骨文；文字考釋；霿；玫；娢；烙

一

《合集》21936是一版龜背甲（參看圖1），上有兩條字體屬於劣體類的卜辭。過去由於《合集》拓本漫漶不清，没能引起學界的注意，這版背甲卜辭的重要信息自然也没有得到揭示。查考《乙編》1486拓本以及史語所網站“考古資料數位典藏系統”彩色照片（參看圖2、圖3），重新審視這版卜辭，有不少值得關注的地方。爲了便於下面的討論，先按照我們的理解把兩條卜辭移録於下（參看圖4摹本）：

（1a）癸丑貞：雲□A。

（1b）癸丑：雷，B。

圖1　《合集》21936

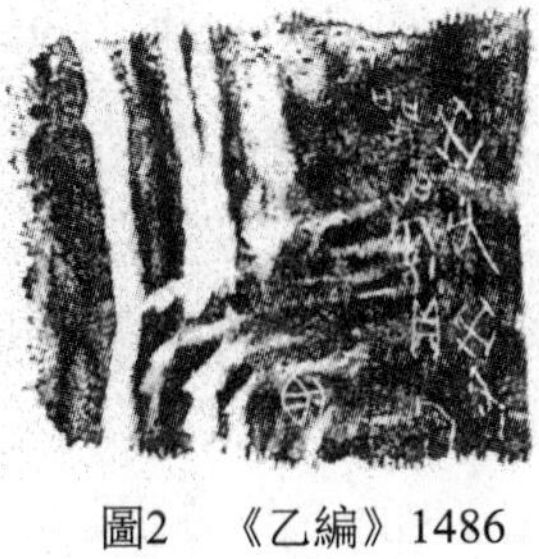

圖2　《乙編》1486

*本文係國家社科基金重點項目“甲骨單字考釋史研究”（22AYY015）的階段性成果。小文草成後，曾寄送黄天樹、鞠焕文、趙鵬、方稚松、袁倫强、王鵬遠、陳天逸等先生審閲，諸位先生都提出了極好的修改意見，謹致謝忱！

圖3　《合集》21936照片

圖4　自製摹本

目前出版的甲骨文工具書，以及甲骨資源的學術網站，都没能把兩條卜辭正確釋寫出來。因此，在討論相關問題之前，有必要把兩條卜辭内容簡單交代一下。先看A字，作如下之形：

表1

A		
	拓本，採自《乙編》1486	照片

姚孝遂、肖丁（1988:481）主編的《殷墟甲骨刻辭摹釋總集》摹而未釋。胡厚宣（2009:1089）主編的《甲骨文合集釋文》把A釋作“執”。曹錦炎、沈建華（2006:2503）編著的《甲骨文校釋總集》、陳年福（2010:1953）編著的《殷墟甲骨文摹釋全編》等釋文皆從之。李宗焜（2012:1000）編著的《甲骨文字編》收録了這個形體，放在“執”字頭下。劉釗（2014:1041）主編的《新甲骨文編》則收入“附録”，爲1127號。總體説來，把A釋作“執”是比較一致的看法。甲骨文“執”字一般寫作“”“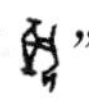”“”“”等形（劉釗，2014:606-607），從字形上看，確定無疑的“執”，以“㚔”（古代拘執雙手的刑具）拘執跪坐人形之雙手，有的形體還可以在“卩”旁的後面添加意符“又”（手形）或繩索之形，表意色彩更爲濃厚。《合集》21999有寫作“”之字，與上面引出的“執”字形體有些差異，比如左邊的偏旁没有上下的三歧筆畫。即便如此，甲骨文工具書一般還是把這個形體釋作“執”，這是否能够成立呢？我們知道，甲骨文“㚔”字寫法繁簡不一，其中有一類寫法，省去上下的三歧筆畫，刻寫作“”①“”（《合集》795正“圉”所从）等形。這樣看來，前引《合集》21999的“”釋作“執”有一定的字形依據，不過

①甲骨文“虢”所从之偏旁，參看李宗焜（2012:1004-1005）。

尚不能坐實。學界正是以這種寫法的“執”以及前引“幸”之省簡寫法爲依據，把本文討論的A釋作“執”字異體的。我們認爲，即使甲骨文“”釋作“執”是正確的，也不能推出A就一定是“執”字的結論。這是因爲甲骨文“執”字形體，絶大多數都是用拘械“幸”夾住人之雙手，手形少有寫在“幸”旁之外者①。而我們討論的A，手形“又”明顯刻在類似竪目之形的外側（且僅一隻手），因而過去釋作“執”可能是有問題的。

A字左部偏旁除了可能是“幸”之省形外，劣體類卜辭這種類似竪刻之“目”還有可能是“户”旁，而A从“户”从“又”，應該就是卜辭習見的“啓”，只是這個“啓”字所从之“户”刻寫得過於特殊，以致於跟竪刻之“目”十分相近。《合集》21976+《乙編》1842+《乙補》1272同樣是一版劣體類龜背甲，此版背甲經宋雅萍和蔣玉斌先後綴合，後來收入《甲骨綴合彙編》第812組（蔡哲茂，2011:651）。在這版龜背甲上部有兩條簡短的氣象卜辭，其辭爲：

（2a）癸卯：日啓。

（2b）癸卯：日不啓。　　　　　　　　　（《綴彙》812　劣體）

這組對貞卜辭的“啓”，分别寫作如下之形：

表2

2a		2b	

拓本	照片	拓本	照片

2b的寫法，從照片上看，“户”旁右側竪筆向左彎曲，且向上與左側竪筆相交，已經跟竪刻的“目”形相近。而2a左側的“户”旁，由於左右兩個竪筆皆向中間方向彎曲且交叉，已經與竪刻之“目”十分接近了。這種寫法的“啓”由於辭例的限定，釋作“啓”没有太大的困難。而（1a）之A，因爲A前面文字的漏釋或誤釋，没有運用辭例將之正確釋出，也是可以理解的。過去把A上面的字釋作“旬”和“壬”，且多認爲不能連讀②。其實，根據背甲卜辭的刻寫行款規律，本條卜辭也可能並不缺字，

①袁倫强指示筆者，拘執的人形雙手有刻寫在“幸”旁之外者，如《合集》26983“執”寫作“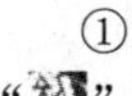”，所言極是。

②姚孝遂、肖丁（1988:481）釋文是“癸丑貞…”；胡厚宣（2009:1089）21936條下釋文爲“癸丑，貞旬…壬…執”；曹錦炎、沈建華（2006:2503）釋文是“癸丑，貞旬…壬…執”；陳年福（2010:1953）將1a釋作“癸丑貞旬…壬…執”；等等。

我們認爲可以釋作“癸丑貞：雲□啓”。其中“雲”字作“”，過去釋“旬”顯然於字形不合，可以不論。過去釋作“壬”的字形作“”，似是“亡”字殘筆，也可能是“戊”字殘去柄部竪畫的殘字。無論如何，其不是“壬”是可以肯定的。“雲亡（或戊）啓”大概是占問是否會雲開放晴。退一步講，即使今後經學者綴合，“雲□啓”之間確實不能連讀，辭意應該没有太大的變化，應該也是卜問雲的狀態如何，是否最終會放晴。

（1b）之B是本文重點討論之字，其形作：

表3

B	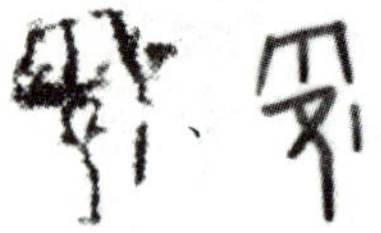	
	採自《乙編》1486	照片

此字上部从“雨”，下部从倒“止”，應該就是出組卜辭“零”字的一種早期寫法。出組卜辭的“零”寫作“”（《合集》24257），很早就被甲骨學者釋出，一般認爲當分析爲从“雨”，“各”聲。不少工具書都設立“零”字頭，但僅僅收録這一個形體（徐中舒，1988:1245；沈建華、曹錦炎，2008:62；李宗焜，2012:432；劉釗，2014:655；王藴智，2017:149；夏大兆，2017:459），尚可補充本文討論的諸形（詳下）。張亞初（1989:238）指出：“甲骨文和金文有零字（《綜類》171頁）。有時省口作雯（《金文編》589頁雯人守鬲）。此字後來分化爲零和露。聲符各變成了路。雯人守鬲係山西出土器。所以雯就是露，當是文獻上的潞。”張先生所説甲骨文“零”單指出組卜辭的“零”。而金文“零”，張先生説可以省去“口”旁而作“雯”，並舉出零人守鬲字形。其形作：

零人守鬲

零人守鬲之“零”，柯昌濟《韡華閣集古録跋尾》早已指出，“零”當爲國族名，疑“露”之古文。字从雨，从夂，夂象人足形，會意也。《史記正義》補《三皇本紀》“神農後甘怡戲露”，案張守節是説當取裁《世本》，其説甚古，疑即此雯國也①。兩位先生都把“零”與文獻中的古國族名“露/潞”相聯繫，考慮到三晉兵器、貨幣

①柯昌濟的意見轉引自張世超（1996:2695）。

常見此字，兩位先生的説法很可能是正確的。這個金文“霩”，字形跟我們討論的B完全一致。張先生説金文下部的倒“止”旁是“各”之省形，不一定符合實際。從武丁時期“霩”已經寫作“雯”的情形來看，也有可能下部从倒“止”是早期形體，後來添加“口”旁演變爲“各”。

值得注意的是，从倒“止”旁的“霩”字形體還不止劣體類這一例。《合集》22048是一版午組卜辭，時代與劣體類卜辭接近，都屬於非王卜辭。在左前甲下部臨近齒縫的地方有一條卜辭，其辭曰：

（3）乙亥卜：燎于土（社）[①]，C。

C字過去皆釋作“雨”。由於學者没有機會查看此版照片，再加之釋作“雨”於辭例頗通，因此，没有引起學者的懷疑。實際上，釋作“雨”是有問題的。C作如下之形：

表4

C			
	《合集》22048	採自《乙編》4925	考古資料數位典藏系統照片

大家過去釋“雨”，主要就是根據《合集》22048的拓本而做出的判斷。審視《乙編》4925的拓本，“雨”字左上部似還有淺淺的筆畫痕迹。再查看考古資料數位典藏系統上的清晰照片，“雨”字左上部的偏旁非常清晰，就是卜辭常見的倒止“”“”，只是左下方向的斜筆，由於筆畫末端發生坼裂而變得過於長（下部發生坼裂的綫條明顯比原本筆畫更粗大）。類似C這樣寫法的倒止之形，其實並不鮮見，可以跟“咎”上部的倒止之形比較。比如同樣是非王卜辭，《合集》22264的“咎”刻寫作“”；又如《合集》21749“咎”字作“”“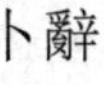”，等等。總體來看，對於同一個刻手而言，刻寫在上面的倒止之形的最後一斜筆往往比正向“止”的最後一筆刻寫得要長一些。綜合上述，過去把這個字釋“雨”顯然不妥，與前面討論的B聯繫，很容易得出B、C是同一個字的結論，只是兩個構字偏旁的位置互换而已。在非王卜辭的刻手集團裏，“霩”字有兩種寫法，倒止之“夊”既可以寫在“雨”旁之下，也可以刻在“雨”旁之上。這種構形變化在甲骨文字系統並不罕見，不煩舉例。那C形能不能看作“夊（格）雨”合文呢？我們認爲，“夊（格）雨”合文的可能性不大。我們知道，卜辭“各（格）雨”是名詞性偏正結構，即“到來的雨”，必須受前面

①“土”形中間似亦有筆畫，待考。

“有”“亡”等動詞的支配；況且，有了B形作爲參照，則直接釋作“雺”是最合理的選擇。卜辭習見對“土（社）”進行燎祭以祈雨或寧雨，如《合集》34279辭曰：“丙子卜：燎土（社），雨。”又如《合集》14393反+《合集》9587反（林宏明綴合①）：“…燎土（社），不其孨（纘）雨，出口”等。本辭“雺”可能就是用作本義的。鑒於甲骨文早期字形，有少數是可以表示一個語段的，學者已有不少論述（參看黄天樹，2014a:1-9；黄天樹，2014b:157-160；王暉，2014:181-191）②。如果是這樣，這裏的“雺”讀作“落雨”的可能性也不能完全排除。《合集》40305有下揭之形：

表5

D	
	《合集》40305（摹本）

一般把這個形體釋作“雨允”二字。考慮到甲骨文“允”没有在兩邊加點畫的情形，下面的字形也跟“允”明顯不同，如果這個摹本摹寫正確的話，頗疑這個形體也是“雺”。“雺”上面的殘字可能是“鳳”僅存爪部的筆畫，整條辭可能是：“…大鳳（風），雺。”《合集》12163是一版形體較小的龜腹甲，正面己丑之日占問“今夕”是否會下雨。占辭刻寫在了反面中縫兩側，其辭云：“王占曰：今夕不其雨；于壬雨，不吉，空唯壬，見癸。”沈培（2008:70-72）、林宏明（2008:78）對這條占辭有簡單的説解，可以參看。此版過去並未引起學界重視，根據趙鵬女士對反面圖版的復原，並查看反面照片，“于壬雨”三字分别在“其隹丁”筆畫的基礎上改刻而成，而“其”“隹”“丁”並未刮削。在改刻爲“雨”的“丁”字下面，尚有一字“”，上部殘去，僅保留點畫，下部仍然是倒止之形。疑此殘字可能也是“雺”，連同初刻的“其唯丁”一起組成“其唯丁雺”小句，作爲占辭的一部分。如果真是“雺”字，則使用的也正是本義。

（1b）“雺”之前的字，過去也多誤釋。比如《殷墟甲骨刻辭摹釋總集》釋作“伯”二字（姚孝遂、肖丁，1988:481）；《甲骨文合集釋文》（胡厚宣，2009:1089）21936條釋作“䨺”；《甲骨文校釋總集》釋作“䍜”（曹錦炎、沈建華，

①林宏明綴合，參看《甲骨新綴第643例替代》，中國社會科學院歷史研究所先秦史研究室網站，2018年11月23日，https://www.xianqin.org/blog/archives/11045.html.

②此外，裘錫圭先生在不少甲骨文字考釋文章中都提到，有些甲骨字形由於卜辭語境的限定，是可以連帶受事賓語而讀作兩個詞的。參看《裘錫圭學術文集 • 甲骨文卷》相關諸篇，復旦大學出版社，2012年。

2006:2503）；《殷墟甲骨文摹釋全編》摹而未釋（陳年福，2010:1953）。從這麼多歧見來看，大家對這個字的形體可能還没有辨析清楚。其形體作：

表6

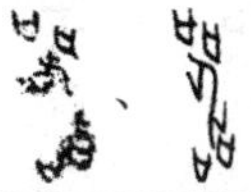	
拓本，採自《乙編》1486	照片

此字上下各有兩個“口”旁，中間的偏旁從照片上看，當爲“申”字無疑。過去有學者釋作“䨓”，應該是没有正確辨析出中間偏旁的緣故。我們認爲，這個字應該是“雷”字異體。甲骨文“雷”字寫法變化多端，中間一般是“申”或S形筆畫，在“申”或“S”形筆畫外圍刻寫兩個或多個相同的圓圈，作“ ”“ ”；或變圓圈爲點畫，作“ ”“ ”；或圓圈變作“田”形筆畫，刻寫作“ ”“ ”①；還有一種寫法引人注意，即周圍的圓圈筆畫寫作“口”旁，從而整個字刻寫作“ ”“ ”，如果中間的“申”旁再簡省作S形筆畫，就會與甲骨文“疇”完全混同（王子楊，2013:178-180）。這樣的“雷”字形體有一定的數量，如果把過去訛混作“疇”的形體計算在内，則這樣寫法的數量還會增加。另外，在甲骨文構形系統中，作爲表意偏旁的重複部件，往往多寡不同，並不區別字形。這種現象已經有不少學者指出過。比如劉釗（2011:340）説：“古文字中，有些字所从的偏旁有多寡之别，經常隨着字形的形態而增省。”譬如我們熟知的不少甲骨文字，有从“屮”、从“艸”、从“芔”、从“茻”之别，但往往都是一个字。就表意的“口”旁而言，也经常如此，比如甲骨文“喪”，就有“ ”“ ”“ ”“ ”等不同的寫法，从二“口”到从五“口”不等。又如所謂的“哭”字，可以从二“口”寫作“ ”，也可以从四“口”而寫作“ ”，皆其例。因此，我們討論的這個从“申”从四“口”的形體，應該就是“雷”字較爲繁複的寫法。釋作“雷”後，與我們釋出的“霒”字前後呼應，可以互相支撑。1b跟1a密切相關，都是占問天氣，1a占問雲氣狀態如何如何，然後卜問是否會天晴；1b先説打雷，然後卜問是否會落雨。

《銘圖》575（《集成》1417）、《銘圖》576（《集成》1416）有商器“亞E鼎”，E作：

表7

E	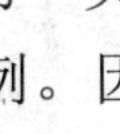	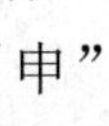
	《集成》1417	《集成》1416

①更多形體，請參看李宗焜（2012:436-437）。

E與前引卜辭之C也可能是一字，也應該釋作“䨮”。作爲族徽銘文的“䨮”與䨮人守鬲之國名（或族名）“䨮”之間的聯繫是可以考慮的。

“䨮”字出土文獻習見。金文除了有䨮人守鬲之“䨮”外，還有下部从“口”的形體，寫作“”（秦公鎛），用爲“昭格”之“格”。三晉兵器、璽印、貨幣文字常見“䨮”，其形作“”（《璽彙》2642）、“”（《貨系》1924）、“”（《三晉》91）等，形體與䨮人守鬲、秦公鎛之“䨮”一脉相承。戰國楚簡也數見“䨮”字，不過皆用爲“雨露”之“露”。比如郭店楚簡《老子》甲19號簡“甘露”之“露”作“”；上博簡《孔子詩論》21號簡“湛露”之“露”寫作“”；上博簡《蘭賦》1號簡“雨露”之“露”作“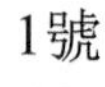”，等等。楚簡“䨮”用爲“甘露”“雨露”之“露”，即使拋開其與甲骨、金文形體“䨮”的演進關係，於字形也是很貼切的。三晉文字“䨮”則絶大多數表示地名或族名“潞”，用法與楚文字並不相同，其與西周、春秋金文“䨮”字用法倒是一路，而這些形體又可以通過䨮人守鬲的“雯”字寫法進而與甲骨文“雯”“䨮”相聯繫，又因爲我們指出的非王卜辭的辭例限定，可以確定“雯”用爲《説文》“雨䨮”之“䨮”（後世用“落”），從而把上述形體都釋作“䨮”。基於上面的討論，我們初步認爲從殷商到西周再到春秋戰國，“䨮”字形體比較穩定，演進序列清楚，這説明，我們把甲骨、金文B–E諸形釋作“䨮”是合理的①。李宗焜（2012:431）編著的《甲骨文字編》“䨩”字頭下收録“”（合集38207），從摹本上看，似乎跟我們討論的字形相同。然而查閲拓本，此字實刻寫作“”，下部並不从倒“止”，“夊”旁上部尚有筆畫，其與我們討論的“䨮”並非一字。

《説文·雨部》：“䨮，雨零也。从雨，各聲。”段注云：“此下雨本字，今落行而䨮廢矣。”《説文通訓定聲》也説“今以零落字爲之”（朱駿聲，1984:461）。王念孫（2016:372）《廣雅疏證·釋詁》：“‘䨮’，通作‘落’。”這些都是很精闢的見解。有學者認爲“䨮”是後起的分别字，“未見行用”（參看王力，1982:283），從我們前面的討論來看，這是站不住脚的。作爲落雨之義的“䨮”後世文獻雖然少見，不意味着在早期語言系統中{䨮}這個詞不存在，從而否定其存在的合理性。

如何看待甲骨、金文中的“雯”（䨮）字結構呢？過去多數學者認爲“䨮”是从“雨”，“各”聲的形聲字，《説文》説解字形就是這麼分析的。也有少數學者主張“䨮”乃以“雨”“各”會意，會落雨之義。我們認爲，兩説皆有可能，可以並存。

①至於楚文字表示“雨露”之“露”的“䨮”形，與甲骨、金文中的“䨮”是否存在演進關係，還不好下定論。也許楚簡“雨露”之“䨮”跟本文討論的甲骨、金文中的“䨮”只是一對同形字，不存在演進關係。即便如此，我們依然可以運用三晉文字的形體構建“䨮”的字形演變序列，並不影響本文結論。

尤其是甲骨文、金文“雯”形之字的反復出現，提示我們“霎”確實有會意的可能。甲骨卜辭中有不少“止”是用作{之}的，有學者把用作“之”之“止”看作是簡省，也有學者認爲是缺刻，還有學者（參看趙誠，1988:309）指出“用作指示代詞，與‘之’同，則爲借音字”。筆者認爲，甲骨文“止”象一隻脚形，本來就可以表示“之”（義爲往）這個詞，屬於早期表意字一形多用現象。後來在“止”下添加一橫畫分化出“到”“往”之“之”[①]，這種分化在商代晚期已經基本完成，但在甲骨卜辭中尚有分化不徹底之痕迹。甲骨文中表示人體器官的字形，不少都可以表示兩個相關概念（或者説詞），一個是表示器官本身，一個表示跟人體器官密切相關、突出功能的行爲動詞。比如“口”，既可以表示説話和吃飯的器官{口}，又可以表示以口講話之{曰}（裘錫圭，2012:467–472）；又如“目”，既可以表示器官之{目}，又可以表示以“目”偵查、監視之{視}[②]；再如“耳”，陳劍在《古文字形體源流》課堂上舉出不少證據（一個是“庭”从“耳”聲；一個是“耿”以“耳”爲聲），指出“耳”早期可能還有“聽”的讀音。這些現象啓發我們，類比“止”可以表示{之}，早期的倒止之“夂”，可能就有“各”一類讀音，甚至就可以直接表示{各}。向前之“止”表示{之}，那麼，反方向的倒止表示“各”（格）再合適不過了。與以“止”常見表{之}不同，甲骨卜辭以“夂”表{各}的用例極爲少見，這可能是分化比較徹底的緣故，分化後的“夂”單獨使用的機會很少，幾乎都用作構字偏旁出現在合體字中。陳年福（2021:1916–1917）編纂的《殷墟甲骨文辭類編》0915號“夂”字頭下收録四條卜辭，核查原拓，都不能成立。比如《合集》22013“唯夂”之“夂”顯然是“止”形之倒

①這種分化方式，姚孝遂先生曾經有深入的討論。姚先生指出：“有些文字，在最初是用同一個形體來表示不同的概念，後來爲了避免在表達概念上的混淆，就在原有文字形體上附加一些符號，以示區别。‘一’就是經常被采用作爲文字形體變化的一種附加符號。概念的分化，導致了形態的變化。任何簡單的附加符號都足以實現這種文字形態上的分化，適應區分概念的需要。”參看姚孝遂（2010:97）。姚先生還舉出“女、母、毋”“大、夫”“史、吏”“不、丕”“矢、寅、黄”等五組具體實例説明這個理論。正文“止”與“之”的分化，同樣符合這個現象，不必把“止”下的“一”看作出發的起點或泛指處所，從而認爲表示“止（趾）”之有所“止”云云。

②軍事卜辭有“呼目𢀛方”（如《合集》6194、《綴續》531、《英藏》556等），也有“呼視𢀛方”（《合集》6175、《天理》168等），過去一般把“目”“視”看作兩個義近之詞，認爲“目”可以引申指“以目視”；卜辭又有“呼目于河”（《合集》8326、《醉古集》109），也有“呼往視于河”（《英藏》1165、《合集》4356）。换個思路考慮，如果認爲早期“目”形可以同時表示器官之“目”和“以目監視、偵查”之“視”兩個詞，似也説得過去。尤其是《合集》8326“呼目于河，有來”跟《英藏》1165“貞：呼往視于河，有來”，辭例相近，可以作爲以“目”表示{視}的一個證據。當然，甲骨文“視”的用法比較靈活，遠不止上述用法，使用的類組也要比用作動詞之“目”的範圍大得多。因此，可以把表示{視}的“目”形看作早期文字一形多用現象在典賓類卜辭中的遺留。《廣雅·釋詁》：“目，視也。”甲骨文“視”字形體就是在側立人形上畫一個“目”形，其與“目”的關係也是十分密切的。

刻；《合補》6013“夊”下殘斷，很可能還有其他偏旁；《合補》6785“…□乙丑夊日”屬於誤讀，此版拓本倒置，翻轉後的文辭就比較通暢，實當爲“乙亥…步…日”，與“夊”無關；《屯南》4240的“夊”極有可能與左側的“王”是一字，詳後。還有其他甲骨工具書，也收録了“夊”字，或多或少都存在問題①。甲骨文雖然未見確定的以“夊”（倒止）表示“各”之例，但金文中却不乏這樣的例證。鞠焕文向我指出，金文任鼎（《銘圖》2442）“用各大神”、古盉（《銘圖》14798）“各于大室”、卌二年逑鼎（《銘圖》2502）“王各大室”之“各”分别作、、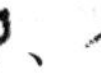，就是以“夊”表示{各}的例子②。此外，如果留意金文，還可以找出這樣的用例。比如獄簋“王各于康大室”之“各”寫作“”，亦是一證。因此，雖然在全部甲骨文中少見以“夊”表示{各}者，但上述金文中的例子，似可説明即使到了西周時代，仍然可以用“夊”表示{各}。可以推測，“夊”在殷商時期或許本來就有表示{各}的用法，後來爲了與“止”“之”相區别，在倒止下加“凵”或“口”形，造出“各”字來。“各”字專門表示{各}後，倒“止”形就作爲構字偏旁出現在古文字形體之中。下部从倒“止”之“雺”，既可以看作是从“雨”“夊”（各）聲，又可以理解爲雨向下降落，因此可以分析爲从“雨”、从“夊”（各），“夊”（各）亦聲。

《説文》云：“夊，從後至也。象人兩脛後有致之者。讀若黹。”這個部首多位於合體字上部，來源有一部分是倒止之形。也有學者（季旭昇，2014:478）認爲，“夊”是無中生有的部件，應該是由“致”字離析出來的。此説是否屬實，尚需要更多的證據。我們認爲，《説文》中的“讀若黹”是比較晚的讀音，早期可能讀如

①徐中舒（1988:621）收録兩條含有“夊”的辭例，一個是《乙編》6690（《合集》22094），所謂的“十夊”當爲“”（）之誤釋；另一個是《丙編》13（《合集》6482反），所謂的“夊”很可能與下面的偏旁組成一個字，即“”，否則辭例不通。李宗焜（2012）0898號“夊”字頭下收録兩個形體，一爲《合集》6482反，一個是《合集》38563，前者與《甲骨文字典》同，後者所謂的“夊”當係誤摹，實爲“不”字。又如王藴智（2017:212）收録“夊”字頭，舉出兩個“夊”字，其中一個是《合補》6785，另一個是《合集》18006。前者本文已經辨析；後者“夊”乃古文字“遣”的意符，不能獨立成字。夏大兆（2017:234）“夊”字頭下收録《合集》38563和《合集》22094兩個形體，亦不能成立，已見前面辨析。

②鞠先生基於本文的研究指出，叔卣（《銘圖》13347）“文遺功”之“夊”，將之釋爲“各”也很好，不用非得釋讀爲“垂”。今按：這個意見值得重視。朱鳳瀚（2011:10）在公布此器的論文中，把此字釋作“夊”，讀作“致”，認爲銘文言魯公“致文”，意謂魯公帶來禮法。董珊（2012:303-304）則把字形與《説文》“夂”（楚危切）聯繫起來，讀作“垂”，意思是流傳或留傳，“垂文”與“遺工（功）”正好對文，都是講魯公的功績。學界多接受董先生的意見。按照我們正文的説法，早期古文字“夊”（倒止）可以表示“各”，《説文》的部分“夊”（讀若黹）和“夂”（楚危切）有從倒止之形演變過來的，無論是“讀若黹”，還是後人標注的“楚危切”，都是比較晚起的讀音，把叔卣的“夊文”讀作“致文”“垂文”似皆非定論。如果按照本字理解，“夊（格）文”與“遺功”仍然可以對舉，“文”意謂禮制、法度，與“功”相對。

“各”。《説文》還有“楚危切”的“夊”，許慎訓作“行遲曳夊夊，象人兩脛有所躧也”。這個部首也多來源於倒止之形，不過一般位於字形的下部。

二

爲了進一步證實早期“䨣”下部所从之“夂”有“各”的讀音，下面我們再看看另外幾個以“夂”爲偏旁的甲骨文字的釋讀。從這些文字的釋讀中，可以看到甲骨文“夂”（倒止）與“各”的密切關係，反過來更可證明我們對“䨣”字釋讀的合理性。

《合集》27005（《甲編》1902）有从“王”从“夂”之字，作：

表8

《合集》27005	採自《甲編》1902	照片

早期師組小字類也有這個字，作：

表9

《合集》20196

將倒“止”之形寫到了部件“王”旁之下，這跟前面我們討論“䨣”的情形比較相似，可見“夂”（倒止）在作爲構字偏旁時，位置變動不居。比照“䨣”之構形，並考慮這個字的用法，我們認爲所从的“夂”（各）很可能也表示此字的讀音，也許就是表示“來格”之“各”（格）的一種寫法。之所以如此推論，主要是“玫”的用法與確定的“各”可以相通。請看《合集》27005“玫”的辭例：

（4）…□裸□歲，迺玫大丁，升伐，王受又=（有佑）。

（《合集》27005　何二）

與（4）辭表述相近之例，多見於村南系的歷無名間和無名類卜辭，下面略舉數例：

（5）王其各于大乙，升伐，不遘雨。吉，兹用，不雨。

（《合集》27000　無名）

（6）叀癸登黍，王受又。

王其登黍二祼，叀𠨍（比）各夙祼酒，王受又。

其登黍祖乙，叀翌日乙酉酒，王受又。

先二祼，廼各祖乙，登黍，王受又。　　（《屯南》618　無名）

（7）王入，廼各于。　　（《合補》10381　歷無名間）

將（4）跟（5）（6）（7）辭比較，可以看出“玫”的用法與“各”完全相同。（5）辭“王其各于大乙，升伐”跟（4）辭“廼玫大丁，升伐”表述頗爲相近，大丁前的“玫”與大乙前的“各”很可能表示同一個詞。（6）辭“廼各祖乙，登黍”之“廼各祖乙”跟（4）辭“廼玫大丁”結構完全相同，只是後面“升伐”變換爲“登黍”，而“升伐”與“登黍”的結構也完全相同。“玫大丁”“各祖乙”大概就相當於西周銅器銘文中的“各（格）前文人”“昭各（格）丕顯祖考先王”等表述，因此，“玫”可能就相當於“各”。考慮到“玫”有可能是以“夊”（各）爲聲的一個字，則“玫”應該讀作“各”（格），甚至有可能是爲商王來格之“格”造的專字。可以類比西周甲骨“文王”的專字寫作“”，等等。

《合集》20196辭如下：

（8）甲戌卜，𡧊：夌其由印（抑）。

不其由。　　（《合集》20196　師組小字）

陳劍（2010:31-32）大概認爲“夌”是人名。按照我們的意見，這個字可以視作“王格”的專字，可讀爲“格”，在（8）辭中可能用作人名，也可能有其他的理解，待考。

《屯南》4240有過去一直釋作“夊”的字（圖5），按照我們的理解，這個“夊”不是獨立使用的字，而是與左側的“王”一起構成一個字，其形作：

表10

《屯南》4240

絕大部分學者都把這個形體當成“王”“夊”兩個字來看待。聯繫《合集》27005、《合集》20196的“玫”和“夌”，《屯南》4240的這個形體顯然當釋作“玫”。有了這個認識，再來審視《屯南》4240的辭例和行款，過去釋作“王”“夊”確實不合適。從行款上説，如果“夊”獨立成字，則“夊”這一列只有“夊”一個字，與整版文字刻寫整齊的面貌不能相容。從辭例上説，如果把這個字拆分爲“王”“夂”二字，則《屯南》4240釋文“☐夂王夕[祼]酒”，辭例比較怪異，况且前面説過，獨立使用的“夂”十分少見，這裏的“夂”當也不能例外。如果看成一個字，則辭例可以隸寫爲“☐玫（各）夕[祼]酒”，《合集》30923同爲無名類卜辭，其辭云“…各夕祼…”與《屯南》4240辭例相同，可證我們把它們看作一個字是正確的。

圖5　《屯南》4240

三

甲骨文還有寫作下揭之形的兩組字：

表11

M		 ①	
	《合集》18041	《合集》18042	

①李宗焜的《甲骨文字編》0509號下還收録有《合集》20006的形體“”，吴麗婉（2017:14）已經指出係誤摹，當摹寫作“”，應該另立新字頭。這個意見是對的。韓江蘇、石福金編著的《殷墟甲骨文編》也收録了這一形體，不妥。

表11（續表）

N			
	《合集》864+	《合集》11501+	《合集》18043

	《合集》18044	《輯佚》58	

M組从“女”、从“夂”（倒止）；N組从“女”、从“各”。羅振玉（1915:30/2006:159）最早指出，M與从“女”从“各”的N是一字繁簡，並將之與今天一般釋作“賓”的形體一併釋作“姢”。後來不少學者同意羅説，先後指出M與N是同一個字（參看李孝定，1965:3705；徐中舒，1988:1324）。當然，也有不少學者反對將兩者看作一字。比如白玉峥（1974:13）把M隸定作“夌”，並云：“衡諸字例，作與作者異；蓋可釋爲各，而却不能釋爲各；夂，更不可釋爲各省。故姑書作夌，以俟考定。”于省吾（1996:498）在《甲骨文字詁林》0487號“玫”下出按語説：“此與‘姢’形義俱乖，不得視爲同字。”現在的甲骨文工具書，也多把兩者分開看待，似多接受兩者並非一字的意見。比如劉釗（2014:704、709）主編的《新甲骨文編》把M隸定作“玫”，排在709頁，把N隸定作“姢”，放在704頁。這樣安排字頭，説明作者認爲兩者没有任何關係。李宗焜（2012:153）編著的《甲骨文字編》把M、N分別編號爲0509和0510，前後相次。根據該書的編排體例，主分不主合，可能李先生認爲兩者有可能是同一個字，但還是將兩者編爲不同的號，分開放置。沈建華、曹錦炎（2017:40）《甲骨文字形表》（增訂版），韓江蘇、石福金（2017:136-137）《殷墟甲骨文編》也是如此處理。陳年福（2017:162）《甲骨文字新編》將M、N分別編爲0300和0303號，可見也是主張兩者並非同字。從目前所見甲骨文字書的情形看，把M、N看作不同之字是比較流行的意見。

下面我們從字形和用法兩個方面考察M、N的關係。先看學界主張兩者並非同字所依據的辭例證據。由於M所在辭例皆殘，因此，我們主要考察N所在的卜辭用法。其辭例如下：

（9）戊申卜，王：姢，千逸行于宀，千鬱行…。

（《綴合集》303=《合集》11473+《合集》864　師賓間）

（10）…筆大采姢（格）雲自北，西單雷…采日星（晴）。三月。

（《綴合集》83=《合集》11726+《合集》11501　典賓）

（11）[丙]午卜：□姢，殺象…　　（《合集》18043　師組小字）

（12）壬…姳…

…姳…延…□…　　（《合集》18044+《輯佚》58[①]　師組小字）

關於（9）辭辭意，我們在《甲骨文“棽（鬱）”的用法》一文中，曾經根據《合補》2330（《合集》5860+《合集》7055）、《合集》5339、《合集》8424、《合集》21295、《合集》19946正、《合補》5132正、《合集》20611等相關卜辭進行了一些推測，認爲（9）辭是占問行軍路綫和作戰策略的。具體指出“‘姳’結構跟‘河’結構一致，頗疑‘姳’讀爲‘洛’，‘姳（洛）’意爲渡過洛河。後面兩個以‘千’領起的分句是説‘千’的軍事行動的，頗疑‘千’是一支隊伍，‘千’[②]是另一支，‘千’的行爲是‘逸行于宀’，‘千’的行爲是‘鬱行□’，如此則‘鬱行’跟‘逸行’相對，具體含義待考。”（參看王子楊，2016:55-56）鄔可晶、施瑞峰（2022:17-27）同意“姳”讀作“洛”的意見，並把“姳”前面的“”形釋爲《説文》“船行也”之“彤”的表意初文，讀作“循行”義的“尋”,並對拙説有所補充，讀者可以參看。（10）辭“姳雲”顯然就是卜辭習見的“各（格）雲”。常玉芝（1998:17）解釋這條刻辭説：“‘大采’指上午的一段時間，‘姳雲’即他辭的‘各雲’，‘各’，典籍作‘格’，多訓‘至’，即來意，‘大采姳雲自北’是説大采時從北面來雲彩了；‘西單雷’是説西單之地打雷了；下面的辭殘掉了，當是記録下雨了，……最後説‘采日鳾星’，……我疑‘鳾星’即‘鳥星’，‘鳾’爲‘鳥’的别體，則該辭也是説天氣後來長時間放晴了。”李學勤（1999:65）認爲“鳾”以“鳥”爲聲，在此讀作“鳥”，從而也提出“鳾星”就是“鳥星”的觀點。諸家多已指出“姳雲”就是他辭“各雲”，主要是依據以下師組小字類卜辭，請比較：

（13）各（格）雲不其雨。允不，啓。　（《合集》21022　師組小字）

（14a）癸亥卜，貞：旬。一月。昃雨自東。九日辛未大采各（格）雲自北，雷，延大風自西，剌雲率雨，母（毋）蕭日…

（14b）…大采日各（格）雲自北，雷，風以雨，不延，唯…

（《合集》21021部分+《合集》21316+《合集》21321[③]　師組小字）

（15）…旬。□各（格）雲自東，雨，。

（《合集》20985+《合集》20944　師組小字）

①王子楊綴合。

②“”可能就是《合集》6773、6774被翦伐的對象“”。

③蔣玉斌、宋雅萍綴合，綴合具體情况參看宋雅萍《史語所第十三次發掘背甲新綴二例》之第1組，中國社會科學院歷史語言研究所先秦史研究室網站，2007年2月17日，http://www.xianqin.org/xr_html/articles/jgzhh/469.html.

把（10）辭與上引（13）–（15）比較，很容易得出“姳雲”就是師組小字類卜辭的“各雲”的結論。以此爲定點，則“姳”以“各”爲聲是没有任何問題的，由於音同，用來表示“格雲”之“格”。如果着眼於類組差異，可以看到，表示“格雲”之“格”，師組小字類刻手習慣用“各”，而典賓類刻手有時使用“姳”。“姳”在全部甲骨卜辭中，用法絶不僅僅表示“來格”“格云”之“格”，除了上引（10）以外，其餘各辭似都不是這種用法。

由於我們目前對“姳”字全部用法認識還不是很清晰，再加之M所在辭例的殘缺不全，M用法也不易確定，在這種情形下判斷M、N用法同異存在現實的困難。因此，過去學者認爲兩者“形義俱乖”（形之聯繫十分密切），證據並不充分。據此爲説，認定M、N不會是同一個字，也就不能成爲定論。

我們認爲，從本文所論倒止之“夂”和“各”的密切關係來看，羅振玉等指出M、N爲同一個字的繁簡還是正確的。只是説M爲N省去“口”旁的寫法，還不够嚴謹，不能排除此字本來就可以寫作从“女”从“夂”，而“夂”就有“各”音，後來在偏旁類化的作用下，在“夂”旁下加“口”旁，從而變作从“女”，“各”聲。“姳”字究竟爲哪個詞造的，本義爲何，仍然需要探索。

（12）辭爲我們新綴（參看圖6），兩版字體都屬於師組小字類，且上下兩版界劃綫貫通，似有成立的可能。綴合後辭例仍然殘缺，雖然不能爲本文研究提供關鍵信息，但也一併提出來，供學界參考。

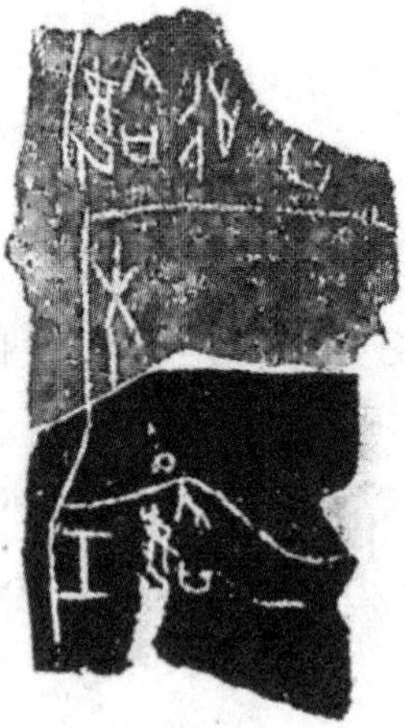

圖6　《合集》18044+《輯佚》58

四

甲骨文還有一個从“火”从“夂”（倒止）的字，形作：

表12

《屯南》2742	整理者摹本（中國社會科學院考古研究，1983:1439）

有的工具書把此字下部看作“山”旁，認爲兩側並無點畫，這是不妥的。從拓本看，下部確實漫漶，有無點畫難以斷定，我們相信《屯南》整理者的摹寫，因爲整理者是有機會面對甲骨原物摹寫的，字形判斷應該比較準確。退一步講，即便没有點畫，從尖底的寫法看，下部偏旁仍然是“火”。按照前面討論的諸从“夂”旁之字的結構分析，此字很可能是从“火”，“夂”（各）聲的形聲字，可能當釋作“烙”。清華簡《子犯子餘》簡11-12在講完成湯神事山川、德和萬民而君臨九州後，作爲對比，说到商紂王“殺三無殆（辜），爲燷（炮）爲烙，殺某（梅）之女，爲桊（桎）梏（梏）三百”（參看李學勤，2017:92-93）。其中“烙”字作：

《子犯》12

這是目前比較早的確鑿無疑的“烙”字形體，與《説文》小篆形體相同。與甲骨文形體相比，添加了“口”旁而變作“各”。《説文》：“烙，灼也。从火，各聲。”《説文》所收之“烙”放在“新附字”，後世時代比較早的字書也不收“烙”，因此有學者認爲，“烙”字産生的時代一定很晚。比如彭文芳（2008:43-44）就指出，“‘烙’字在南北朝之前的文獻中僅出現於‘炮烙’一詞中，這是令人生疑的。《説文解字》《方言》《釋名》《廣雅》《玉篇》等字書均無‘烙’字，《原本廣韻》始收‘烙’字。漢代文獻中表示‘烙’義時只用‘灼’‘炙’等。……作爲一個常用字，所有該時期字書都不收，除了有争議的‘炮烙’一詞再無其他用例，就只能推斷漢代‘烙’字並未産生。”

關於“炮烙”一詞，清代不少學者指出所謂的“炮烙”本來當爲“炮格”。這些論述也支持“烙”字晚出的論斷。下面僅僅引出盧文弨、段玉裁、王念孫的論述作爲代表。《荀子·議兵》：“紂刳比干，囚箕子，爲炮烙刑，殺戮無時，臣下懔然莫必其命，然而周師至而令不行乎下，不能用其民。”盧文弨曰：“‘炮烙之刑’古書亦作‘炮格之刑’。格，讀如‘庋格’之‘格’，古‘閣’‘格’一也。《史記索隱》：‘鄒誕生音閣。’此注云‘烙，古責反’，可證楊時本尚作‘格’也。”王念孫曰：“此段氏若膺説也，説見《鍾山札記》。”（參看王先謙，1981:283）《史記·殷本紀》：“於是紂乃重刑辟，有炮烙之法。”王念孫《讀書雜志》（2014:182-183）

“炮烙”條説：“段氏若膺曰：‘炮烙’本作‘炮格’。《江鄰幾雜誌》引陳和叔云：‘《漢書》作炮格。’今按：《索隱》引鄒誕生云：‘格，一音閣。’又云：‘爲銅格，炊炭其下，使罪人步其上。’又楊倞注《荀子•議兵篇》：‘音古責反。’觀鄒、楊所音，皆是‘格’字無疑。鄭康成注《周禮》‘牛人’云：‘互若今屠家縣肉格。’意紂所爲亦相似。庋格、庋閣兩音皆可通。《吕氏春秋•過理篇》云：‘肉圃爲格。’高氏注：‘格，以銅爲之，布火其下，以人置上，人爛墮火而死。’《列女傳》所説亦相類。是其爲‘格’顯然，而不但以燔灼爲義。今諸書皆爲後人改作‘炮烙’矣。念孫按：段説是也。《韓子•喻老篇》曰：‘紂爲肉圃，設炮烙，登糟丘，臨酒池。’‘肉圃’‘炮烙’‘糟丘’‘酒池’，皆相對爲文，今改‘炮格’爲‘炮烙’，則文不相對矣。《難勢篇》又云：‘桀紂爲高臺深池以盡民力，爲炮烙以傷民性。’言‘設’言‘爲’，則必有所設、所爲之物，今改‘炮格’爲‘炮烙’，則不知爲何物矣。”如果清人所論確鑿，則更爲“烙”字晚出提供了有力的證據。

現在有了清華簡“烙”字，至少可以説明“烙”字至遲在戰國晚期已經開始使用了。《説文》“新附字”收入“烙”字，是很合適的。至於“炮烙”作爲酷刑，究竟是偏正結構還是並列結構，所指爲何，本文不打算討論，請參看趙平安先生的《〈容成氏〉所載“炮烙之刑”考》（2004:346–349）、《兩條新材料與一個老故事——“炮烙之刑”考》（2018:306–310）以及張峰先生的《清華七〈子犯子餘〉所載紂之事與古書對讀二則》（2009:2–4）三篇論文。下面討論甲骨文有可能當釋“烙”字的用法，辭例如下：

（16）丁亥卜：其祝父己、父庚一牛，丁宗烙。
二牛。　　　　　　　　　　　　（《屯南》2742　無名）

“父己”“父庚”是歷無名間類、無名類比較常見的稱謂組合，表明此版是廩辛、康丁祭祀其伯父孝己、祖庚的卜辭。“丁宗”卜辭習見，是祭祀場所。卜辭日名爲“丁”的先祖宗廟有不少，如“祖丁宗”（《合集》34053、《合集》30300、《合集》30301等）、“父丁宗”（《合集》23265、《合集》30335、《合集》32700、《屯南》2707等）、“大丁宗”（《懷特》1559）等，“丁宗”可能是祭祀日名爲“丁”的祖先的宗廟。當然，也可以在丁宗祭祀日名不爲“丁”的祖先。“丁宗烙”之“烙”顯然是跟祭祀密切相關的動詞，可以跟下引卜辭比較：

（17a）二南于出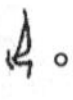。
（17b）乙巳貞：𡆥以二南于父丁。
（17c）辛亥貞：𡆥以二南于父丁宗（卩）。（《合集》32700　歷二）

張玉金（2002:3–9/2018:37–48）指出，上引（17）辭中“”“”爲一字異體，“”用指示符號標識人的膝蓋所在，是“厀（膝）”字初文；“”也是“厀”

字，只是省去了指示符號。兩者在（17）辭無疑表示同一個詞，當讀作切割之義的“切”或“㓞”，或者表示與“切”或“㓞”同源的一個詞。並解釋（17a）云：“義爲二頭小豬到出去的時候再切割嗎？”又解釋（17c）云：“這條卜辭卜問：吴帶來的二頭小豬應該到宗廟裏去切割嗎？”張先生對卜辭文意的把握是合理的，但是“𨚔（膝）”是否要讀作“切”或“㓞”，尚需要進一步論證。劉桓（2004:14-19）把“”釋作“𡵂”之初文，象人跪坐在山崖上之形；又把“”釋作“禮節”之“節”，象人跪坐之形。由於兩者有相同之處，所以可以通假。劉先生在解釋（17）辭用作祭祀處理犧牲的用法時，將其理解爲肢解之義。説解字形雖不可取，但解釋字義與張文大同小異，有合理的成分。後來陳劍（2015:141-146）綜合各家研究成果，把“”“”釋爲“𨚔/膝”與“卩/節（關節）”共同的表意初文，説解字形更進一步，但由於主旨並非考釋這兩個字，因此並没有提及作爲祭祀動詞的用法。我們認爲，上引張、劉兩位先生把“”“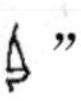”看作處置犧牲的方式，理解方向是合乎卜辭實際的。

（16）辭“丁宗烙”的受事主語當爲獻給父己、父庚的“一牛”；（17）辭“父丁宗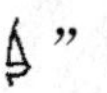”的受事主語爲“𡵂”帶來的“二南”。“二南”之“南”學界多認爲當釋作“殼”，讀作“豰”。最近有學者重提釋“南”之説，從字形和辭例兩個維度進行了精密的分析，並對用作祭祀物品的“南”進行了説解[①]。不管“南”作何種解釋，都受“宗”後動詞的支配。（16）辭的“烙”，很可能就是對“一牛”的處置。如果本辭“烙”使用的並非本義，則甲骨文“烙”可以如清儒所考證的那樣，讀作“炮格”之“格”，就是古書中用於懸置牲體的木架子，有學者指出就是古書中的“互”[②]。這裏用作動詞，意爲用“格”懸置。“丁宗烙”意謂（獻給父己、父庚的一牛）“在丁宗懸置”。前引（11）辭“[丙]午卜：□㚢，殺象…”，從“㚢”後接“殺象”的情形看，本辭的“㚢”似也有可能跟“烙”表示同一個詞，待考。如果“烙”用作本義，則本辭“烙”就不一定跟“格”“互”放在一起考慮，按照“灼”“炙”去理解，似

①如白於藍（2006:57-72/2017:1-16）認爲這種用法的“南”很可能是一種肉類製品，主要讀作“腩”或“醓”。黄博（2020:24-37）同意白先生讀作“醓”的意見，並且做了補充論證。

②方稚松（2021:1-19）對甲骨文中的“互”有考證，方先生指出：“互爲匣母魚部字，格爲見母鐸部字，聲母見匣關係極爲密切，韻母魚鐸陰入對轉，兩者音義皆通。這類可用於置放物品的木架之形可稱爲互，也可稱之格。”方先生又説：“互之所以會有割解之意，我們認爲與其構形關係密切：互字字形構造上作綫條交叉之狀，含有將一區域分隔爲幾部分之意，由此正可引申出分解、分割之含義。此外，從語音角度來看，互與表示肢解牲體的辜、磔等詞在音理上都有相通之可能。……另外，從互的功能角度或也可解釋其爲何可引申出割解之意，《文選·張衡〈西京賦〉》中的‘置互擺牲’一語，李善引薛琮注‘互，所以掛肉，擺，謂破磔懸之’，可見，互上擺放的是肢解後的牲體，由此功能或可引申出割解之動作。這一表意方式可與‘宜’類比，‘互’與‘宜’中含有的‘且（俎）’都同爲置放牲體之器，‘宜’之字形是將切割後的肉置放於俎上，在甲骨文中也常作動詞後接祭牲，表示對祭牲的一種處理方式。”

也説得通。

五

黄組卜辭的命辭中常見“𠧢巫九𪚦”和“𠧢巫九𠫑”之語，過去一直無善解。李學勤（2005:2/2008:135）對“𪚦”和“𠫑”提過精彩看法，對這一習語的認識具有重要推進作用，他説：

> 上引《合補》11242是腹甲，辭云“𠧢巫九𪚦”，“𪚦”是龜名，即《周禮》等書之“靁”，與用龜甲呼應。由此推想，“𠧢巫九𠫑”的“𠫑”字，只見於胛骨，當從“各”省聲，讀爲《説文》訓禽獸骨的“骼”字。不管怎樣，“𠧢巫九𠫑”“𠧢巫九靁”是關於卜法的習語，詳細涵義雖不了解，但一定是卜法中一種特別隆重的儀節。

李學勤（2009:4）後來又在《甲骨卜辭與〈尚書·盤庚〉》一文中指出，《盤庚下》的“弔（淑）由靈各”，“靈各”可能就是“靈骼”，指占卜用的甲骨而言。這就與黄組卜辭中的“九靁”和“九骼”對應得比較好了，大大增加了其説的可能性。其後的學者如朱鳳瀚（2013:158-165）、史亞當（2013:431-434），都對此語辭進行了一些探索，提出了不同的説解，但都認爲“𠫑”字上部的“夂”是聲旁。這個“𠫑”字形體如下：

表13

黄組				
	《合集》36344	《合集》36507	《合集》36511	《合集》36515

	《合集》36525	《輯佚》690		
賓組				
	《合集》19086			

我們同意上述學者的看法。此字上部的“夂”（倒止）可能是聲旁，綜合前面討論的各個甲骨文形體，此字的“夂”旁也當讀“各”的音，不應該有例外。果真如此，則前引李先生的看法目前是最合理的。當然，由於“𠧢巫九𠫑”的確切含義尚不能坐實，“𠧢”字的釋讀還有其他的可能性，因此，“𠫑”是否一定就是後世的“骼”字

還可以討論，不過“夅”由於上部的聲旁已經可以確定，則這個字釋作“骼”的可能性是非常大的。

黄組卜辭的“夅”也見於賓組，《合集》19086辭曰：“…令…用夅…。”辭殘，意不能明。如果“夅”前的“用”字辨識没有問題，那麼本版的“夅”用作本義的可能性也是存在的。

六

本文以清晰照片爲依據，重新釋讀了《合集》21936這版龜背甲的兩條卜辭，指出這兩條卜辭占問的内容爲殷代氣象，從而揭示出這版龜背甲的價值。同時，釋出本版寫法特殊的“啓”“雷”和“零”三字，豐富了我們對商代文字形體複雜性的認識。尤其是“零”字的釋出，爲我們重新認識《説文》新附字“零”的形體來源提供了新的視角。我們認爲，此字出現時代並不晚，可能在商代語言中就有表示“落雨”之{零}這個詞，後來“零”字廢棄不用而被“落”字替代。

本文還以“零”字考釋爲契機，連帶討論了甲骨文“玫”“姳”“烙”諸字的釋讀，或講解用法，或分析形體結構，提出了一些新的看法。另一方面，通過對這些甲骨文字的釋讀，豐富了我們對甲骨文倒止之“夂”旁的了解，形成了如下初步認識：

1.殷商文字系統中的“夂”，一般很少單獨使用，幾乎都是作爲構字部件出現的，是一個構字能力比較强的偏旁。

2.“夂”作爲偏旁，位置變動不居，比如本文討論的“玫”“零”等。但也並非在所有的以“夂”爲偏旁的字中都如此，比如在“麥”“遼”“退”等字中，位置就比較固定。這是因爲在“麥”“遼”“退”等字中，“夂”主要是作爲表意偏旁出現的，它與其他部件的相對位置關係有表意的意圖，因此不能隨意變換；而在“玫”“零”等字中主要是作爲聲旁出現的，對位置要求不是很嚴格，所以“夂”旁的安置比較自由。

3.“夂”在早期文字系統中，如果用作聲旁，其讀音應該與“各”相同，《説文》“讀若黹”以及徐鉉等人標注的“楚危切”是比較晚的讀音，不能反映早期的語言面貌。進而推測，早期文字“夂”（倒止）似有可能表示{各}，西周銘文一些“來格”“格至”之{格}就可以寫作倒止之形，固然可以看作是“各”之省形，换一種思路，這些倒止似也可以看作“夂”早期用法的孑遺。

附記：本文曾經在“首届出土文獻語言文字研究國際學術研討會”（2022年12月17–18日）上宣讀。方稚松先生在看過本文初稿後發來郵件，詳細闡明了對“玫”字釋讀的看法。由於意見比較重要，現節録於下，以供學界參考：

文中將《屯南》4240中的與《合集》27005中的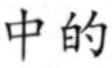看作一字無疑是正確的，將其釋讀爲“各”也能很好地疏通卜辭，極具啓發意義。不過，若仔細分析，其詞義也可能有另一思路。在此不揣淺陋，略陳管見。文中所引的《屯南》4240實爲討論該字詞義最好的一版材料，從辭例看，該字所在刻辭應是與“叀入自夕祼酒”選貞，結合相關同類文辭，似可擬補爲“[于入自]玫夕[祼]酒”。若此，則時間關係上“玫夕”應是在“夕”之後，而“各夕（或各日）”表示的一般是在“夕（或日）”之前，這點在《屯南》2483中體現得極爲明顯，該版上即是“各日—日—夕”的時間順序，相關討論還可參裘先生《釋“柲”》一文所討論的“比各”等辭例。既然《屯南》4240中“玫夕”是在“夕”之後，結合字形及文義，頗疑其含義應與“來、復”相近，是指夕祭回來，猶如“來伐夷方”是指“伐夷方回來”。至於《合集》27005中的玫所處句法位置雖與“各”一樣，但表示的可能也並非一詞。《屯南》618“先二祼，廼各祖乙，登黍，王受又”表示的是由近至遠的順祀，二祼應是指祭祀祖己、祖庚，該辭是先祭祀完祖己、祖庚後，再到祖乙的宗廟祭祀，“各”表示的就是一般的至義。而《合集》27005中的“玫”可能表示返回，“…□祼□歲，廼玫大丁，升伐，王受又=（有佑）”很可能是逆祀，即先到大丁之前的祖先（很可能是大乙）宗廟裏祭祀，然後再返回至大丁的宗廟裏祭祀大丁。至於“玫”該讀爲何詞，目前無很好意見，僅有一大膽猜測，從構形上看，字形中的夊無疑是表意的，與甲骨文中“麥、復、退”等文字中向下的止形表意一致，所從的“王”似只能理解爲聲符。限於聲符和意義，目前能考慮的詞就頗爲有限，想來想去或許該字就當讀爲表來、復義的“往”。古文字中常見的“往”脚趾朝上，故當訓爲之、去等，也引申表時間上的過去等義。……《論語》中的“既灌而往”表示的是灌祭之後，正與“玫夕”表夕祭後相似。也就是説，甲骨文字中本保留有兩個表不同朝向的“往”字的，只是後來合流了。

本文引書簡稱表：

懷特	懷特氏等收藏甲骨文集	乙編	殷虚文字乙編
合集	甲骨文合集	乙補	殷虚文字乙編補遺
合補	甲骨文合集補編	綜類	殷墟卜辭綜類
綴續	甲骨綴合續集	輯佚	殷墟甲骨輯佚：安陽民間藏甲骨
銘圖	商周青銅器銘文暨圖像集成	甲編	殷虚文字甲編
天理	天理大學附屬天理參考館藏甲骨文字	英藏	英國所藏甲骨集
屯南	小屯南地甲骨	醉古集	醉古集——甲骨的綴合與研究

參考文獻：

白於藍　2006　《説甲骨卜辭中“南”字的一種特殊用法》，《中國文字》（新32輯），藝文印書館。

白於藍　2017　《拾遺録——出土文獻研究》，科學出版社。

白玉峥　1974　《契文舉例校讀（二一）》，《中國文字》第52册，藝文印書館。

蔡哲茂　2011　《甲骨綴合彙編》，花木蘭文化出版社。

曹錦炎　沈建華　2006　《甲骨文校釋總集》，上海辭書出版社。

常玉芝　1998　《殷商曆法研究》，吉林文史出版社。

陳　劍　2010　《釋“凷”》，《出土文獻與古文字研究》（第3輯），復旦大學出版社。

陳　劍　2015　《“羞中日”與“七月流火”》，《古文字與古代史》（第4輯），“中研院”歷史語言研究所。

陳年福　2010　《殷墟甲骨文摹釋全編》，綫裝書局。

陳年福　2017　《甲骨文字新編》（下編），綫裝書局。

陳年福　2021　《殷墟甲骨文辭類編》，四川辭書出版社。

董　珊　2012　《新見魯叔四器銘文考釋》，《古文字研究》（第29輯），中華書局。

方稚松　2021　《釋甲骨文中的“互”及相關問題》，《“中研院”歷史語言研究所集刊》第91本，第1分。

韓江蘇　石福金　2017　《殷墟甲骨文編》，中國社會科學出版社。

胡厚宣　2009　《甲骨文合集釋文》，中國社會科學出版社。

黄　博　2020　《甲骨文“南”及相關字補説》，《出土文獻》第4期。

黄天樹　2014a　《甲骨文中所見的一些原生態文字現象》，《黄天樹甲骨金文論集》，學苑出版社。

黄天樹　2014b　《釋殷墟甲骨文中的“鷹”字》，《黄天樹甲骨金文論集》，學苑出版社。

季旭昇　2014　《説文新證》，藝文印書館。

李孝定　1965　《甲骨文字集釋》，“中研院”歷史語言研究所。

李學勤　1999　《夏商周年代學劄記》，遼寧大學出版社。

李學勤　2005　《論新出現的一片征夷方卜辭》，《殷都學刊》第1期。

李學勤　2008　《文物中的古文明》，商務印書館。

李學勤　2009　《甲骨卜辭與〈尚書·盤庚〉》，《甲骨文與殷商史》（新1輯），綫裝書局。

李學勤　2017　《清華大學藏戰國竹簡（柒）》，中西書局。

李宗焜　2012　《甲骨文字編》，中華書局。

林宏明　2008　《説殷卜辭見字的一種特殊用法》，《古文字研究》（第27輯），中華書局。

劉　桓　2004　《釋甲骨文、二字》，《古文字研究》（第25輯），中華書局。

劉　釗　2011　《古文字構形學》，福建人民出版社。

劉　釗　2014　《新甲骨文編》（增訂本），福建人民出版社。

羅振玉　1915　《殷虚書契考釋》，永慕園石印本。

羅振玉　2006　《殷虚書契考釋三種》，中華書局。

彭文芳　2008　《“炮烙”與“炮格”辨》，《古漢語研究》第3期。

裘錫圭　2012　《關於殷墟卜辭中的所謂“廿祀”和“廿司”》，《裘錫圭學術文集·甲骨文卷》，復旦大學出版社。

沈建華　曹錦炎　2008　《甲骨文字形表》，上海辭書出版社。

沈建華　曹錦炎　2017　《甲骨文字形表》（增訂版），上海辭書出版社。

沈　培　2008　《殷卜辭中跟卜兆有關的“見”和“告”》，《古文字研究》（第27輯），中華書局。

史亞當　2018　《甲骨文“畣巫九靈”和“畣巫九备”含義新考》，《甲骨文與殷商史》新8輯（紀念殷墟甲骨文發現120周年專輯），上海古籍出版社。
王　暉　2014　《論甲骨文中特殊動詞的釋讀法問題》，《甲骨文與殷商史——慶祝中國社會科學院歷史研究所建所六十周年》（新4輯），上海古籍出版社。
王　力　1982　《同源字典》，商務印書館。
王念孫　2014　《讀書雜志》，上海古籍出版社。
王念孫　2016　《廣雅疏證》，上海古籍出版社。
王先謙　1981　《荀子集解》，中華書局。
王蘊智　2017　《甲骨文可釋字形總表》，河南美術出版社。
王子楊　2013　《甲骨文字形類組差異現象研究》，中西書局。
王子楊　2016　《甲骨文“芍（鬱）”的用法》，《文史》（第3輯），中華書局。
吴麗婉　2017　《〈甲骨文字編〉校補》，首都師範大學博士學位論文。
鄔可晶　施瑞峰　2022　《説“朕”“弅”》，《文史》（第2輯），中華書局。
夏大兆　2017　《商代文字字形表》，上海古籍出版社。
徐中舒　1988　《甲骨文字典》，四川辭書出版社。
姚孝遂　肖　丁　1988　《殷墟甲骨刻辭摹釋總集》，中華書局。
姚孝遂　2010　《説“一”》，《姚孝遂古文字論集》，中華書局。
于省吾　1996　《甲骨文字詁林》，中華書局。
張　峰　2019　《清華七〈子犯子餘〉所載紂之事與古書對讀二則》，《古籍整理研究學刊》第1期。
張世超（主編）　1996　《金文形義通解》，日本・中文出版社。
張亞初　1989　《古文字分類考釋論稿》，《古文字研究》（第17輯），中華書局。
張玉金　2018　《古文字考釋論集》，廣東教育出版社。
張玉金　2002　《釋甲骨文中的“”和“”》，《古文字研究》（第23輯），中華書局。
趙　誠　1988　《甲骨文簡明詞典》，中華書局。
趙平安　2004　《〈容成氏〉所載“炮烙之刑”考》，《上博館藏戰國楚竹書研究續編》，上海書店出版社。
趙平安　2018　《兩條新材料與一個老故事——“炮烙之刑”考》，《新出簡帛與古文字古文獻研究續集》，商務印書館。
中國社會科學院考古研究所　1983　《小屯南地甲骨》（下）第2分册，中華書局。
朱鳳瀚　2011　《新出金文與西周歷史》，上海古籍出版社。
朱鳳瀚　2013　《黄組卜辭的“畬巫九畬”試論》，《甲骨文與殷商史》（新3輯），上海古籍出版社。
朱駿聲　1984　《説文通訓定聲》，中華書局。

Interpretation of Luo (零) and Relevant Characters in Oracle Bone Inscriptions: Starting with a Carapace about the Meteorology

Wang Ziyang

Abstract: Based on the clear photographs of oracle bones, this paper reinterprets the two pieces of divinatory text on the tortoise carapace No. 21936 in the *Collection of Oracle Bone Scripts*, pointing out that their consulting contents are about the meteorology in the Yin dynasty, thus revealing the value of this carapace. At the same time, this paper interprets the special graphic forms of characters qi (啓), lei (雷) and luo (霻), which enriched our understanding of the complexity of graphic forms of characters in the Shang dynasty. Taking the interpretation of luo as an opportunity, this paper also discusses the interpretation of characters ge (玟), ge (娢) and ge (烙) in oracle bone inscriptions, which explains the usage or analyzes the structures of form, and advances some new views.

Key words: Oracle bone scripts; Interpretation of characters; Luo (霻); Ge (玟); Ge (娢); Ge (烙)

（王子楊，清華大學出土文獻研究與保護中心/“古文字與中華文明傳承發展工程”協同攻關創新平台　北京　100084）

殷墟甲骨文“其”爲代詞説再商榷*

喬盼峰

摘　要：本文針對以往國内學者提出的卜辭“其”爲代詞説的例子，進行了詳細的論證，對引起代詞説争議的《英藏》1864一例提出新的看法。在對國内學者提出的卜辭代詞“其”進行分析後，本文認爲這些用爲代詞的例子是不正確的。甲骨文“其”字在卜辭中應用爲副詞，没有用作代詞的例子。

關鍵詞：甲骨文；其；代詞；副詞

殷墟甲骨文中，“其”字是一個很常見的字，以往學者的研究亦有不少。就目前學界的研究來看，“其”可用作副詞是以往學者都認同的。但在“其”究竟是語氣副詞還是時間副詞這一問題上，學界認識有差異。張玉金（2001；2020）提出甲文“其”都是表示將要的，疑問語氣並不是“其”所表達出來的，而是句調表達出來的，“其”當爲時間副詞。本文不再對這一問題進行討論，主要對代詞的問題進行研究。“其”能否用作代詞，學者以往多認爲僅有《英藏》1864一例可以用作代詞，但近來黄天樹又提出了幾例用爲代詞的例子。針對甲骨文“其”究竟能否作代詞這一問題，我們認爲仍值得深究，下面就對以往的説法進行辨析。

國内學者中，最早提出甲骨文“其”可能用爲代詞的例子的是沈培（1992:164）[①]，張玉金（1994:174）從之，後在對“其”的研究中張玉金（2022）又放棄此説。黄天樹（2020）撰文亦從《英藏》1864中“其”爲代詞説。隨後，黄先生又在2020年11月13日的西南大學漢語言文獻研究所古文字與出土文獻系列雲講座中的“談談甲骨虚詞‘曾’和‘其’”一文，以及2021年4月10日的“‘推進甲骨文等古文字研究’專題講座與研討會”中《關於殷墟卜辭是否有代詞“其”的考察》的報告，都對卜辭中用

*本文爲國家社科基金重大項目“殷墟甲骨文譯注與語法分析及資料庫建設”（17ZDA299）以及江蘇省社科基金一般項目“殷墟甲骨文字異體分工現象研究”（22YYB011）的階段性成果。論文於2021年8月草成後，承蒙張玉金師指正，又蒙沈培、張新俊、李發、趙偉、張軍濤等先生審閲，糾正了文中的錯誤。文章經沈培先生審閲後，得知沈先生已經放棄原來懷疑《英藏》1864中的“其”爲代詞的看法，並在與友人的交流中已提出了“于其配”當是表示時間的介詞結構的看法，其中的“配”是動詞。不過沈先生並未有文論及，是故仍不廢此文。謹在此對各位先生一併致謝。

①沈先生最初是對此保持疑問的態度，後經沈先生告知其已放棄此説。

爲代詞的“其”字進行了考察。黄天樹（2021）又發表《關於商代甲骨卜辭是否有代詞“其”的考察》一文，補充了“其”有用爲代詞的例子。我們受黄先生啓發，對這些例子有一些不同的看法。現將黄先生所舉例子轉引如下（下引a—h辭，帶*爲黄天樹（2020）所引，其餘爲黄天樹（2021）中提及的例子，標點釋文亦依此文）：

a*. 庚寅卜，王：余燎于其配。（《英藏》1864）

b*. 庚午卜，師：出其一豕。

*□出其八豕。（《旅藏》46）

c*. 丁亥卜：余弜（弗）喪其羌。（《合》21153）

d. 己亥卜：庚雨。其夕允唯雨。

于辛雨。庚夕雨，辛启。（《合》20957=《乙編》32）

e. 丙戌卜：戊亞其尊其豊，□。（《合》27931）

f. 癸酉卜：𠨘戠至于父丁，尊其鬲。（《屯南》1090）

g. □于父丁，尊其鬲。（《合》32235）

h. 辛酉卜：御石。

余曰貞：我御其石，其雨，聞。（《拼集》15=《合》22105+22424）

a辭，該條中的“其”用作代詞的説法，最初是由沈培（1992:164）提出。他認爲卜辭中的“其”一般不用作代詞，比較確鑿的用作代詞的例子似乎只有這一個。張玉金（1994:174）謂：“‘其’作第三人稱代詞。作定語，表單數，可譯爲‘他的’。這種用法的‘其’在甲骨文裏僅此一見。”他將此句譯爲“在庚寅卜，大王貞問：我應該燎祭他的配偶嗎？”黄天樹（2021）認爲：“前辭中的占卜者是‘王’，命辭中的‘余’應是商王自稱，是單數第一人稱代詞。‘其配’之‘其’是代詞，用在名詞‘配’前作定語，表示領屬關係。卜辭大意是説，庚寅日這天占卜，商王親自卜問：我燎祭我的配偶，好嗎？這是一條比較確鑿的‘其’用作代詞的例子。”

學者以往將“其”理解作代詞，“配”作名詞講時，對a辭的解釋往往讓人難以滿意。張玉金（2001）謂：“‘其’過去被認爲是代詞，譯爲‘他的’。然而可看成代詞的‘其’，在甲骨文中僅此一例。所以‘其’也有可能是副詞，大概是刻寫者刻錯了位置。”刻錯位置的這一説法，仍缺乏足够的證據。不過將a辭中“其”仍看作副詞的説法是可從的。以往將a中的“其”看作代詞主要有兩點障礙：一是，在理解作代詞的背景下，“配”字的理解有很大的問題。我們知道甲骨文中的配偶義往往都是由“奭”字承擔，甲文“配”字是否能用作“配偶”義尚是一個問題；二是，卜辭中“其”大多用作副詞，用作代詞的確鑿無疑的例子基本没有。因而理解作代詞時，此辭的意思是難以解釋的。

基於我們提到的這兩點疑問，我們首先要考察卜辭中“配”字的意義。“配”字在王卜辭與非王卜辭中都有出現，其字形於王卜辭中作（《英藏》1864）、（《合》14238）等，非王卜辭作（《花東》5）、（《花東》441）等，其字形左右無别，當是一字無疑。我們現將其王卜辭辭例列舉如下：

（1）辛酉卜，王貞：▨余配？（《合》5007=《北圖》2241）

（2）癸卯卜，争貞：帝弗戠，配？
（《醉古集》=《合》14238+《乙補》5827）

（3）王占：𦍧配。
配。（《合》18910，習刻）

（4）小配。（《合》31840）

（5）小配。（《合》31841）

（6）甲午卜：王叀𩫖配？（《合補》6625+）

（7）□午卜：王叀▨□（雀？）配？（《國博》94，文末圖1）

（8）▨配▨而▨其▨（《懷特》25）

（9）▨配▨（《懷特》767）

以上九例是我們搜集到的王卜辭中"配"的使用情況。（1）辭中"貞"下有一殘字作形，其下部殘缺。我們暫不能確定該形是否屬於本辭。如果連讀，"余"字在卜辭中只能作主語或賓語。因爲"余"不可以作第一人稱領屬代詞，因而"余配"連讀時，"配"仍應理解作動詞。

（2）辭的"戠"字作""形，其用法主要有：一、用作祭名或用牲法；二、"有戠"中，陳劍（2007:414-427）謂讀爲"異"，指異常現象。"戠"前有否定動詞"弗"，再加上"戠"字的動作發出者是天帝，因而我們認爲此處的"戠"絶對不應是祭祀一類的意思，此辭的"配"也絶不能作祭祀對象。因而，此處的"戠"只能用作動詞。陳劍先生認爲讀爲"異"，指自然界的異象，"戠"字作爲名詞，這與（2）辭的詞性有明顯的差别。我們認爲作爲異象的"戠"用爲動詞是完全有可能的，這可以從同樣能表示異象之義的"戠"字來佐證。《合》33698中"日戠"和"日有戠"共見一版，因而我們可以確定作爲異象講的"戠"前可以不使用"有"字。林宏明（2011:107）謂："'戠'字在此記録何詞還不好説，本辭可能是商王卜問帝是否會對其配有什麽不好的施爲。"林先生的理解似乎也可以説得通，但卜辭中作異象講的"戠"字似乎都不直接跟賓語。有些直接跟賓語的例子顯然不能直接理解作"異"，如"王戠父乙"（《合》201正）。陳劍（2007:426）認爲其是祭祀動詞。總之，根據前文的分析，我們認爲（2）辭的"戠"仍當理解爲"異象"，與其後的"配"字之間應斷開，辭意爲"上帝不會降異象，要配嗎？"

（3）辭爲習刻，通過"中研院"歷史語言研究所數位典藏公布的照片，可以清晰看出其“配”字。假使該辭是當時確實存在的話語，“𩠁配”中的“配”顯然當理解作動詞。

（4）（5）兩辭的“小配”，從表面上看似乎可以有三種理解：一是定中結構，“配”爲名詞，小的“配”；二是作複合詞；三是狀中結構，“配”爲動詞。在前兩種理解中，“配”似乎只能理解作“配偶”。但“配”字用作配偶義是在後世演變而來，在甲文中還没有確鑿的作爲祭祀對象的例子。第三種理解作動詞，則可以在卜辭中找到相關例證，如（6）辭。卜辭中有“大御”，與“小配”結構相同，此“配”也應爲動詞，不過不一定用作祭祀動詞。

（6）辭的“王叀𠷎配”中的“配”當理解作動詞。張玉金（1994:92）謂“叀”是語氣副詞，又是焦點和新信息的輔助標記。假如句中動詞的賓語是焦點而又需要用“叀”“唯”來標記，就只能把賓語前置於動詞而在賓語前用“叀”和“唯”，因爲語氣副詞不能出現在動詞和賓語之間。我們認爲張先生的説法可取，“王叀𠷎配”中人名“𠷎”是語句的焦點，是受事賓語，需要提前。（7）辭（拓片見圖一）周忠兵[①]釋讀作“[甲]午卜：王叀雀配，在𥂴”。如果“叀雀配”連讀，卜辭“雀”爲人名確鑿無疑，此種結構中的“配”當用作動詞無疑。不過，由於辭例殘缺，我們還是將此例存疑不論。

（8）（9）兩辭辭例殘缺，我們暫不做討論。從上述討論中我們可以確定，王卜辭中的“配”應都用作動詞。

非王卜辭辭例列舉如下：

（10）乙亥卜：叀子配史于帚好？
叀配史曰帚？
叀配史？　（《花東》5）
（11）庚卜：☒祉于𢦏、配☒　（《花東》41）
（12）甲申卜：叀配乎曰帚好，告白屯（純）？用。　（《花東》220）
（13）丙辰卜：子其㞢𢼸于帚，叀配乎？用。　（《花東》379）
（14）配貞：　（《花東》441）

以上四例都爲《花東》子卜辭。（10）辭中子配爲人名，受事賓語前置，其後兩辭的“配”當是承前省略。在此理解下，（12）（13）兩辭的“配”也當爲賓語前置，爲“子配”的省略。（14）辭“配”在“貞”前，應用作人名。（11）辭“祉”字從姚萱（2006：134；244）説，其謂該辭中“配”爲“子配”，可從。

---

① 周忠兵：《歷組卜辭新綴十一例》，中國社會科學院歷史語言研究所先秦史研究室網站，2008年12月26日，http://www.xianqin.org/blog/archives/497.html.

綜上所論，卜辭中“配”在王卜辭中用作動詞，花東子卜辭中用作人名，沒有用作配偶的意思。

既然確定了“配”在王卜辭中用作動詞，我們再來討論作爲師組卜辭的a辭的理解就更爲有把握。我們已經説過以往學者對“余燎于其配”的理解都存在不少問題，那該辭該如何理解呢？我們認爲“其”字當爲副詞。“其配”爲狀中結構，此狀中結構當作時間詞語，“于”爲介詞，引進表時間的狀中短語“其配”。

我們將“其配”理解作介詞“于”引進的時間短語主要有兩點依據。其一是“配”在王卜辭中没有用作名詞的例子，尤其是“配偶”義之例，理解作定中結構顯然不合適；其二是卜辭中“于”引進時間的例子很多。關於第一點我們在前文已經有過詳細的論證，現在針對第二點再進行論述。介詞“于”介引時間的例子卜辭不乏其數，如“其燎于七月”（《合》33348）。而且介引某種動作行爲發生或結束的時間的例子亦有不少，如：“其置庸壴于既卯？”（《合》30693）、“癸巳貞：于彡禕（卒）叀餗先？”（《合》34415）、“□□貞：上甲壬于大乙卯？”（《屯》900）、“于父己父庚既侑廼酢？”（《合》27416）等。此種介词“于”引介時間詞語，和它的賓語一起出現在謂語動詞後作補語的例子還有不少，我們不再一一列舉。由此，我們可以確定a辭的“于其配”這樣的結構很顯然應是引介表時間的狀中短語，其結構與《合》30693的“于既卯”完全相同，“于”介引的賓語都爲狀中結構。而且《合》34416有辭作“□□貞彡禕（卒）其禦王〼”，“其”“禕（卒）”相配，很顯然“其”也應與“禕（卒）”一樣是表示時間的詞語，只不過是將要發生和已經完成的區别罷了。

此外，卜辭中雖未有其他“其+動詞”用作介詞“于”賓語的例子，但却有一些動詞直接作介詞“于”賓語，以此用來表示動作行爲發生時間的例子。如“于入”“于出”“于刈”等，我們現摘引如下：

（15）于入施？　（《合》35152）

（16）癸亥卜，㱿貞：于出酢？　（《合》9990）

（17）王于出尋？　（《合》10812甲）

（18）[甲]辰卜，㱿貞：王入？

甲辰卜，㱿貞：王弓卒入，于刈入？　（《合》9522）

以上四例，介詞“于”後都直接跟動詞來表示動作行爲發生的時間。（18）辭爲對貞卜辭，貞問王要不要入，與貞問王不要卒入，到刈的時候入。“于刈”爲“介詞+動詞”結構，表示動作發生的時間。

根據以上對a辭相關辭例的分析，我們可以確定此處的“其”應是用作副詞。“余燎于其配”應該理解作：“我要到將要‘配’的時候舉行燎祭嗎？”

b辭，黄天樹（2021）謂：“是貢納卜辭。‘其’是代詞。卜辭卜問，是否能獻出他的一頭豬、獻出他的八頭豬。”我們認爲此代詞例也不能成立。卜辭“祭祀動詞+其+祭牲”的結構，沈培（1992:49–50）有過論述。沈先生舉《合》31107辭作：“卯，其五牢。”“其十牢。”“其十牢又五。”並謂“没有人把‘其五牢’看成是‘卯’的賓語”。沈先生還舉了類似的對貞例子如《合》34428：“癸卯卜：歲，其牢？”“叀小牢？”朱歧祥（2020）對這種“祭祀動詞+其+祭牲”的結構也有論述，他也認爲祭祀動詞與“其”之間應斷開。他還指出《合》32476“其十牛，大甲歲？”“其十牛”整個分句前置，更充分證明“其+祭牲”在句中應該分讀，獨立成句。

從卜辭來看，“其+祭牲”的確可以獨立構成一小句，因而我們贊同兩位先生對此類辭斷句的看法。《合》31107應是一組選貞卜辭，b辭與沈先生所舉之例結構其實應是完全相同的，只不過《合》31107中的後兩辭承前省略了祭祀動詞。因爲占卜者的關注點在用牲數量，所以在第一辭已經指出時間、方式等信息後，在隨後的卜問中，只卜問了不確定的用牲數，省略了已確定的用牲法。b辭爲貢納卜辭，“出”應爲“貢獻、獻出”之義，其結構應與《合》31107相同。因而，黄天樹所舉的b辭釋文應修改爲：

庚午卜，師：出，其一豕？
☐出，其八豕？（《旅藏》46）

與上引《合》31107省略的例子相比，b辭只是没有省略動詞“出”罷了。而且如果將b的“其”理解作代詞，我們會困惑“其”指代的到底爲誰。這種指代不明的情況，在代詞中是很少有的現象。所以我們認爲b的“其”也應理解作副詞，不能當代詞講。沈培（1992:51）認爲“祭祀動詞，叀+牲名”中的“牲名”用如動詞是説得通的，這時它的意思是“用牲”。b辭的“其一豕”，也應包含着“使用”的意味。

c辭（文末圖2），黄天樹（2020）認爲：“‘其羌’之‘其’用作代詞。卜辭卜問，我是否會在征伐等活動中喪亡我的羌奴。”依照黄先生的理解，c辭與b辭相比，“其”似乎指代的對象很明確。但根據黄先生的譯文來看，他是將“其”理解作第一人稱代詞，指代前面的“余”。這顯然是不正確的看法。關於西周時代的代詞“其”，張玉金（2006:293）謂“其”有第三人稱代詞和遠指代詞兩種用法。在代詞“其”出現頻繁的西周金文中，也從未見第一人稱代詞的用法。所以，黄先生認爲卜辭“其”用作第一人稱代詞的看法，尚需商榷。該條釋文胡厚宣（1999）作“弗其喪羌”，該版甲骨現藏臺灣“中研院”歷史語言研究所，張惟捷（2017）目驗後，將此版釋文改爲：“丁亥卜：余弗其喪羌？”我們贊同張先生的辭例釋讀順序，不過就具體斷句有不同的看法。“弗其+動詞”的例子卜辭中有很多，如：“晝弗其來牛”（《合》9525）、“我弗其受黍年”（《合》9950）、“弗其禽麋”（《合》10344正）、

“追弗其以牛”（《合》14454）等。該版中“𢏚”字有可能是兩字寫的太近，分屬兩辭。不過根據沈培（2002）的研究，“雉衆”之“雉”訓爲“失”，其義與“喪”近。卜辭中常見“不雉衆”與“其雉衆”對貞，而未見有“弗其雉衆”之例。“不喪衆”與“其喪衆”對貞，亦未見有“弗其喪衆”連用的例子。基於此考慮，“𢏚”可能應爲人名，師小字中有人名作“弜”（如《合》20402），二字可能只是繁簡的關係。“余”爲貞人名，同爲師小字的《合》20310有辭作“己巳卜，余：缶往？”“余”亦爲貞人。同版中亦有“丙寅其喪”之辭，因而，我們認爲該條釋文也可能應改作：

丁亥卜，余：𢏚其喪羌？　　　　　　　　（《合》21153）

d辭（文末圖3），黄天樹（2021）認爲命辭“庚雨”與命辭“于辛雨”對舉，驗辭“其夗允唯雨”和“庚夗雨，辛啓”對舉。又謂根據驗辭無語氣副詞“其”的規則，驗辭“其夗允唯雨”之“其”只能是指示代詞。代詞“其”指代前面命辭“庚雨”中的“庚子”日。在黄先生對d辭代詞“其”的理解中，我們似乎不能用“其”指代不明或指示代詞的原因去否定其説，因爲西周時代“其”的確有用作指示代詞的例子。不過根據張玉金（2006:293）的研究，西周金文指示代詞“其”是遠指代詞，而黄先生理解的d辭代詞“其”當爲近指。所以我們對此辭還是有疑問。而且此種理解確實與驗辭無“其”矛盾。黄天樹（2020）認爲此規則指的是語氣副詞“其”，而不是代詞“其”。張玉金（2001）認爲：“甲骨卜辭中的‘其’，都出現在貞辭和占辭之中，從不出現在驗辭之中。貞辭是對未來的詢問，占辭是對未來的推測，所以這兩者都可以用表示即將意義的‘其’。而‘驗辭’是對已發生的事件的記述，所以其中不能用將要意義的‘其’，否則會發生矛盾。”我們認爲可以根據驗辭無“其”字的規則，將d辭“其夗”歸入命辭，“允隹（唯）雨”也應歸入命辭。李學勤（1999:86）曾謂：“《合集》33700‘日有戠（食），允惟戠（食）’是命辭，作一氣讀，這對照卜辭其他‘允惟……’的句例，便可明白。”《合》30700結構與d辭相近。我們認同李先生將“允隹（唯）”歸入命辭的看法，卜辭尚未見其可歸入驗辭的確鑿例子。因而d辭可重新斷句如下：

己亥卜：庚雨，其夗允隹（唯）雨？
于辛雨？庚夗雨，辛啓。　　　　　　　　（《合》20957+）

“夗”字黄天樹（2006:198）認爲：“它是一個時間詞，位於‘寐人’之後，所指的具體時段：可能是指甲子夕和乙丑相交接之時。”其説可信。d辭可以理解爲：己亥日占卜，庚子日有雨的話，在夗時果真會下雨嗎？辛丑日會（繼續）下雨嗎？庚子日夗時下雨了，辛丑日雲開天晴了。

由於西周時指示代詞“其”爲遠指代詞，而黄先生理解的指示代詞爲近指代詞。卜辭中“允隹”也没有可歸入驗辭的確鑿例子，而且將“其㱙”歸入命辭，既不違反驗辭無“其”規則，也可以對辭意有較好的解釋。所以我們認爲此例代詞“其”也不能成立。至於爲什麼第二條驗辭中仍提及庚日下雨，可能是因爲當時記刻的需要，或者該條驗辭同時是對前兩條命辭應驗與否的記載。

e辭，黄天樹（2021）對“戊亞”的解釋是可信的，即“戊”是天干，“亞”是人名。不過他認爲“其”用爲代詞，我們認爲仍有問題。黄先生所謂“豐”字，從二玉之形，裘錫圭（2012:36-47）釋爲“豐”字，認爲是一種大鼓。林澐（2018）則認爲從二玉者當爲“豊”字，可作爲一種祭祀用具。我們暫從林説。e辭中作爲“尊”的支配對象的“豊”使用與否，是不確定的，是卜問的關注點。e辭這種“其+動詞，其+祭品”的結構與b辭“動詞，其+祭品”的結構是一樣的，動詞前使用副詞“其”並不影響其結構意義。卜辭中亦有“☐其祝，其興☐”（《屯中南》290）之辭，與e辭可相參。因而“其豊”不應與“戊亞其尊”連讀，該辭應重新釋讀如下：

丙戌卜：戊亞其尊，其豊？☐。　　　　（《合》27931）

該辭的大意爲“丙戌日占卜：戊亞要尊了，要尊豊這種祭品嗎？”卜辭中在命辭出現兩次“其”，且連讀的例子當然也存在，不過與c辭是不同的結構。如《合》32807“己未貞：王其告其比亞侯？”張玉金（2001）理解爲作賓語的“其”字句和作主體動作句的“其”字句。其字句“其比亞侯”，作“告”的賓語，而“王其告其比亞侯”又是主體動作句。兩個“其”都是將要的意思。e辭應和“王其田斿，其射麋，亡災，擒？”（《合》28371）相同，兩個“其”分屬於時間背景句和主體動作句，它們的形式區别在於作主體動作句的“其”字句是否有動詞。這大概是因爲“其+祭品”的結構中，祭品的使用方法是確定的方式，其關注的是祭品的使用問題，因而可省略動詞，“使用”義是藴含其中的。同理，f辭的“其”也不應看作代詞，其釋文應改作：

癸酉卜：刿戠至于父丁尊，其鬲？　　　　（《屯南》1090）

黄先生所引g辭來源於《合》32235，該版又見於《合補》10417，且更爲完整。核實其拓片後，我們可以發現黄先生所引釋文有誤，應改作“☐于父丁，其尊鬲？”值得注意的是通過g辭更完整的拓片《合補》10417，可知該版爲成套卜辭的第三卜，而f辭《屯南》1090則爲成套卜辭的第一卜，兩版又都爲歷二類卜辭，很可能爲同卜一事。因而將兩辭聯繫起來考察，我們認爲兩辭都是要貞問是否尊“鬲”這種祭品而卜，“其”不應理解作代詞。

卜辭《合》1975作“甲戌卜，貞：其尊鬲，殺十牛于丁？”我們認爲“尊，其鬲”

與“其尊鬲”，兩者關注的重點不同。“尊，其鬲”中，尊是已經確定的方式。“其尊鬲”則不同，它貞問的是在確定某一動作行爲的基礎上，使用某種祭品是否可行。在祭祀卜辭中，這種例子比較常見。《合》23364選貞卜辭作：“庚申卜，□貞：妣庚歲，其牡？在七月。”“貞：牝？在七月。”“歲”顯然是已經確定的動作行爲，不過究竟是要用何種祭品，牝還是牡則需要進一步貞問，這纔是占卜者關注的問題。“其尊鬲”中“尊鬲”這一搭配是確定的，它關注的是這一動作整體的實行。占卜者爲了將兩種不同意義的表達形式區別開來，所以要在祭品前使用“其”。我們可以見到e“其+動詞，其+祭品”這種結構，而不見“其+動詞，其+動詞+祭品”這種結構，可能也是爲了簡便而省略。在當時的語境下“其+祭品”結構中，已經隱含了“使用”的意味。

h辭（文末圖4），黄天樹（2021）謂用在人名“石”前的“其”也可能是代詞。我們認爲此例也不能成立。稱人名詞的確可以受代詞修飾，但這似乎僅限於普通稱人名詞，專有稱人名詞應不能受代詞修飾。《屯南》2118有辭作：“己丑卜：帚石燎爵于南庚？”由此看來，“石”應爲專有稱人名詞，應不能受代詞“其”修飾。此外，我們細審拓片，發現“禦”字刻寫的位置在“我”“其”的下方都占有一定的空間。同辭中“曰”字未刻在“余”下，而刻在其右側。而且卜辭中不見“其+人名”的例子，多見“其禦”。因而，我們認爲該條釋文應改爲：

辛酉卜：禦石？

余曰貞：我其禦石，其雨？聞。　　（《拼集》15=《合》22105+22424）

所以h辭中，“其”爲代詞的例子也是不正確的。

結語

綜上所論，我們可以確定以往沈培提出的《英藏》1864中疑用爲代詞的一例，以及黄天樹又新增的七條例子，都是可商的。《英藏》1864中的“其配”應理解爲“其+動詞”表示動作行爲發生的時間，因而其前用介詞“于”引介，這種例子在卜辭中也有不少。“其+祭牲（祭品）”時，應該獨立成一小句。“其鬲”“其豊”結構與“其一牢”之類相同，均不能理解作代詞。至於d辭將“其𢀛”理解作“庚𢀛”也不可靠，因爲西周金文的“其”作指示代詞是遠指，不能理解作近指。代詞“其”固然可以修飾稱人名詞，但這僅限於普通稱人名詞，h辭中“石”爲專有稱人名詞，顯然不符合這一規律。借助語法的分析，我們對黄先生所引的八條釋文也進行了新的釋讀。通過分析，我們可以確認殷墟甲骨文中的“其”尚未有確鑿用作代詞的例子，“其”

仍應看作副詞。

圖1

圖2

圖3

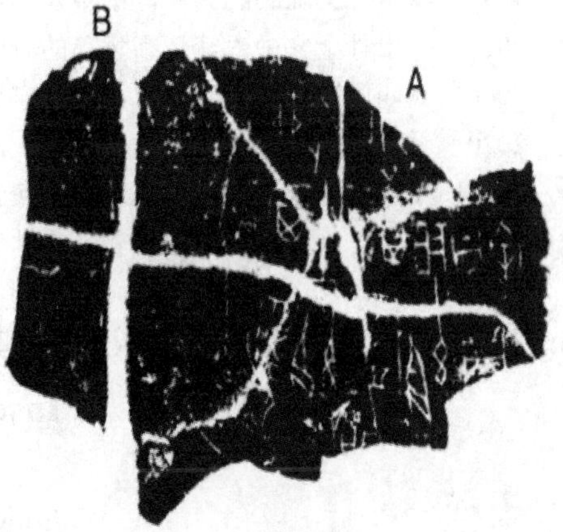

圖4

本文引書簡稱表：

北圖	北京圖書館所藏甲骨	**乙編**	殷虚文字乙編
懷特	懷特氏等收藏甲骨文集	**乙補**	殷虚文字乙編補遺
合	甲骨文合集	**花東**	殷墟花園莊東地甲骨
合補	甲骨文合集補編	**屯中南**	殷墟小屯村中村南甲骨
拼集	甲骨拼合集	**英藏**	英國所藏甲骨集
旅藏	旅順博物館所藏甲骨（新）	**醉古集**	醉古集——甲骨的綴合與研究
屯南	小屯南地甲骨	**國博**	中國國家博物館館藏文物研究叢書·甲骨卷

參考文獻：

陳　劍　2007　《甲骨金文考釋論集》，綫裝書局。

胡厚宣　1999　《甲骨文合集釋文》，中國社會科學出版社。

高嶋謙一　2013　《否定詞的詞法》，《安徽大學漢語言文字研究叢書·高嶋謙一卷》，北京師範大學出版社。

黄天樹　2006　《甲骨文字補論》，黄天樹著《古文字論集》，學苑出版社。

黄天樹　2020　《殷墟卜辭“其”字及其搭配和對舉》，《中國語言學集刊》第2期。

黄天樹　2021　《關於商代甲骨卜辭是否有代詞“其”的考察》，《語文研究》第3期。

李學勤　1999　《日月又戠》，李學勤著《夏商周年代學劄記》，遼寧大學出版社。

林宏明　2011　《醉古集：甲骨的綴合與研究》，萬卷樓出版社。

林　澐　2018　《豊豐再辨》，《古文字研究》（第32輯），中華書局。

裘錫圭　2012　《甲骨文中的幾種樂器名稱——釋“庸”“豐”“鞀”》，《裘錫圭學術文集·甲骨文卷》，復旦大學出版社。

沈　培　1992　《殷墟甲骨卜辭語序研究》，臺北文津出版社。

沈　培　2002　《卜辭“雉衆”補釋》，《語言學論叢》（第26輯），商務印書館。

姚　萱　2006　《殷墟花園莊東地甲骨卜辭的初步研究》，綫裝書局。

張惟捷　2017　《史語所藏殷墟甲骨目驗校訂九則》，《甲骨文與殷商史》（新7輯）。

張玉金　1994　《甲骨文虚詞詞典》，中華書局。

張玉金　2001　《甲骨金文中“其”字意義的研究》，《殷都學刊》第1期。

張玉金　2006　《西周漢語代詞研究》，中華書局。

張玉金　2020　《再論殷墟甲骨文中的“其”》，《中國語言學集刊》第2期。

張玉金　2022　《殷墟甲骨文“其”語法位置與詞性研究》，《中國語文》第2期。

朱歧祥　2020　《由文例對比論卜辭“其—祭牲”的句意》，《中國語言學集刊》第2期。

Reconsideration of the theory of Qi (其) as a Pronoun in the Yinxu Oracle Bone Inscriptions

Qiao Panfeng

Abstract: This paper makes a detailed demonstration of the theory of qi (其) as a pronoun in oracle bone inscriptions which was proposed by domestic scholars in the past. This paper also advances a new view on the example of No.1864 in the *Oracle-Bone Collections in Great Britain*, which aroused the controversy over the pronoun theory. After analyzing the pronoun qi proposed by domestic scholars, this paper holds that these examples are incorrect. The character qi should be used as an adverb in the oracle bone inscriptions, and there is no example of using as a pronoun.

Key words: Oracle bone inscription; Qi (其); Pronoun; Adverb

（喬盼峰，江蘇理工學院文化與旅游學院　江蘇　213001）

羊角戈銘新釋：37-42, 2023（01）

羊角戈銘新釋*

劉洪濤

摘　要：羊角戈銘文雖然只有七字，但是一直没有得到正確解讀。文章指出，“羊角之辛”是人名，也就是羊角戈的器主。其中“羊角”是氏名，是以地名爲氏，“辛”是私名，“之”是用在人名之間的結構助詞。作爲地名的“羊角”，見於《左傳》襄公二十六至二十七年，本是春秋衛地，後被齊國占有。羊角戈銘文是齊國文字，因此其鑄造時間爲齊國占有羊角之後，器主羊角之辛應爲齊國大夫分封於羊角者，或其族人。

關鍵詞：羊角戈銘文；羊角之辛；以地名爲氏；人名結構

羊角戈是于省吾先生舊藏的一件戰國早期齊戈，曾藏徐延年、羅振玉等，現藏於遼寧旅順博物館。其銘文著録於《三代》19.45.1、《貞松》11.30.2、《雙吉》下18、《集成》11210、《總集》7447、《國史金》2617、《銘圖》32.16964等。根據網上的報導，2011年北京保利春季拍賣會的拍品《延鴻閣金石拓本》也收録此銘，只可惜報導圖片不够清楚，不能據以做研究。

戈銘共七字，現釋寫於下：

羊角之辛船（造）散（散）戈。

于省吾（2009:267-268）曾對銘文做過很好的研究，爲省却讀者的翻檢，我們把它轉引於下：

銘在胡，七字：羊角之亲船（造）散（散）戈。“亲船”即“新造”，頌鼎“監嗣新寤”。《貞松堂集古遺文》釋爲六字：羊[illegible]亲船散戈。彼乃以[illegible]爲一字。然以“𦎫于公之[illegible]船”例之，則讀爲“羊角之亲船散戈”爲是。《貞》十一·二七有陳御寇散鈛，《簠齋吉金録》有墜□散盎。“散”字古兵中習見，彝器亦作“散”。《方言》三：“散，殺也。東齊曰散。”“散”

*本文爲國家社科基金重大項目“上古漢語字詞關係史研究”（22&ZD300）、江蘇高校“青藍工程”中青年學術帶頭人資助項目（2021）、“古文字與中華文明傳承發展工程”規劃項目“出土簡帛典籍摹釋譯解”（G1422）的階段性成果。

“殺”一聲之轉。

于先生的這段考釋提出三點意見，結合學術界的研究討論如下。

一是引《方言》把“散”訓爲殺。研究者或明引于先生之説，表示贊同（何琳儀，1989:83）。或是在没有注意到于先生之説的情况下，也發表了相同的意見（陳偉武，1999:116）。徐在國（2006:65；2013:18–19）曾討論東周兵器銘文中的“卯”“茆”等字，把它們讀爲“劉”。《爾雅•釋詁上》：“劉，殺也。”他同時還指出，東周兵器銘文處於相同語法位置的意思相近的詞還有“散”“誅”“敁”等，它們的意思也都是擊殺。劉洪濤（2017:2–3）也曾在古書中找到“散”訓爲殺的用例。《史記•淮陰侯列傳》：“今大王誠能反其道，任天下武勇，何所不誅！以天下城邑封功臣，何所不服！以義兵從思歸之士，何所不散！”凡此都可證于先生此説甚是。

二是根據淳于公戈銘文文例，把舊釋爲“𧣾”之字改釋爲“角之”二字。此説亦是，得到絶大多數研究者的認同。只有個別學者仍認爲是一字，如董珊（2002:201）釋爲“觸”，是認爲其字原作“羍”，“羍”爲“觸”之表意初文。

三是據頌鼎銘文把“亲艁”讀爲“新造”。此點後世略有異議。首先，“亲”字研究者或釋爲“辛”（董珊，2002:201；吴鎮烽，2012:6）。從字形來看，當以釋“辛”爲是。其次，或把“辛”讀爲親自之“親”（黄盛璋，1992:43）。即使讀爲“新”，也大都認爲是剛剛之義，與頌鼎銘文表職官名之“新造”不是一詞。

“羊角”二字，于先生無説，今人多理解爲人名，“羊”是氏，“角”是名（黄盛璋，1992:43；吴鎮烽，2006:127）。董珊（2002:201）釋爲“羊觸辛造散戈”，把它同《集成》11160“即墨華之造戟”、《集成》11131“司馬望之造戈”等放在一起討論，認爲是“以地爲氏或者以其他的方式（如祖先的職官）爲氏”者。董先生大概以“羊觸辛”爲人名。從董先生没有特意加注説明來看，他大概也認爲“羊”是氏，而“觸辛”是名。

“羊角”作爲地名，見於文獻。《左傳》襄公二十六至二十七年：“齊人城郟之歲，其夏，齊烏餘以廩丘奔晋，襲衛羊角，取之；遂襲我高魚。有大雨，自其竇入，介于其庫，以登其城，克而取之。又取邑于宋……二十七年春，胥梁帶使諸喪邑者具車徒以受地，必周。使烏餘具車徒以受封。烏餘以其衆出。使諸侯僞效烏餘之封者，而遂執之，盡獲之。皆取其邑，而歸諸侯。諸侯是以睦於晋。”杜預注：“廩丘，今東郡廩丘縣故城是。（羊角），今廩丘縣所治羊角城是。高魚城在廩丘縣東北。諸喪邑，謂齊、魯、宋也。”[①]楊伯峻注（1996:1124–1127）：“廩丘，據《清一統志》，在舊范縣（今范縣治已移舊治西櫻桃園）東南，《范縣志》云，在縣東南七十里義東

① “烏餘以其衆出”之“其”原奪，據阮元《十三經注疏校勘記》補，阮刻《十三經注疏》本，中華書局，1980年，第2002頁。

堡。廩丘本衛邑，或齊取之以與烏餘，故烏餘得以之奔晋。據《山東通志》，羊角城在鄆城縣西北而與范縣接界，故《范縣志》亦載此城。高魚在今鄆城縣北，羊角城東，鄄城縣東北。（歸諸侯），以廩丘歸齊，以羊角歸衛，以高魚歸魯。”羊角城遺址在今山東鄆城縣鄆城鎮西17公里陳坡鄉駐地陳坡村附近（唐敏等，1993:231）。按羊角本是衛邑，在“齊人城郟之歲”（魯襄公二十四年，公元前549年）被齊國大臣烏餘攻取獻給晋國，據楊伯峻注（1996:1127）魯襄公二十七年春（前546年）“皆取其邑，而歸諸侯”之後又屬衛國。但據杜預注，參與行動的諸喪邑國只有齊、魯、宋三個大國，而没有衛國什麼事，則羊角歸齊的可能性也是不能排除的。這跟第一次世界大戰勝利後的巴黎和談（1919年），不把德國在山東的特權交還給中國而轉交給日本，是同樣的道理。齊國已經占有原屬衛國的廩丘，羊角與廩丘相鄰，即使這次没有通過“合法”手段占有羊角，也會很快用武力攻取的。羊角戈的時代爲戰國早期，其字體及“散”字的用法表明它的國别屬齊（參何琳儀，1989:83），那麽至遲至春秋末期或戰國初期羊角城即已歸齊國所有了。羊角城曾被齊國占有，未見《左傳》等書記載，本文研究可補史籍的這一缺失。

“羊角”也用作氏名，是以地名爲氏。《廣韻》下平聲陽韻與章切陽小韻：“羊，又漢複姓二氏，《列士傳》有羊角哀，《左傳》晋大夫有羊舌職。”鄧名世《古今姓氏書辯證》卷十四十陽下：“羊角，春秋衛大夫食采羊角，以邑爲氏。”王應麟《姓氏急就篇》“鹿門鹿毛羊角舌”，自注：“羊角氏，京相璠曰：衛邑有羊角城，以邑爲氏。《列士傳》有羊角哀。”羊角屬衛時，衛大夫以之爲采邑，因以爲氏。羊角被齊國占有後，應該也存在齊大夫以之爲采邑，因以爲氏的情况。也就是説，羊角氏的來源也應該有齊大夫之後，而不只是衛大夫之後。

羊角戈銘之“羊角”應該如何理解呢？我們先來看作地名的可能。如果“羊角”作地名，則“辛艁”應該連讀，是職官名或機構名。上引于省吾（2009:267）認爲“辛艁”與頌鼎銘文“新寤（造）”相同。按頌鼎銘文之“新寤（造）”爲職官名，又習見於東周時期楚系出土文獻。如曾侯乙墓竹簡150號簡“新賠（造）尹之騁爲右驂”、173號簡“新賠（造）人（尹）之六馬”，《包山》楚簡15號簡反“新佶（造）辻尹不爲其察，不慭”，《集成》11042“郙之新郜（造）”等。又見於傳世文獻。《戰國策 • 楚策一》“威王問於莫敖子華”章：“秦王身問之：‘子孰誰也？’棼冒勃蘇對曰：‘臣非異，楚使新造盩棼冒勃蘇。’”[1]從主管戈、矛、戟等武器的製造等來看，疑新造是跟軍事有關的工官。上引戈銘“郙”是地名，劉彬徽（1995:352-353）根據《包山》楚簡有縣名“郙陽”，認爲戈銘“郙”也是縣名，與郙陽地近。何琳儀

①以上參看裘錫圭、李家浩（1981:526）。

（1996:72；2013:234-235）認爲可能即見於《水經·江水注》的“奉城”，在今湖北江陵南。周波（2017:75-80；2019:295-302）認爲即里耶秦簡“蓬”縣，在今湖南洞庭湖周圍區域。二説或不矛盾。“郙之新郜（造）”與“羊角之辛（新）艁（造）散戈”文例相近，都是地名加“之新造”，只是後者點明所造爲“散戈”而已。不過根據目前的資料，作爲職官名的“新造”僅見於楚國，齊國是否有新造之官還是一個無法確定的問題。因此，我上面的讀法能否成立也就不無疑問。

我認爲，戈銘“羊角”更有可能是姓氏名。按照這種理解，“羊角之辛”是人名作主語，“造”是動詞作謂語，“散戈”是名詞結構作賓語。其中“羊角”是氏，“辛”是名，“之”是用在人名之間的結構助詞。古人有以“辛”爲名的，如《戰國策·楚策四》“莊辛”，《古璽彙編》0406“王辛”、1511“孫辛”等。人名之間加結構助詞“之”的，如《左傳》僖公二年“宫之奇”、僖公二十四年“介之推”、僖公三十年“燭之武”“佚之狐”等。

上引淳于公戈銘（《集成》11124-11125）“辜（淳）于公之臺豫艁（造）”，“豫”字爲何琳儀釋（1992:480；2000:98-103；2013:258，197-200），“臺”字爲董珊釋（2008:110-130），李春桃（2014:318-324）有補證。何先生認爲“臺豫”是淳于公之名，董先生根據陳劍先生的意見把戈銘放在春秋金文“某之某”格式下，但没有具體解釋。吴鎮烽（2006:383）只收“辜于公”三字，並不把“臺豫”當作人名。按董先生雖然没有具體解釋淳于公戈銘，但是可以根據他對相關銘文的討論來推測他的意見。董先生指出出土文獻中有“武王之童胡”（《集成》11102-11104）、“臧（莊）王之墨”（《包山楚簡》8）、“龔（共）王之卯”（《銘圖》17058）、“競（景）坪（平）王之定”（《集成》00037）、“昭王之諻”（《集成》03634、03635、02288）等，都是人名，其中“武王”“臧（莊）王”“龔（共）王”“競（景）坪（平）王”“昭王”等是國君的謚號，因其爲諸王之族人，故以王之謚號爲氏，“之”是人名之間的結構助詞，“童胡”“墨”“卯”“定”“諻”等是私名。其説甚是。“辜（淳）于公之臺豫”文例相近，據此可以推知，“辜（淳）于公”是氏名，“臺豫”是私名，因臺豫爲現任淳于公之族人，故以之爲族氏，而“之”也是人名之間的結構助詞。也就是説，淳于公之臺豫是淳于公的族人，而不是淳于公本人。

羊角戈銘與淳于公戈銘文例全同，于省吾（2009:268）引此證羊角戈銘“羊角”下之字應釋爲“之”，是非常正確的。由淳于公戈銘“辜（淳）于公之臺豫”爲人名，也可證羊角戈銘之“羊角之辛”也是人名。“羊角之辛”應是齊國大夫之封於羊角者，或者是羊角大夫的族人。他是羊角戈的器主，因此，羊角戈應改題爲“羊角之辛戈”。

過去學者之所以未能正確釋讀羊角戈銘，一方面是因爲未能明確“羊角”爲一詞，是地名、氏名；另一方面是因爲未能理解出土文獻中人名之間加結構助詞“之”的現象。這種現象經董珊先生揭示之後，已引起研究者的足够重視，我正是在他的啓發下纔有此發現的。

（2015年8月初稿，2021年9月修改）

參考文獻：

陳偉武　1999　《簡帛兵學文獻探論》，中山大學出版社。
何琳儀　1989　《戰國文字通論》，中華書局。
何琳儀　1992　《古璽雜識續》，《古文字研究》（第19輯），中華書局。
何琳儀　1996　《古兵地名雜識》，《考古與文物》第6期。
何琳儀　2000　《淳于公戈跋》，《杞文化與新泰——全國首届杞文化研討會文集》，中國文聯出版社。
何琳儀　2013　《安徽大學漢語言文字研究叢書・何琳儀卷》，安徽大學出版社。
黄盛璋　1992　《燕齊兵器研究》，《古文字研究》（第19輯），中華書局。
董　珊　2002　《戰國題銘與工官制度》，北京大學博士學位論文。
董　珊　2008　《出土文獻所見"以謚爲族"的楚王族——附説〈左傳〉"諸侯以字爲謚因以爲族"的讀法》，《出土文獻與古文字研究》（第2輯）。
李春桃　2014　《"臺"字補釋》，《出土文獻研究》（第13輯）。
劉彬徽　1995　《楚系青銅器研究》，湖北教育出版社。
劉洪濤　2017　《〈方言〉"散，殺也"疏證》，《語言科學》第1期。
裘錫圭　李家浩　1989　《曾侯乙墓竹簡釋文與考釋》，《曾侯乙墓》，文物出版社。
唐敏等　1993　《山東省古地名辭典》，山東文藝出版社。
吴鎮烽　2006　《金文人名彙編（修訂本）》，中華書局。
吴鎮烽　2012　《商周青銅器銘文暨圖像集成》（第三十二册），上海古籍出版社。
徐在國　2005　《東周兵器銘文中幾個詞語的訓釋》，《古漢語研究》第1期。
徐在國　2013　《安徽大學漢語言文字研究叢書・徐在國卷》，安徽大學出版社。
楊伯峻　1996　《春秋左傳注》（修訂本），中華書局。
于省吾　2009　《雙劍誃吉金圖録》，中華書局。
周　波　2017　《説楚地出土文獻中的"鄀"與"蓬"》，《戰國文字研究的回顧與展望》，中西書局。
周　波　2019　《戰國銘文分域研究》，上海古籍出版社。

A New Interpretation of the Inscription of Yangjiao Dagger-Axe

Liu Hongtao

Abstract: There are only 7 characters in the inscription of Yangjiao Dagger-Axe (羊角戈), but it has not been correctly interpreted. This paper points out that Yangjiao zhi Xin (羊角之辛) is the name of its owner, Yangjiao is a surname originating from a place name, and Xin（辛）is a given name, and zhi（之）is a structural auxiliary word used between surname and given name. As a place name, Yangjiao can be seen in the 26th to 27th years of Lord Xiang（襄公）in the *Commentary of Zuo*（左传）. It was originally in the

State of the Wei（卫）in the Spring and Autumn period, and was later occupied by the State of Qi（齐）. The inscription of Yangjiao Dagger-Axe is written in Qi characters, and therefore, its forging time is after the Qi occupation of Yangjiao. Yangjiaozhixin, and the owner of the dagger-axe should be a minister of the State of Qi or his clansman, who was enfeoffed in Yangjiao.

Key words: Inscription of Yangjiao Dagger-Axe（羊角戈）; Yangjiao zhi Xin（羊角之辛）; Toponymic surnames; Structure of personal name

（劉洪濤，江蘇師範大學語言科學與藝術學院暨語言能力省部共建協同創新中心　江蘇 221009/山東大學文學院　山東　250100）

桋伯盤補説*

沈奇石

摘　要：桋伯盤銘文有三處可補説。其一，“赤市□金勒”應句讀爲“赤市□，金勒”，“□”是“市”的後置修飾詞，也可能是鑄字排序出了錯。其二，“用靳□”應釋讀爲“用淳朕（浣）”，表示該盤沃盥洗濯的用途。其三，“我殴王休姑不于宗彝大鼎𦘦厥名姑于盤”中，兩“姑”皆應讀爲疑問詞“胡”，全句應句讀爲“我殴王休，胡不于宗彝大鼎肆厥銘？胡于盤？”最後對“厥唯曰”後内容加以重新詮釋。

關鍵詞：桋伯盤；考釋；市□；淳浣

桋伯盤是2006年山西省絳縣横水墓地M2022出土的一件西周中期青銅器。該器銘文最早著録於2020年3月私印本《吉金永年——近年新出金文拓片集萃》中，並附有簡易釋文[①]。同年11月，《山西珍貴文物檔案10》（山西省文物局，2020:124）公布了該器器形與銘文，但銘文照片較小，且未附釋文。2021年7月8日，謝明文在網上發表了《桋伯盤銘文考釋》（以下簡稱《考釋》）一文，首次對該器銘文加以全面釋讀[②]。不久後，《倗金集萃》（山西省考古研究院等，2021:188-192，以下簡稱《倗金》）問世，該書收録了此器更全面且更清晰的銘文圖版，並附有寬式釋文。據《倗金》新圖版，《考釋》中不少誤識可以糾正，如“□”應隸定爲“䧹”，《考釋》誤釋右从焦；又如“□”應釋爲“氒（厥）”，《考釋》誤釋爲“以”，《倗金》釋文不誤。在此基礎上，《考釋》所做釋文可修訂如下[③]：

桋伯蔑休于王，錫緇市絅衡、䧹（翟？）旜。或（又）蔑休于王，錫赤

*本文受到2021年度教育部哲學社會科學重大課題攻關項目“出土商周秦漢文獻通假語料的整理與數據庫建設研究”（21JZD043）的資助。承蒙白於藍師指導和匿名審稿專家賜教，在此謹致謝忱。

①原書謂之“三足盤”，拓片標號爲“十二”。該書屬私印，筆者未能獲睹，然相關拓片與釋文（不知是否準確）已在網上流布，參看https://www.sohu.com/a/385187134_699369。此著録信息承蒙匿名審稿專家提示，在此特表謝忱。

②謝明文：《桋伯盤銘文考釋》，復旦大學出土文獻與古文字研究中心網站，2021年7月8日，http://www.gwz.fudan.edu.cn/Web/Show/4805.

③本文所有釋文皆用寬式，即釋讀無疑者一概用通行字表示。唯釋讀存疑者出示原形，或存其括讀，句讀有疑者暫不句讀。

市⊘金勒、旂。□（肇？）作盤。厥彖（懌）大事（吏），延邦君，用□□。對揚楱伯受休于王，其永寶用。

厥唯曰：我殿王休姑不于宗彝大鼎肄厥名姑于盤。我□無金，畀我萬年，䁱我迺其于宗彝大寶叙厥名。

按，《考釋》爲此器銘文研究提供了極好的釋讀基礎，玆略作補説三處。

一

其一，關於“赤市⊘金勒”的句讀。《考釋》句讀爲“赤市、⊘金勒”，應是將“⊘”視作“勒”的修飾詞。《倗金》句讀爲“赤市、⊘、金勒”[①]，應是將“市”“⊘”視作兩種賞賜物。按，兩説均可商。

一方面，“⊘”與“勒”無關，而與“市”密切相關。西周册命金文中，“⊘”皆與“市”連稱爲“⊘市”，或加顔色修飾詞作“赤⊘市”，例如：

（1）錫汝戠衣、⊘市、鑾、旂。（豆閉簋　西周中期　《銘圖》05326）

（2）王錫赤⊘市、玄衣黹純、鑾、旅。

（南季鼎　西周中期　《銘圖》02432[②]）

（3）錫汝赤⊘市、鑾、旂。（利鼎　西周中期　《銘圖》02452）

（4）錫汝戠衣、赤⊘市、鑾、旂。

（采獲鼎　西周中期　《銘圖》05154，05155）

（5）錫戠衣、赤⊘市。（郃䜭簋　西周中期　《銘圖》05215）

（6）錫汝赤⊘市。（免簋　西周中期　《銘圖》05268）

（7）内史尹氏册命楚：赤⊘市、鑾、旂。

（楚鼎　西周中期　《銘圖》05284-05287）

（8）錫汝戠衣、赤⊘市、鑾、旂。（𢦏簋蓋　西周中期　《銘圖》05289）

（9）錫汝赤⊘市、鑾。（望簋　西周中期　《銘圖》05319）

另有兩件同銘的揚簋中，“赤⊘市”之“⊘”寫作从市的“□”（《銘圖》

---

①原文“金勒”誤釋爲“金車”。

②銘文中的“旅”，與下文所引㝨簋（《銘圖》04985）同例，表示一種旗幟。本文初稿未作破讀。一位匿名審稿專家提示筆者，舊説以“旅”爲“旂”之誤應是可取的方向。另一位匿名審稿專家提示筆者，可注意鄔可晶（2015:135-144）讀“旅”爲“旟”的意見。筆者認爲，目前這類用法的“旅”例子不少，譌誤説應不可取，然鄔氏之説雖有勝於舊説處，但目前仍難成定論。故一仍初稿的處理方式，並感謝兩位專家賜教。

05350）、“⚭市”（《銘圖》05351），更可説明“⚭”與“市”相關。故《考釋》句讀不可從。

另一方面，“市”“⚭”並非兩種賞賜物。因爲目前“⚭”必與“市”合稱，未見單用之例。而“市”多可單用，例如：

（1）錫汝鬯、旂、市。　　（静鼎　西周早期　《銘圖》02461）

（2）錫汝鬯一卣，裳、衣、市、舄、車、馬。

（大盂鼎　西周早期　《銘圖》02514）

（3）王命㸚緇市、旂。　　（㸚簋　西周中期　《銘圖》04985）

（4）錫赤市。　　（師毛父簋　西周中期　《銘圖》05212）

退一步講，即使“⚭”確實是種賜物，則上揭“赤⚭市”需理解爲兩種同類物品共用一個修飾語“赤”。這種結構不見於其他册命賜物稱名。

關於“⚭”的屬性，除了上述觀點外，過去主要還有兩類看法：一種認爲是“市”的修飾詞，另一種認爲“⚭市”是“市”的完整名稱（參看吴紅松，2006:55–57）。按，後種看法也不合理。此説最初由馬承源（2002:226–227）提出。他贊成于省吾（1943）將“⚭”釋爲“雍”的看法，認爲“⚭市”即“擁蔽”，是“市”的完整名稱。但字形上，“⚭”的一般形體呈兩圈形交錯，“雍”字初文早期一般作兩方形斜交錯。西周金文中“雍”所从的兩方形雖然可類化作兩圈形，但這種類化後的兩圈形一般不再交錯，與“⚭”形體有别。語音上，衛鼎（《銘圖續》0222）中的“赤⚭市”寫作“赤⚭市”①。“⚭”即“⚭”字異體，字从⚭兒聲。故“⚭”的聲韻很可能與“兒”近同。上古“兒”是牙喉音支部字，“雍”是牙喉音東部字，例不可通。故“⚭”不是“雍”字，此説法自然難以成立。

由此看來，將“⚭”視作“市”的修飾詞是目前最合理的看法。吴紅松（2006:56）指出，“⚭”前既然可以再加顔色詞“赤”，説明“⚭”記録的不是顔色修飾詞。此説可信。故“⚭”應是形容“市”顔色之外的修飾詞（比如質地等），“⚭市”中間自然不能斷讀。

今㮚伯盤“⚭市”作“市⚭”，可能會有人懷疑“市”“⚭”是兩種賜物，故順序能互易。這其實是修飾詞後置的現象，如“玄衣黹純”或作“玄衣純黹”（趞鼎《銘圖》02479），即其例。當然，這種修飾詞位置調换的現象不占主流，且金文稱舉賜物時，兩個修飾詞（即這裏的“赤”與“⚭”）連用，其中僅有一詞發生後置的現象亦屬罕見②。故筆者認爲，也不能排除鑄字排序出錯的可能。西周中期孟免旁豆

①拓本作“⚭”，右下斜筆據彩圖應非字迹。

②“僅有一詞發生後置的現象亦屬罕見”乃由匿名審稿專家揭出，在此特表謝忱。

（《銘圖三》0605）“父母旅豆”倒鑄爲“父旅母豆”，即其例。“玄衣黹純”偶作“玄衣純黹”，無論出於上述何種原因，我們都不能據此就遽然認定“黹”是一類獨立賞賜品。這裏的“□市”偶作“市□”，也應如此看待。故栜伯盤中的“□市”雖作“市□”，中間仍不宜斷讀。

二

其二，關於“用⿰𦎫廾□”的釋讀。所謂“□”（下文簡稱A），《考釋》《倗金》皆釋爲“朕”。《考釋》認爲：“此三字義不詳，如果‘朕’是栜伯之名，則應屬下讀。”《倗金》則無説。按，字形上，A左从舟無疑，至於右所从“□”，除去“八”形兩撇筆與“廾”形，剩下的應是兩横筆，當爲“关（𢍏）”。其中，上部横筆與“八”形兩撇筆左部交錯，且横筆中有殘斷，很容易被認成圈形或“十”形，進而被誤釋爲“朕”所从的“弅”。故A應分析爲从舟从关（𢍏），隸定爲“⿰舟关”。

文義上，所謂“用⿰𦎫廾⿰舟关”係交代作器用途之辭。先來説“⿰舟关”。兩周盤器自銘前修飾詞常用从“关”得聲的字表示，如西周晚期欒伯盤（《銘圖》14527）即謂“⿰舟关盤”。目前多數學者贊同這批字讀爲聲韻近同的“浣”，表示濯洗這一器用，説可信。據此，此處“⿰舟关”从关聲，也應讀爲“浣”，表示濯洗。

再來説“⿰𦎫廾”。此字應讀爲同聲符的“𣽶”（今通行作“淳”，以下徑用“淳”），表示沃盥這一器用。叔良父匜（《銘圖》14968）：“鑄公大正叔良父作淳匜。”查飛能（2019:343）指出，此器自名前提示器用的修飾詞“淳”應如字讀，表示沃盥，《説文·水部》：“𣽶（淳），渌也。”《廣雅·釋詁》：“淳，沃，漬也。”《考工記·鍾氏》：“淳而漬之。”鄭玄注：“淳，沃也。”孫詒讓《周禮正義》：“淳、沃，並以水澆渌物之稱。”説可信。盤爲承水盥器。《禮記·内則上》：“進盥，少者奉盤，長者奉水，請沃盥。”鄭玄注：“盤，承盥水者。”即其證。匜爲澆水器。《左傳》僖公二十三年：“奉匜沃盥。”杜預《集解》：“匜，沃盥器也。”即其證。兩者經常組合使用，“考古發掘出土的匜往往置於盤中，此亦與《儀禮·既夕禮》所言之‘盤匜，匜實於盤中，南流’同”（朱鳳瀚，2009:280）。所以盤、匜器自名前表示器用的修飾語也常可通用，如盤既可稱“浣盤”，匜亦可稱“浣匜”（《銘圖》14962）；又如“盤”可稱“盥盤”（《銘圖》14522等），匜亦可稱“盥匜”（《銘圖》14984）等。故匜既可稱“淳匜”，此處盤之器用稱“淳”，也是很自然的。要之，此處A改釋爲“⿰舟关”，“用⿰𦎫廾⿰舟关”可讀爲“用淳浣”，表示盤器（或者説配合以澆水器的一套組合水器）沃盥濯洗的器用，於形於義皆得通解。

三

其三，關於本銘中的兩“姑”字釋讀。字形上，相關兩字分别作“”“”，辭例爲“我殿王休不于宗彝大鼎緈厥名于盤”。《考釋》均釋爲“姑”，《倗金》則將後者隸定爲从口从母。按，後者“”中的“口”形上部猶見豎筆殘迹，且兩者用法一致（又詳下文），故當從《考釋》釋。

詞義上，《考釋》將兩“姑”字均讀爲名詞“祜”，這句話讀爲：“我殿王休姑（祜）不（福），于宗彝大鼎，緈（肆）厥名（銘）姑（祜）于盤。”但這樣一來，“我殿王休姑（祜）不（福）”這句話缺少謂語動詞，故《考釋》不得不先將這一小句理解爲判斷句，表示“我是王給予祜福的那個人”。然後將“于宗彝大寶”之“彝”理解爲動詞，這一小句意爲“獻薦大鼎于宗廟”。至於“緈（肆）厥名（銘）姑（祜）于盤”意爲“陳列展示那些與記録賞賜福佑相關的銘文于盤上”。按，如此釋讀略感迂曲，且徒添“獻薦大鼎”一事。究其原因，蓋二“姑”字未得恰解。

筆者認爲，兩“姑”字應讀爲同聲符的疑問詞“胡”，且均屬下讀。整句話的句讀調整爲：“我殿王休，姑（胡）不于宗彝大鼎緈（肆）厥名（銘）？姑（胡）于盤？”後者單用“姑（胡）”表示“爲什麽”，前者“姑（胡）不”連用表示“爲什麽不”。這類用法的“胡”和“胡不”屢見於傳世典籍，如《詩•魏風•伐檀》：“不稼不穡，胡取禾三百廛兮？”《詩•大雅•雲漢》：“胡不相畏？”《禮記•中庸》：“君子胡不慥慥爾？”皆其例。金文及傳世典籍或用从“叚”得聲的字來記録該詞。例如曾伯霥瑚蓋（《銘圖》05979及05980）有謂：“叚不黄耇？”方濬益《綴遺齋彝器款識考釋》（劉慶柱、段志洪、馮時，2005:29）指出“叚”字“又通作‘瑕’，‘瑕’古音同‘胡’。《詩•隰桑》‘遐不謂矣’，《禮記•表記》作‘瑕不謂矣’，注曰：‘瑕之言胡也’”。後世學者大都認同此説[①]，認爲“西周時代作疑問代詞的‘遐’和‘暇’，跟‘胡’記録的是同一個詞”（張玉金，2004:119）。若本文對“姑”字的釋讀可信，則西周中期棟伯盤這二例“姑（胡）”可謂目前金文所見最早的疑問詞用例。

這樣一來，“厥唯曰”後整段話的句讀可調整爲：

> 厥唯曰：我殿王休，姑（胡）不于宗彝大鼎緈（肆）厥名（銘）？姑（胡）于盤？我無金，畀我萬年，毀（尚）我廼其于宗彝大寶叙（肆）厥名（銘）。

①陳英傑（2005:177-178）反對此説。他認爲這類“遐不”與“不遐”義同，“遐”訓遠，“不”讀爲“丕”，表示長遠、久遠的意思。按，此説難以將“遐不謂矣”這類語例講通，故不可從。

“厥唯曰”之後首句“我殹王休”可能是概述了上文棟伯兩次“蔑休于王”“受休于王”之事。下兩句設問“胡不于宗彝大鼎肆厥銘？胡于盤？”正是承此而發，句意爲：“（既然我受了王休，）爲什麼不在宗彝大鼎上施設銘文？爲什麼在盤上（施設銘文）？”其中，“胡于盤”蒙上省去了“肆厥銘”。

據此，末句中的“宗彝大寶”顯然不是指這件盤，也不是指鼎與盤（參看《考釋》），而是指本應鑄造却未能鑄成的“宗彝大鼎”。末句中的“嬰”由《考釋》釋出，《考釋》讀爲“尚（儻）”，理解爲條件引導詞。但這樣一來，後句“儻我廼其于宗彝大寶肆厥銘”成了前句“畀我萬年”的條件。這種結構在西周假設句中十分罕見（參看龔波，2017:78–85）。西周金文中的假設句，一般來説條件置於前，結果置於後，如霸姬盤（《銘圖三》1220）：“嬰余亦改朕辭，則鞭五百，罰五百鋝。”句中“嬰”應讀爲條件引導詞“尚（儻）”（李學勤，2011；裘錫圭，2019:134–146），所引導的條件“余亦改朕辭”即置於“則”引導的結果“鞭五百，罰五百鋝”之前。筆者認爲，此處“嬰”應讀爲表示祈使、希望的副詞“尚”。《詩・小雅・菀柳》：“不尚息焉。”鄭箋：“尚，庶幾也。”孔穎達等《正義》：“尚，謂心所希望也。”即其義。故最後兩句皆爲祈禱之辭，器主祈禱鬼神：給我萬年長壽，希望我能在宗彝大寶（也即宗彝大鼎）上施設銘文。如此釋讀，正與上文“胡不于宗彝大鼎肆厥銘？胡于盤？”語意相連貫。

至於中間那句“我無金”應該是交代了作器者“我”不鑄大鼎而鑄此盤的原因，但“”字未識，致使句意尚不明確。銘文既言“無金”，其原因可能是器主財力有限，鑄不起大鼎。

要之，“厥唯曰”之後的内容是對上文（即所謂“銘”）的補充説明，主要交代了作器者鑄造銅盤的委曲：器主雖然受到了王兩次厚重的賞賜，理應鑄造陳設宗廟的大鼎來銘記，但囿於財力，只能退而求其次，鑄造盥洗用的承盤。同時，器主又祈禱鬼神能賜予自己萬年長壽，希望自己以後能在真正的宗彝大寶上施設這段記功頌揚的銘文。

2021年7月31日寫完

追記：小文待刊期間，新出《山西絳縣横水西周墓地2022號墓發掘報告》（《考古學報》2022年第4期）已收録該器器影及銘拓。謝明文《考釋》已正式刊發於《出土文獻與古文字研究》（上海古籍出版社，2022年第10輯），若干釋讀已作調整。另有馬超《絳縣横水墓地金文中的“夌伯”及相關問題》（第三届商周青銅器與先秦史研究青年論壇，西南大學，2021年11月）、黄錦前《夷伯盤考釋》（《文物季刊》2022年第1期）、侯乃峰《新見凌伯盤銘柬釋》（復旦大學出土文獻與古文字研究中心網，2023年1月7日）等文對此銘亦有討論，與本文觀點多有不同，讀者可一併參考。

2023年2月13日補記

本文引書簡稱表：

銘圖	商周青銅器銘文暨圖像集成
銘圖續	商周青銅器銘文暨圖像集成續編
銘圖三	商周青銅器銘文暨圖像集成三編

參考文獻：
陳英傑　2005　《金文中“叚”字及相關文例的討論》，《中國文字》新30期，藝文印書館。
龔　波　2017　《上古漢語假設句研究》，商務印書館。
李學勤　2011　《試釋翼城大河口鳥形盉銘文》，《文博》第4期。
劉慶柱　段志洪　馮　時（主編）　2005　《金文文獻集成》（第14册），綫裝書局。
馬承源　2002　《何尊銘文和周初史實》，《中國青銅器研究》，上海古籍出版社。
裘錫圭　2019　《大河口西周墓地2002號墓出土盤盉銘文解釋》，《出土文獻與古文字研究》（第8輯），上海古籍出版社。
山西省文物局　2020　《山西珍貴文物檔案10》，科學出版社。
山西省考古研究院等　2021　《倗金集萃》，上海古籍出版社。
鄔可晶　2015　《西周金文所見有關“九旗”的資料》，《中國經學》（第16輯），廣西師範大學出版社。
于省吾　1943　《雙劍誃古文雜釋》，北京大業印刷局。
查飛能　2019　《商周青銅器自名疏證》，西南大學博士學位論文。
張玉金　2004　《西周漢語語法研究》，商務印書館。
朱鳳瀚　2009　《中國青銅器綜論》，上海古籍出版社。

Supplementary Interpretation of the Yibo Plate

Shen Qishi

Abstract: Three phrases on the Yibo Plate are worth supplementary comments. Firstly, the sentence “赤市⊘金勒” should be punctuated as “赤市⊘, 金勒” where “⊘” is a postpositive attribute or perhaps an error in casting. Secondly, the sentence “用靳[illegible]” should be interpreted as Yong Chunhuan 用淳朕(浣) referring to its usage of washing and cleaning. Thirdly, the character gu (姑) seen twice in the sentence “我殿王休姑不于宗彝大鼎肆厥名姑于盤” are both read as the interrogative pronoun hu (胡). The whole sentence should be read as “我殿王休, 胡不于宗彝大鼎肆厥銘? 胡于盤?” Last but not least, the whole paragraph beginning with “厥唯曰” is reinterpreted in this paper.

Key words: Yibo Plate; Interpretation; Fu⊘ (市⊘); Chunhuan (淳浣)

（沈奇石，華東師範大學中國文字研究與應用中心　上海　200433）

兩周金文施受同辭考索
——兼論傳統訓詁學上的反訓*

寇占民

摘　要：兩周金文作爲當時社會“雅言”的記録，已經成爲探索上古漢語詳實而可靠的語料。通過對商周甲骨金文的梳理，我們認爲，“施受同辭”這一特殊語言現象萌芽於殷商時期的甲骨文，發展於兩周時期的金文，因此，兩周金文是“施受同辭”發展過程中不可缺少的重要一環。“施受同辭”並不是傳統訓詁學中的反訓方法，而是詞彙發展中的詞義衍化現象，即是一詞兼有正反兩個義項，可以稱之謂“反義共詞”。對兩周金文中“施受同辭”現象的整理與研究，既有助於對上古漢語中一詞兼有正反二義現象的起源與發展的探索，同時也有助於對傳統訓詁學中“反訓”現象的性質和成因的正確認識。

關鍵詞：兩周金文；施受同辭；反訓；反義共詞現象；動詞

“施受同辭”這一術語是楊樹達（1956:189-191）作爲對俞樾“美惡同辭”的補充條例首次提出來的，嚴格地説，它只是傳統訓詁學中反訓的一種類型。早在1700年前，東晉郭璞爲《爾雅》作注時就已經注意到了這一特殊的語言現象，並提出了“美惡不嫌同名”之説（李學勤，2000a:58）。自此，對反訓現象的討論就一直没有中斷過，所涉及的内容也越來越多。時至於今，學界對反訓這一現象的看法仍然存在着較大的分歧。近些年來，隨着出土文獻資料的不斷豐富，對其語言的研究也逐步深入，所取得的成果也頗爲豐碩，這爲我們探索漢語初始階段的面貌提供了堅實的基礎。從現有的出土文獻資料來看，早在殷商甲骨卜辭中，就已出現了“施受同辭”現象，到了兩周金文中這一現象得到了快速發展。以往研究這一問題的學者多取證於傳世文獻和古典語言學著作①，難以全面準確地揭示出“施受同辭”的歷史面貌，難以從根本上探尋其性質和成因。兩周金文是當時語言的真實記録，是該時期書面語的主要表現形式，它作爲周天子和王侯貴族們在莊重、盛大場合所使用的語言的即時記録，是

*本文是教育部人文社會科學研究規劃基金項目“主題分類視域下殷周金文動詞的整理與研究”（20XJA740003）的階段性成果。寫作過程中曾得到趙鵬、王子楊、王挺斌諸君的幫助，匿名評審專家也提出了寶貴的修改意見，此致謝忱。

①洪颺（2016:99-102）使用了一些甲骨金文材料，從文字學角度論證“正反同詞”關係。

當時社會的標準語——雅言。兩周金文是研究兩周時期語言面貌最詳實和最珍貴的語料，同時也是探索上古漢語最可靠的依據。可以説，兩周金文是“施受同辭”發展過程中不可缺少的重要一環。對兩周金文中“施受同辭”現象的整理與研究，既有助於對上古漢語中一詞兼有正反二義現象的起源與發展的探索，同時也有助於對傳統訓詁學中“反訓”現象的性質和成因的正確認識。

楊樹達（1956:189–191）提出的“施受同辭”内涵有二：一是指一個詞兼有的主事與受事兩種用法，屬於語法範疇；二是指同一個詞兼有的施和受兩個對立義項，屬於詞彙範疇。後來學者大都認爲“施受同辭”這一概念應當屬於詞彙範疇（朱俊曉，2006:72–74+68）。我們在這裏所討論的“施受同辭”只限於詞義範疇之内。具體地説，具有施受同辭性質的詞應有如下特點：第一，它是一個動詞，同時具有“施”“受”兩個相反或相對的義項；第二，“施”“受”兩個相反或相對的義項必須是“同辭”，即指的是同一個形體所代表的同一個詞；第三，“施”“受”兩個相反或相對的義項具有共時關係，即出現在“同一時代”的文獻裏。

一、殷商甲骨文中施受同辭梳理

殷商甲骨文是漢語言書面語的初始階段，是探索上古漢語的詳實而可靠的語料。“施受同辭”這一特殊語言現象在殷商甲骨文中已經出現，儘管數量不多，但它却是這一語言現象的發端。殷墟甲骨文中具有“施受同辭”性質的詞語只有三個。

（一）受　在殷墟甲骨文中就已經出現了施受用法，一詞具有兩個相對立的義項：一是接受，一是授予。例如：

（1）我不其受年。　（《合集》8806　典賓①）

（2）丙辰卜，㱿貞：我受黍年。　（《合集》9950正　典賓）

（3）辛未卜，㱿貞：王勿逆伐𢀛方，下上弗若，不我其受又（佑）。六月。　（《合集》6204正　典賓）

（4）伐𢀛方，帝受我又（佑）。　（《合集》6273　典賓）

例（1）（2）中“受”的主語是“我（商）”，“受”爲接受、承受義。例（3）（4）中“受”的施事分别是“下上”和“帝”，“受”爲授予義。

（二）以　在殷墟甲骨文中具有兩個相對立的義項：一是帶領，一是致送。例

①8806爲拓片編號，“典賓”是分類分組。以後文中出現均按此例，不再一一另注。關於甲骨卜辭的分類分組參看黄天樹（1991）。

如：

（5）戊寅卜，賓貞，王往以衆黍于冏。　　　（《合集》10　賓三）
（6）貞：勿惟王往以衆。　　　（《合集》34正　典賓）
（7）貞：追弗其以牛。　　　（《合集》4454　典賓）
（8）貞：勿用盧以羌。　　　（《合集》259　賓三）

例（5）（6）中“以”作帶領義。例（7）（8）中“以”爲致送義。“以”的“帶領”與“致送”二義，實際上就是帶去和帶來。裘錫圭（2012:180）説：“‘致送’也可以説就是帶來或帶去的意思。有些卜辭裏的‘以’字很難肯定究竟應該解釋爲帶領，還是應該解釋爲致送。”裘錫圭的觀點已被大多學者所接受。

（三）聞　在殷墟甲骨文中具有兩個相對立的義項：一是聽到、聞到，一是上報、報告。例如：

（9）貞：妣己聞。/貞：妣己弗聞。　　　（《合集》2422　典賓）
（10）己丑卜，争貞：㞢（有）疾齒，父乙惟㞢（有）聞，在洮。
（《合集》13651　典賓）
（11）戊午卜，賓，令先聞王。十三月。　　　（《合集》4574　賓三）
（12）癸未卜，争貞：旬亡（無）囚（憂），三日乙酉夕，月有食，聞。八月。　　　（《合集》11485　典賓）

例（9）（10）中“聞”爲聽到義。例（11）（12）中“聞”爲報告義。“聞”的“聽到”與“報告”二義構成相對立的兩個義項，實際上就是消息的接收和輸出。

殷墟甲骨文中的“施受同辭”還處於這一語言現象的初始階段，加之甲骨卜辭的簡約，“施”“受”二義有時並没有充分地顯示出來。例如，殷墟甲骨文中只出現了“買”，應當有買入義，或其引申義招致、僱用義；也應當有賣出義，或其引申義炫耀、賣弄義。但是由於甲骨卜辭文例簡約，暫時還無法確定它的具體含義。《説文·貝部》：“買，市也。”“買”也同樣承擔着買、賣二義。再如，甲骨文中的“䜌”，字形爲上下兩隻手在整理亂絲，應當具有治、亂二義。《説文·𠬪部》：“𤔔，治也。幺子相亂，𠬪治之也。……一曰理也。”總之，殷墟甲骨文中“施受同辭”的兩個義項對立性還不顯著，而相承性較爲突出。這也正是處於萌芽階段的“施受同辭”所顯示出來的語義特征。

二、兩周金文中施受同辭考證

兩周時期是“施受同辭”這一語言現象發展的重要階段，金文是這一時期書面語言的代表，通過對兩周金文中一詞兼有正反二義的動詞的梳理，從中獲得了具有施受同辭性質的動詞十四個。下面我們對其逐一考證。

（一）受 在兩周金文中具有兩個對立義項：一是接受，一是給予。例如：

（1）曶則拜稽首，受絲（兹）五[夫]。（曶鼎　西中　《集成》2838[①]）

（2）山拜稽首，受册，佩以出。（善夫山鼎　西晚　《集成》2825）

（3）不（丕）顯朕皇祖受天命。　（秦公簋　春早　《集成》4315）

（4）王受乍（作）册尹者（書），卑（俾）册命免。

（免簋　西中　《集成》4240）

（5）王蔑敔曆，事（使）尹氏受贅敔圭、瓚、□貝五十朋。

（敔簋　西晚　《集成》4323）

從甲骨文、金文字形來看，“受”从二手、从舟，舟亦聲，是個會意兼形聲字。上面的手形代表授予者，下面的手形代表接受者，僅從字形上來看，很難説哪個是它的本義。這一行爲動作所代表的是一個過程，只能放在具體的語境中才能判定出它的意義。例（1）中“受”的主語是曶，“受兹五夫 ”就是曶接受了這五個人，“受”爲接受義。例（2）中“受”的主語爲善夫山，他感謝周王的册命和賞賜，施行稽首之禮後，接受了周王的册命之書。此句中的“受”爲接受義。例（3）中的“受”很明顯爲接受義。例（4）中“受”的主語是周王，他把册命書交給作册尹（史官之長），讓他宣讀對免的任命，“受”为授予義。例（5）中的“受”爲賜予、給予義，與“贅”組成“受贅”爲同義連用。傳世文獻中繼續沿用這類用法。《詩經・大雅・下武》“於萬斯年，受天之佑”中“受”爲接受、承受義。《周禮・天官・司書》卷七“受其幣”，鄭玄注“故書受作授”（李學勤，2000b:196）。這裏的“受”爲授予義。後來字形分化，記詞各有專司，“受”分化出了“授”，用“受”表接受義，用“授”表授予義。二者不再是“同辭”關係了。

（二）學 在兩周金文中具有兩個對立義項：一是學習，一是教授。例如：

（6）王令（命）静嗣（司）射學宫，小子眔服眔小臣眔尸（夷）僕學射。…静學無眈（尤），王賜静鞞璲。　（静簋　西中　《集成》4273）

例（6）中前兩個“學”爲學習義。第一個“學”作宫的定語，“學宫”就是學習的地方，即學校；第二個“學”作謂語，主語是小子、服、小臣和夷僕。第三個“學”爲教授義，作謂語，主語是静。此句大意是周王命令静管理學宫，小子、服、

①2838爲器物編號，曶鼎爲器物名，西中爲西周中期，以後文中出現均按此例，不再一一另注。本文對出土文獻的銘文隸定一律采用寬式。

小臣和夷僕學習射藝……静教授的没有差錯，周王賞賜了静鞞璲。傳世文獻中也有用“學”來表示“教授”和“學習”二義的。《禮記·學記》引《尚書·兑命》曰：“學學半。”前一個“學”爲教授，後一個“學”爲學習。今本《尚書》作“斆學半”（李學勤，2000c:301）。斆，教也。《説文》：“學，篆文斆省。”林義光（2012:310）《文源》：“學，斆或體，古教學同字。”西周早期的沈子它簋蓋（《集成》4330）铭“克又（有）井（型）斆懿父廼□子”中出現了“斆”字，學者對此釋讀不一，有“效法”“教化”等不同的解讀①。其實這也是由學習、教授引申而來的。戰國銅器中山王譽鼎（《集成》2840）銘“雩（越）人修斆備信，五年覆吴”，張政烺（1979:230）認爲：“斆，即教字。……按從甲骨文、金文看，教與斆是一個字，斆與學當分爲二字。學是自學，斆是教人。”張氏認爲“斆”後來分爲“教”“學”二字，記詞各有專司。郭店簡中“斆=其也”應讀爲“教，學其也”，“斆”爲教、學二字合文（黄德寬，2007:473）。後世文獻也使用“斆”來表示這兩個對立義項。《尚書·盤庚》“盤庚斆于民”中“斆”用爲教授義。《史記·張釋之馮唐列傳》“豈斆此嗇夫諜諜利口捷給哉”中“斆”用爲學習、效仿義。

（三）賜　在兩周金文中具有兩個對立義項：一是賜予，一是祈求。例如：

（7）賜乃祖南公旂，用遷（戰）②。（大盂鼎　西早　《集成》2837）

（8）王親賜御方玉五毂、馬四匹、矢五束。

（噩侯鼎　西晚　《集成》2810）

（9）唯曾伯文自乍（作）寶簋，用賜眉壽、黄耇，其萬年子子孫孫永寶用享。（曾伯文簋　西晚　《集成》4051）

（10）追尸用祈賜眉壽、永命，子子孫孫其萬年永寶用。

（追尸簋　西晚　《彙編》53③）

例（7）（8）中的“賜”爲賜予義，作謂語，後面帶有雙賓語，直接賓語是旂、玉、馬、矢，間接賓語是南公、禦方。“賜”的這種用法是金文中最常見的，後面經常連接表示具體的物質名詞，這一意義金文也用“賞（商）”（陳初生，2004:229-230、658-659）。例（9）（10）中的“賜”爲祈求義，作謂語，後面所帶賓語爲眉壽、黄耇、永命。“賜”後所帶的賓語常常是表示抽象意義的名詞，這一意義金文中也常用“祈”。例如“（追）用享孝于前文人，用祈匃眉壽、永命”（追簋《集成》4223）“（歸夆）用祈純录、永命”（乖伯歸夆簋《集成》4331）中的“祈”與例

①劉志基釋爲“效”，解作效法、遵循義，張世超解作“教化”義。他們的觀點分别參見劉志基、臧克和、王文耀（2003:246）；張世超、孫凌安、金國泰、馬如森（1996:775）。

②裘錫圭認爲大盂鼎銘“遷”應讀爲戰。參見陳劍（2007:28）。

③追尸簋爲器物名，西晚爲西周晚期，53爲器物編號。以後文中出現均按此例，不再一一另注。

（9）（10）中的“賜”用法是相同的，都爲祈求義。例（10）中祈、賜同義連用，追簋銘中祈、匃同義連用，就是這方面的最好證明。後世文獻“賜”只用賜予義。《論語 • 鄉黨》：“君賜食，必正席先嘗之。”“賜”也用爲名詞，指賜予的財物或恩惠。例如《論語 • 憲問》“民到于今受其賜”。

（四）帥 在兩周金文中有兩個對立義項：一是帶領，一是遵循。例如：

（11）迺令參（三）有嗣（司）…帥履裘衛厲田四田。

（五祀衛鼎 西中 《集成》2832）

（12）（史頌）帥偶盩于成周，休又（有）成事。

（史頌鼎 西晚 《集成》2787）

（13）瘐不敢弗帥祖考，秉明德，䦎（恪）夙夕，左（佐）尹氏。

（瘐鐘 西中 《集成》247）

（14）女（汝）毋弗帥用先王乍（作）明井（型）。

（毛公鼎 西晚 《集成》2841）

例（11）（12）中的“帥”爲帶領義，金文中也寫作“率”。例（13）（14）中的“帥”爲遵循義。從領導者角度來説就是“帶領”，從跟隨者角度來説就是“遵循”。後世文獻中這兩個義項仍在使用。《孟子 • 萬章上》“舜南面而立，堯帥諸侯背面而朝之”中“帥”爲“帶領”義。《國語 • 周語上》：“吾聞夫犬戎樹，惇帥舊德，而守終純固，其有以禦我矣。”韋昭注：“帥，循也。”（徐元誥，2002:9）這裏的“帥”用爲“遵循”義。

（五）稟 在兩周金文中具有兩個對立義項：一是賜予，一是接受。例如：

（15）王親令省伯曰：“毋卑（俾）農弋（特），事（使）氒友妻農，乃稟氒帑，氒小子。” （農卣 西中 《集成》5424）

（16）今我隹即井（型）亩（稟）于玟王正德，若玟王令二三正。

（大盂鼎 西早 《集成》2837）

（17）公氒稟貝，用獄誎（刺）爲伯。

（六年琱生簋 西晚 《集成》4293）

例（15）中的“稟”爲賜予義。例（16）中“亩”为“稟”的或體（參看馬承源，1988:40；劉志基，2003:461），爲接受義。例（17）中的“稟”爲接受義（馬承源，1988:210）。傳世文獻中這兩個義項仍在使用。《漢書 • 禮樂志》“人函天地陰陽之氣，有喜怒哀樂之情，天稟其性而不能節也”中“稟”用爲賜予義。《左傳 • 昭公二十六年》“先王所稟受於天地，以其爲民也”中“稟”用爲接受義。

（六）保 在兩周金文中具有施受兩個相對義項：一是“上對下”的保佑，一是“下對上”的輔助。例如：

（18）古（故）天異（翼）臨子，灋（廢）<u>保</u>先王。

（大盂鼎　西早　《集成》2837）

（19）肆皇天亡（無）罢（斁），臨<u>保</u>我有周。

（毛公鼎　西晚　《集成》2841）

（20）孫子一𠕁皇辟懿德，用<u>保</u>王身。（師𩛥鼎　西中　《集成》2830）

（21）肆克龔（恭）<u>保</u>氒辟龔（恭）王，諫（敕）辥（乂）王家。

（大克鼎　西晚　《集成》2836）

金文中“保”的“保佑”“輔助”二義只看詞義好像對立性不强，但是在具體的銘辭中，“保佑”都是上對下的行爲，“輔助”都是下對上的行爲，從這個角度來説還是具有相對立的意義。例（18）（19）中的“保”爲保佑義。主語都是“天”，是一種上對下的護佑。例（20）（21）中的“保”爲輔助義。主語都是臣子，是一種下對上的輔助。傳世文獻中“保”的保佑義還在使用。例如《尚書・召誥》“今相有殷，天迪格保”中“保”即爲保佑義。後世文獻中“保”雖然没有出現作動詞“輔助”義的，但在這個意思上有作爲名詞使用的。《尚書・君奭》“召公爲保，周公爲師，相成王爲左右”、《禮記・文王世子》“入則有保，出則有師……保也者，慎其身以輔翼之”中的“保”即爲西周職官名。古代把輔導天子和諸侯子弟的官員稱爲“保”，這是“保”的保養、撫養義，上古漢語名動相因，自然也把從事保養的人稱爲“保”了。

（七）享　在兩周金文中具有兩個對立義項：一是進獻、奉獻，一是享受、享用。例如：

（22）氒復<u>享</u>于天子，唯氒使乃子㦰萬年辟事天子。

（㦰簋　西中　《集成》2824）

（23）子子孫孫永寶，用<u>享</u>于宗廟。

（南公有司鼎　西晚　《集成》2631）

（24）我亦弗究<u>享</u>邦，賜女（汝）鼬裘。

（乖伯歸夆簋　西晚　《集成》4331）

兩周金文中，“享”後面可以接“生人”，爲奉獻義；後面也可以接“死人”，爲奉祀義。例（22）中“享”爲奉獻義。例（23）中“享”爲奉祀、薦獻義。例（24）中“享”爲享有、擁有義。後傳世文獻這兩個義項還在使用。《尚書・盤庚上》“兹予大享于先王”中“享”爲進獻、貢獻義。《國語・周語》“大臣享其禄，弗諫而阿之，亦必及焉”中“享”爲享受、享有義。

（八）入（内） 在兩周金文中具有兩個對立義項：一是接收，一是貢獻。例如：

（25）克宅匽（燕），入土眔厥司。（克罍 西早 《近出》987[①]）
（26）虔夙夜，出内王命。（師望鼎 西中 《集成》2812）
（27）頌拜稽首，受命册，佩以出，反入瑾璋。
（頌鼎 西晚 《集成》2827）
（28）噩侯馭方内壺于王，乃祼之，馭方侑王。
（噩侯鼎 西晚 《集成》2810）

兩周金文没有出現"納"字，"納"寫作"入"或"内"。對此學者早有論證（參見周法高，1974:3420-3431）。例（25）"入"爲接受義。"入土"即"納土"，就是"接受燕地"。例（26）中"内"爲接納、接收義，"出内王命"就是接納並發布王命。例（27）（28）"入""内"爲貢獻義。隨着詞義的發展，分擔詞的義項，記詞各有專司。"入"專表行爲動詞，與"出"相對；"内"主要用爲方位名詞，與"外"相對；"納"主要承擔了"接受"和"貢獻"義。《莊子 • 刻意》"吐故納新"中的"納"爲接受、接納義，《左傳》莊公二十二年"冬，公如齊納幣"中的"納"爲貢獻、繳納義。

（九）逆 在兩周金文中有兩個行爲相對義項：一是聽從，一是違背。

（29）我乃至于淮，小大邦亡敢不俱逆王命。
（駒父盨蓋 西中 《集成》4464）
（30）王人迺賣（贖）用賄，不逆付。（曶鼎 西中 《集成》2838）
（31）汝敏于戎工，弗逆朕親命。
（卌二年逨鼎 西晚 《彙編》745-1）
（32）余肇使女（汝），休，不逆，又（有）成事。
（多友鼎 西晚 《集成》2835）

例（29）中的"逆"爲聽從義。句意爲淮夷大小邦没有不聽從周王的命令。例（30）"逆"爲違背義，"不逆"就是不違背，引申爲合法。例（31）（32）中的"逆"爲違背義。後世文獻中這兩個義項繼續使用。《尚書 • 顧命》"虎賁百人，逆子劍于南門之外"、《儀禮 • 聘禮》"衆介皆逆命不辭"中的"逆"分别用爲迎接、聽從義的。《詩經 • 泮水》"既克淮夷，孔淑不逆"、《左傳》昭公四年"慶封惟逆命"中的"逆"用爲違背、違拒義的。

①參劉雨、盧岩（2002:466）。

（十）以　在兩周金文中具有兩個對立義項：一是致送，一是帶來。例如：

（33）召姜以琱生幭（？）五尋、壺兩。

（五年琱生尊　西中　《近出二編》587①）

（34）唯俘車不克以，卒焚。（多友鼎　西晚　《集成》2835）

例（33）中的“以”爲致送義。例（34）中的“以”爲帶來義（李學勤，2016:108）。甲骨文中“以”既有攜帶、帶領義，也有致送義。兩周金文中“以”延續甲骨文中的這種用法，不過出現的頻率並不像甲骨文中那麽高，大概是由於詞彙系統内部的發展規律所致。西周金文中已經出現了表示率領、帶領義的“率”和“帥”字，它們分擔了“以”的大部分動詞義項，加速了“以”由實變虚的語法化進程，這一過程西周時期基本完成（寇占民，2014:469-470）。所以一些金文研究者，對西周金文中的“以”字的解説，多與後世文獻中的意義和用法相比附，以虚詞解之。

（十一）訊　在兩周金文中具有兩個對立義項：一是詢問，一是報告。例如：

（39）正廼訊厲曰：女（汝）貫田不（否）。

（五祀衛鼎　西中　《集成》2832）

（40）命女（汝）嗣成周里人眔者（諸）侯、大亞，訊訟罰。

（𧆞簋　西晚　《集成》4215）

（41）余既訊，㕦我考我母命，余弗敢亂。

（五年琱生簋　西中　《集成》4292）

（42）余以邑訊有司，余典，毋敢封。

（六年琱生簋　西晚　《集成》4293）

例（39）中的“訊”爲詢問義。例（40）爲訴訟案件，訊當爲審問義。兩周軍事銘文中常有習語“執訊”，多與“折首（馘）”連用，一般視爲名詞，爲戰俘義。例（41）（42）中的“訊”爲報告義。後世文獻中這兩個義項繼續使用。《詩經・小雅・正月》：“召彼故老，訊之占夢。”毛傳：“訊，問也。”“訊”用爲詢問義。《詩經・小雅・雨無正》：“凡百君子，莫肯用訊。”鄭箋：“訊，告也。”“訊”用爲報告義。

（十二）儥　在兩周金文中有兩個對立義項：一是買入，一是賣出。例如：

（43）吴，𤔲馭弟史儥馬，弗左，用作父戊寶尊彝。

（觥蓋　西早　《集成》9300）

①劉雨、嚴志斌（2010:274）。

（44）王來各于成周年，厚趠又（有）僨于溓公，趠用作厥文考父辛寶尊。（厚趠鼎　西早　《集成》2730）

對例（43）中“僨”的釋讀，學者們有着不同的觀點。趙平安（2001:80）釋“僨”爲買，“僨馬”即買馬。劉釗（2002:131）釋“僨”爲賣，“僨馬”即賣馬。裘錫圭（2012:13）認爲趙説爲是。例（44）中“僨”爲賣出義。銘文“厚趠有僨于溓公”，大意是厚趠賣給了溓公某種東西，然後用得來的錢“作厥文考父辛寶尊”（參見劉釗，2002:130）。《説文·人部》：“僨，賣也。”《玉篇·人部》：“僨，買也。”桂馥《説文義證·人部》：“僨，此如酤字，亦買賣無定訓也。”《包山》楚簡（120簡、152簡）中“僨”字，李學勤（1992）都釋爲賣出義。“僨”在先秦出土文獻中具有買、賣二義，後世文獻中這兩個義項仍在使用。《周禮·地官·司市》“以量度成賈而徵僨”中的“僨”，鄭玄注爲“買”（李學勤，2000b:434）。《周禮·地官·胥師》“察其詐僞、飾行、僨慝者而誅之”中的“僨”，鄭玄注爲“賣”（李學勤，2000b:447）。

另外，西周中期曶鼎（《集成》2838）銘“我即賣（贖）女（汝）五[夫，效]父用匹馬束絲”。楊樹達（1997:41）曰：“銘文賣（引者按：即賣字）字作贖字用，余疑即贖之初文也。”馬承源（1988:170）認爲：“賣：即贖字，義爲買賣行爲。”

（十三）貯（賈）　在兩周金文中具有“進”與“出”兩個相對立義項：一是買入，一是賣出。例如：

（45）正乃訊厲曰：汝賈田不（否）？

（五祀衛鼎　西中　《集成》2832）

（46）晨肇賈，用作父乙寶尊彝。（晨簋　西早　《近出》455[①]）

兩周金文中“賈”寫作“貯”，有學者認爲“賈”是“貯”的分化字（張世超等，1996:1561-1563）。“賈”在兩周金文中意爲“交易”“交换”義，有進有出，既包含買，又包含賣。這反映出上古時期商品的流通方式，物與物的交换就是買賣，買者同時也是賣者，賣者同樣也是買者。它所包含的雙重意義是同一行爲的兩個方面，是無法單獨割裂出任何一方的。例（45）所述裘衛用五田换取了邦君厲的四田，其中“賈”解作交换。例（46）中的“賈”也可以解作交易，“晨肇賈”即晨初次做買賣。後世文獻表達此意不用“賈”，而用“市”。《爾雅·釋言》：“賈，市也。”《説文》：“市，買賣所之也。从冂从乁，乁古文及，象物相及也，之省聲。”雖然許慎對字形的解説是錯誤的，但認爲“市”的意思爲“物相及”的買賣場所，還是頗有見

①參劉雨、盧岩（2002:334）。

地的。“市”本義指貿易場所，上古漢語名動相因，引申出做買賣、貿易。《左傳》僖公三十三年“鄭商人弦高將市于周”中的市，即是此義。郝懿行（1983:374）《爾雅義疏·釋言》云：“按市兼買、賣二義。”傳世文獻中“賈”“市”都兼有買、賣二義。但金文中還没有完全形成相對立的買、賣二義。

（十四）聞　在兩周金文中具有施受相對的兩個義項：一是聽到、聞到，一是上報、匯報。例如：

（47）我聞殷墜命，唯殷邊侯、田（甸）雩（與）殷正百辟，率肆于酒，古（故）喪師已（矣）。　　（大盂鼎　西早　《集成》2837）

（48）唯甲子朝，歲鼎，克，聞，夙有商。

（利簋　西早　《集成》4131）

例（47）中的“聞”爲聽説義，主語是消息的獲得者。例（48）中的“聞”爲上報義，主語是消息的發出者。對例（48）銘辭的句讀、釋讀頗有分歧（參看寇占民，2012:84-85），銘中的“聞”從語法層面上來理解，爲動詞的使動用法。于省吾（1977:11）認爲銘中“聞”爲被聞之義。徐中舒（1980:93）認爲“聞”爲上聞義。銘文“歲鼎，克，聞”大意就是歲星正當其位，預示能够獲得勝利，將這一吉象上報給武王。後世文獻中這兩個義項仍在使用。《論語·里仁》：“朝聞道，夕死可矣。”此句中的“聞”爲聽到義。《韓非子·五蠹》：“令尹誅而楚奸不上聞。”此句中“聞”爲使聽見義。

三、關於反訓的性質

古人很早就注意到一詞兼有正反二義這一語言現象，《春秋公羊傳》隱公七年云：“《春秋》貴賤不嫌同號，美惡不嫌同辭。”這就是“反訓”的濫觴。第一次把語言中這種現象與訓詁聯繫起來的是東晉郭璞。他在《爾雅·釋詁下》“徂，存也”下注曰：“以徂爲存，猶以亂爲治，以曩爲曏，以故爲今；此皆詁訓義有反覆旁通，美惡不嫌同名。”（李學勤，2000a:58）這是郭璞首次把一詞兼有正反二義的現象上升到理論高度。但真正提出“反訓”這一名稱的是清代學者劉淇，他在《助字辨略》中把“反訓”作爲一種訓詁手段加以肯定和運用。在其書的序言中，劉淇（2004:92、102）將訓釋“助詞”的術語分爲三十類，“反訓”就是其中之一；在書中“方”“誠”字下的訓釋中就使用了“反訓”術語。近現代學者在“反訓”研究中，對其名稱、性質和成因等問題產生了較大的分歧，仁智互見，争論不休，迄無定論（參看余大光，1994:70-74；劉志生、黄建寧，2003:115-117；艾君華，2012）。概括起來“反訓”這個名稱有兩個含義：一是詞義兼有正反的現象，二是反義訓詁的方法。其實，真正的“反訓”就是一個詞同時兼有正反兩個義項，可以稱之謂“反義共詞”。

（一）反義共詞 從事語言研究的絶大多數學者都承認反義共詞現象的存在，但也有學者持否定態度。郭錫良（1997:252）認爲：“一般來説，在同時的語言詞彙系統中，具有正反兩個對立意義的詞是不可能存在的。否則就容易産生歧義，影響交際。”張清常（1984:70）也認爲“反訓”是不能成立的。他説：“人類賦予語詞一定的意義，要求概念明確，不能模棱兩可，語言交際，約定俗成，絶不能使語詞的涵義既是甲又非是甲，造成混亂。”兩周金文作爲兩周時期的書面語，它反映了當時社會人們使用語言的實際情況，反義共詞現象是真實、客觀地存在於金文之中，這已是不争的事實。從兩周金文動詞中的“施受同辭”來看，在共時平面上，同一個詞完全可以同時兼有正反二個義項。例如“受”，在兩周金文中具有“接受”和“給予”二義；“學”，兼有“學習”和“教授”二義。它們不僅可以在同一時期的語言中出現，甚至還可以出現在同一篇銘文裏。上揭“受”和“學”中正反二個義項雖然都共用一個字形，但並不會引起歧義，影響交際。因爲任何一個詞，它一旦被使用，都會出現在一定的語言環境中，詞義都應是單一的、明確的，否則就會表意不清，造成歧義誤解，影響交際（馬啓俊，1995:42-45+39）。段玉裁（1981:160）在《説文解字注》“受”字下注云：“𠬪者自此言，受者自彼言，其爲相付一也。”段氏認爲同一動作，角度不同，詞義可以相反。伍鐵平（1986:32）説：“一個詞具有相反的兩個意義只不過是一詞多義的一個特例。這正是語言能充當完善的交際工具的奥妙所在，這不是語言的缺陷，而是它的優點。”兩周金文語料的事實告訴我們，否認“反義共詞”這種語言現象的觀點是不對的。

另外，反義共詞這一語言現象應當屬於詞義範疇，不應擴大到語法、語用範圍。一些不及物動詞的使動用法形成慣例，導致“使動”内化爲動詞本身的詞性，形成了作格動詞。這種不及物動詞在語法意義的影響下，所産生的意義不是臨時的，它已經成爲動詞本身的一個義項。所以，我們認爲用“反訓”這個名稱是不恰當的，應稱爲“反義共詞”或“反義同詞”更合理。我們釐清了“反訓”的範圍，就更能明確其形成的原因了。從産生來看，“反義共詞”是屬於一種共時的語言現象。

（二）反義訓詁 當今學界的基本看法是“反訓”是一種詞義現象，而不是訓詁方法。齊佩瑢（1984:145-162）堅决反對將“反訓”作爲一種訓詁方法、訓詁原則來看待。王寧（1996:116-117）也反對把“反訓”當作一種訓詁方法來看待。她説：“‘反訓’這個詞最好不要用作術語，把‘相反爲訓’説成是訓釋方法或訓釋原則就更不妥當。”我們贊同這一觀點，即不把“反訓”作爲一種訓詁方法。因爲訓詁的原則往往是用已知的去注釋未知的一種釋詞方法，所釋之詞與被釋之詞之間意義應是一致的，没有必要選擇相反意義的詞語去曲折訓釋，這不僅不符合釋詞的原則，更不符合人們的認識和理解概念的規律的。

四、關於反訓的成因

關於“反訓”成因的探索，清代之前，鮮有論及。有清一代，隨着訓詁學的發展，開始對“反訓”的成因有所關注和探究。根據余大光（1994:72）的研究，清代學者對“反訓”的成因主要有三種説法。一是郝懿行在《爾雅義疏》中提出的“同根説”，從語源學角度揭示語言中詞義正反同根的關係。二是王念孫在《廣雅疏證》中提出的“相因説”，從詞義引申的角度揭示詞義相反相承、互相轉化的規律。三是桂馥在《説文義證》、朱駿聲在《説文通訓定聲》中提出的“假借説”，認爲詞義中的相反現象是源於假借而來。

上述三種觀點中最可取的就是王念孫的“相因説”。王念孫（1983:99）“義有相反而實相因”之説就是指“反義共詞”中的兩個相反義項，其實質是同一行爲相銜接的兩個過程。段玉裁（1981:376、601）早已注意到語言中“反義共詞”現象的成因了。段氏在《説文解字注》“偭”字下注云：“偭訓鄉，亦訓背。此窮則變，變則通之理。”“擾”字下注云：“蓋擾得訓馴，猶亂得訓治，徂得訓存，苦得訓快，則窮則變，變則通之理也。”段氏認爲語言中“反訓”這種現象是與自然萬物周而復始的規律相關聯，詞義到了盡頭就會朝相反的方向轉化，使該詞産生一個與原詞義相反的新詞義，原詞義與新詞義内容對立，實則相通（馬景侖，2006:9）。段玉裁的“窮則變，變則通”與王念孫“相因説”相互發明補充。張舜徽（1957:51）認爲：“大凡事物的發生發展，莫不由其自身内在的矛盾爲最大動力。所謂‘對立統一’‘相反相成’的原理，拿來説明我們祖先造字和用字的規律是十分符合的。‘反訓法’最基本的原則，也就在這裏，而不是其他。”張氏雖然没有對“反訓詞”與“反訓法”加以區分，但在論述“反訓”現象的成因時還是道出了其産生的根源。徐世榮（1980:272–277）曾歸納“反訓”的來歷或成因有十種。其實，徐氏所列的十種中真正稱得上反訓的只有“内含反訓”一種。陸宗達、王寧（1983:151）也指出：“在漢族早期的哲學思想裏，相反相成的理性認識就很普遍。訓詁上也很早就發現了一種詞義互訓的規律，叫作相反爲訓，也稱反訓。”

我們認爲，“反義共詞”現象的産生與哲學中的辯證法有着密切的聯繫。在上古時期的漢先民觀念裏，萬般物象至極而反，終而復始，這種生死相依，正反相容，始終相生的思想，在中國傳統的哲學中，有着極爲豐厚的藴涵，並占有極爲重要的地位，語言中“反義共詞”現象正是這種理念的體現。黄侃（1983:229）則認爲語義引申而形成的相反義與人們的心理相關。黄氏指出：“凡人之心理循環不一，而語義亦流轉不居，故當造字時，已多有相反爲義者。”申小龍（1990:58）也認爲：“漢語語言思維的辯證性精神與整體性精神是一致的。這是‘反訓’得以成立的文化心理依據。”兩周是社會發展變化的劇烈時期，作爲交際工具的語言也得到迅猛的發展，最先表現在詞義的發展上。一個詞由産生時的單義，逐漸變成多義，其演變的原因和條件是複雜的。這裏既有所記録的客觀事物的發展變化，也有語言内部自身的演化，但無論如何都離不開人們的認識和思維的變化。所以，先民從認識世界到描繪世界是語言産生的基礎，也是詞義産生的基礎。蔣紹愚（2005:153）在論及漢語中具有施受關係的詞語時説：“它們之所以能反訓，是因爲古人把施受看做同一動作的兩個方面。”正如上揭所舉兩周金文中“受”“訊”“價”“賈”“逆”等所具有的相對二義，相反相承，對立統一，相互依存，缺一不可。兩周金文“施受同辭”這一語言現象直接反映了客觀事物的内在統一，體現出事物之間相互依存的共生關係。

五、餘論

“反訓”這種特殊的語言現象，經歷了一個發生、發展到消亡的過程。從東晉郭璞所使用“義有反覆旁通，美惡不嫌同名”的解詁術語開始，經歷了清代劉淇提出的“反訓”名稱，再到現代楊樹達提出的“施受同辭”説。漢語中這種一詞兼有正反二義現象的内涵十分豐富，古今並不一致。它所涉及的範圍有語音、詞彙、語法、修辭等。儘管這一問題十分複雜，至今没有定論，但這種語言現象的存在是不可否認的，學界的基本看法是“反訓”是一種詞彙現象，與訓詁方法無關。對其産生的原因，除了漢先民的哲學思維、語言思維等因素之外，也與上古漢語詞彙系統自身的發展相關。運用有限的詞彙表達無限的思想，語言的經濟原則占據了首位。多義詞義項之間的相互輾轉關聯，本身就是上古漢語的一大特色。

根據目前掌握的材料来看，我們嘗試着將“反義共詞”現象的發展大致劃分爲四個階段。商代爲第一階段，即萌芽時期；周代爲第二階段，即發展時期；秦漢至魏晉南北朝爲第三階段，即成熟時期；唐宋至今爲第四階段，即衰落時期。由於反訓是一詞兼有正反二義，雖然大多數情況下依據語境還是能够確定具體詞義，但是畢竟這種現象容易引起混亂，産生歧義，不利於語言交際。隨着人們對語言嚴密準確的要求不斷提高，避免交際上的混淆，加之語言自身發展規律的制約，從中古開始反訓逐漸走向分化與消亡（王玉鼎，1993:85-87）。蔣绍愚（2005:155）说：“‘反訓’一般是不能長久存在的，在語言中總要用種種手段把它們區别開來。”我們認爲，“反義共詞”分化的途徑主要有五種。（一）變音分化詞義。例如：“學（斅）”的學習義讀爲xué，教授義讀爲jiào，後來字形分化，分别寫作“學”與“教”。（二）造字分化詞義。例如：用本字“受”表接受義；用分化字“授”表給予義。（三）造詞分化詞義。例如：“入（内）”的二個相反義項分别用借來的“納”組成雙音節詞交納与納入相區别；“訊”也變爲雙音節詞審訊和通訊以示區别。（四）一個義項消亡。例如：“聞”的報告義和“逆”的聽從義消亡了。（五）兩個義項都消亡。例如：“賈”“儥”“市”的交易義都消亡了，被買和賣兩个词所取代。

本文引書簡稱表：

合集	甲骨文合集
近出	近出殷周金文集録（第二、三册）
近出二編	近出殷周金文集録二編
彙編	新收殷周青銅器銘文暨器影彙編
集成	殷周金文集成（修訂增補本）

參考文獻：

艾君華　2012　《古漢語反訓詞研究——以徐世榮〈古漢語反訓集釋〉爲中心材料》，湖南師範大學碩士學位論文。

陳初生　2004　《金文常用字典》（修訂再版），陝西人民出版社。

陳　劍　2007　《甲骨金文考釋論集》，綫裝書局。

段玉裁　1981　《説文解字注》（卷四下），上海古籍出版社。

寇占民　2012　《金文句讀釋例》，《古籍整理研究學刊》第3期。

寇占民　2014　《西周金文動詞語法化初探》，《天津大學學報（社會科學版）》第5期。

郭錫良　1997　《反訓不可信》，《漢語史論集》，商務印書館。

郭沫若（主編）　1978-1982　《甲骨文合集》，中華書局。

黄德寬（主編）　2007　《古文字譜系疏證（一）》，商務印書館。

黄　侃　黄　焯　1983　《文字聲韻訓詁筆記》，上海古籍出版社。

黄天樹　1991　《殷墟王卜辭的分類與斷代》，文津出版社。

郝懿行　1983　《爾雅義疏》（上册），上海古籍出版社。

洪　颺　2016　《“正反同詞”文字學研究舉例》，《中國文字研究》（第23輯），上海書店出版社。

蔣紹愚　2005　《古漢語詞彙綱要》，商務印書館。

李學勤（主編）　2000a　《十三經注疏·爾雅注疏》（卷二），李傳書整理，徐朝華審定，北京大學出版社。

李學勤（主編）　2000b　《十三經注疏·周禮注疏》（卷七），趙伯雄整理，王文錦審定，北京大學出版社。

李學勤（主編）　2000c　《十三經注疏·尚書正義》（卷十），廖明春、陳明整理，吕紹剛審定，北京大學出版社。

李學勤　2016　《論多友鼎的時代及意義》，《新出青銅器研究》（增訂版），人民美術出版社。

李學勤　1992　《〈包山〉楚簡中的土地買賣》，《中國文物報》3月22日。

林義光　2012　《文源》（卷八），中西書局。

劉志基　臧克和　王文耀　2003　《金文今譯類檢：殷商西周卷》，廣西教育出版社。

劉　釗　2002　《釋儥及相關諸字》，《中國文字》（新28期），藝文印書館。

劉　淇　2004　《助字辨略》（卷二），章錫琛校注，中華書局。

劉　雨　盧　岩　2002a　《近出殷周金文集録》（第三册），中華書局。

劉　雨　盧　岩　2002b　《近出殷周金文集録》（第二册），中華書局。

劉　雨　嚴志斌　2010　《近出殷周金文集録二編》，中華書局。

劉志生　黄建寧　2003　《近二十餘年以來“反訓”研究綜述》，《長沙電力學院學報（社會科學版）》第2期。

劉志基　臧克和　王文耀　2003　《金文今譯類檢：殷商西周卷》，廣西教育出版社。

陸宗達　王　寧　1983　《訓詁方法論》，中國社會科學出版社。

馬承源（主編）　1988　《商周青銅器銘文選（三）》，文物出版社。

馬启俊　1995　《“反訓”這個術語不能成立》，《古漢語研究》第2期。

馬景侖　2006　《“反訓”與“正反同詞”淺論》，《淮陰工學院學報》第2期。

裘錫圭　2012a　《甲骨文字考釋（續）•説“以”》，《裘錫圭學術文集》（第1卷），復旦大學出版社。

裘錫圭　2012b　《説從“岂”聲的從“貝”與從“辵”之字》，《文史》（第3輯），中華書局。

齊佩瑢　1984　《訓詁學概論》，中華書局。

申小龍　1990　《辯證思維•引同協異•體用一源——再論中國古代思維之語言表像》，《江西大學學報（社會科學版）》第2期。

伍鐵平　1986　《論反義詞同源和一詞兼有相反二義》，《外語教學與研究》第2期。

王　寧　1996　《訓詁學原理》，中國國際廣播出版社。

王念孫　1983　《廣雅疏證》（卷三下），中華書局。

王玉鼎　1993　《論反訓的産生、發展和消亡》，《延安大學學報（社會科學版）》第3期。

徐元誥　2002　《國語集解》（修訂本），中華書局。

徐中舒　1980　《西周利簋銘文箋釋》，《四川大學學報（哲學社會科學版）》第2期。

徐世榮　1980　《反訓探原》，《中國語文》第4期。

于省吾　1977　《利簋銘文考釋》，《文物》第8期。

楊樹達　1956　《古書疑義舉例續補•施受同辭例》，俞樾等《古書疑義舉例五種》，中華書局。

余大光　1994　《歷代關於反訓的研究》，《貴州文史叢刊》第3期。

朱俊曉　2006　《楊樹達“施受同辭”淺析》，《遼東學院學報》第3期。

張政烺　1979　《中山王嚳壺及鼎銘考釋》，《古文字研究》（第1輯），中華書局。

周法高（主編）　1974　《金文詁林》（卷五），香港中文大學出版。

趙平安　2001　《釋古文字資料中的“𡨦”及相關諸字——從郭店簡談起》，《中國文字研究》（第2輯），廣西教育出版社。

張世超　孫淩安　金國泰　馬如森　1996　《金文形義通解》，[日]中文出版社。

張清常　1984　《〈爾雅〉研究的回顧與展望——紀念羅常培老師》，《語言研究》第1期。

張舜徽　1957　《古代漢字在構造和運用中相反相成的原則》，《華中師範學院學報》第1期。

鍾柏生　陳昭容　黄銘崇　袁國華　2006　《新收殷周青銅器銘文暨器影彙編》，藝文印書館。

中國社會科學院考古研究所　2007　《殷周金文集成》（修訂增補本），中華書局。

Textual Research on the Agentive-Patientive Homography in Bronze Inscriptions of the Zhou Dynasty:

Also on Fanxun (反訓) in Traditional Classical Chinese Semantics

Kou Zhanmin

Abstract: As a record of the standard language of the society at that time, bronze inscriptions in the Zhou dynasty have become a detailed and reliable corpus for the exploration of Old Chinese. By straightening out the oracle bone and bronze inscriptions of Shang and Zhou dynasties, we hold that the special language phenomenon "agentive-patientive homography" germinated in the oracle bone inscriptions of the Shang (Yin) dynasty and advanced in the bronze inscriptions of the Zhou dynasty. Therefore, the bronze inscriptions of the Zhou dynasty are an indispensable link in the chain of advancement of agentive-patientive homography. The agentive-patientive homography is not Fanxun (反訓) in the traditional classical Chinese semantics, but a phenomenon of semantic derivation in the development of vocabulary, that is, a word with two senses of which one is the reverse of the other, which can be called enantiosemy. To collate and study the agentive-patientive homographs in the bronze inscriptions of the Zhou dynasty will not only contributes to exploring the origin and development of enantiosemy in Old Chinese, but also conduces to forming the correct understanding of the nature and cause of Fanxun in the traditional classical Chinese semantics.

Key words: Bronze inscriptions of the Zhou dynasty; Agentive-Patientive homography; Fanxun (反訓); Enantiosemy; Verb

（寇占民，河池學院文學與傳媒學院　廣西　546300）

《紙上吉金》讀後記*

李　琦

摘　要：金文題跋的整理與釋讀對金文研究具有十分重要的作用。近年來，金文題跋整理的相關成果不斷面世。《紙上吉金：鐘鼎彝器善本過眼録》一書公布了上海圖書館所藏的大量青銅器全形拓善本，大多皆有豐富的題跋，爲學術研究提供了寶貴的材料。然而此書對原跋文的整理存在一定的不足，主要表現在誤解跋文原意、誤解跋文内容、誤解跋文所引文獻、標點斷讀錯誤、體例不一等方面。本文主要對該書中的疏漏進行校議，並據此討論金文題跋整理過程中應當注意的一些問題。

關鍵詞：《紙上吉金》；金文題跋；整理釋讀

仲威先生編著的《紙上吉金：鐘鼎彝器善本過眼録》（以下簡稱《紙上吉金》）已經正式出版，該書分爲三册，收録並整理了上海圖書館所藏青銅器全形拓之善本240多件，大多皆有豐富的題跋。該書不僅展示了清代及民國時期青銅器全形拓的珍貴圖像，更爲清代及民國時期金文學術史的研究提供了第一手材料。該書具有十分重要的價值，下面分别論述。

第一，書中所公布的青銅器全形拓圖像，可爲一些未見器形的青銅器補充器形圖片。《紙上吉金》一書中所收器物以吴鎮烽先生《商周青銅器銘文暨圖像集成》（以下簡稱《銘圖》）爲參考，如遇全形拓本可補充器形信息的情况，大多已在文中作出説明。例如下册12頁“西周三爵”的全形拓圖像可補充《銘圖》8565、8478、7791三件青銅爵的器形；下册82頁“魚父卣”可補充《銘圖》12774魚父乙卣的器形。此外，還有一些青銅器全形拓圖像可對《銘圖》未收的器形進行補充。

第二，該書將資料整理與研究考證相結合。例如仲威先生根據全形拓本糾正幾件師酉簋器蓋銘文混淆的情况；又如根據勇叔買簋與黄君簋蓋的吴雲藏本（中册158-161頁），在兩器的遞藏鏈中補入“吴雲”一環，十分可信。類似的研究性觀點在書中還有不少，此不贅述。

第三，該書還尤其注重對拓本版本特徵的介紹。例如散氏盤拓本有“原本”和

*本文寫作得到李春桃師的指導，修改過程中又得到孫啓燦、邱傑夫等同學的幫助，匿名審稿專家也對本文提出寶貴的修改意見，在此一併致謝。

“翻本”兩種版本，仲威先生則對書中所收散氏盤拓本逐一評介，十分細緻地分析各種拓本的特徵。此外，《紙上吉金》對大克鼎、師酉簋等器物拓本亦有詳細介紹。衆所周知，仲威先生在碑帖版本和鑒定等方面造詣頗深，因此，《紙上吉金》一書對各器拓本特徵及版本的評介，亦是其學術思想的重要體現。

第四，該書的編纂還充分考慮到讀者的需求。《紙上吉金》下册附以《題跋者人名資料索引》，不僅爲全書主要題跋者與觀款者所跋內容的頁碼作出索引，還比較詳細地展現了每位作者的生卒年、字號、室名等諸多信息。此部分內容詳實，爲讀者閱讀全書提供了極其便利的條件。

筆者在閱讀《紙上吉金》一書時，發現整理者對一些題跋的整理釋讀也難免存在疏漏和失誤。下面先對該書整理稿的幾類疏誤進行簡單分類，每類各舉出一些相關之例以作出校議，再簡單談談金文題跋整理過程中應注意的問題。

一、誤解題跋本意

上册9頁，甹（聘）鐘，汪思敬跋文。整理稿有“夫編鐘之數，十六而聘之，所賜十有二，是知其爲數方應月律者如此耳”一句。按，整理者斷讀有誤，該句實應斷讀爲“夫編鐘之數十六，而聘之所賜十有二，是知其爲數方應月律者如此耳”。汪思敬跋文的本意是説，先秦時期的編鐘一般由十六件鐘組成，而“甹（聘）”所得的十二件鐘，可與十二月律相對應。“甹（聘）”在銘文中爲作器者之名，但若按照整理稿所云“十六而聘之”，則文義不通，無法理解。此外，題跋者汪思敬對鐘銘內容的理解其實亦有問題。銘文中“十（匀-鈞）”爲所賜之銅的重量，而汪思敬先是將字誤釋爲“又二”，於字形無據；隨後他又據此認爲“甹”被賞賜的十二件編鐘與十二月律對應，實爲附會之説。

上册178頁，焦山無專鼎，陸增祥題記。整理稿有如下一句：

> “燔”字舊釋作“烝”，非“番”，古文作“”，此字从“火”，从“”，微有闕泐耳。

按，整理稿斷句有誤，該句實應斷讀作：

> “燔”字舊釋作“烝”，非。“番”古文作“”，此字从“火”从“”，微有闕泐耳。

陸增祥題記的前半部分是説以往學者將“燔”釋作“烝”的觀點並不正確，因此應在“非”字後斷讀；後半部分則聯繫“番”字的古文寫法（）來證明鼎銘中的

字應釋爲“燔”，因此“番”字應屬下讀。同時，鼎銘中的字與“番”字古文寫法在形體上略有差別，故陸增祥又補充云“微有闕泐耳”。

下册38頁，義楚觶，鄒安題跋。整理稿有“……掘得古鐘鐸大小九鍴。三門下士鄒殿書觀察淩翰悉購歸……”①按，該句實應斷讀爲“……掘得古鐘鐸大小九、鍴三。門下士鄒殿書觀察淩翰悉購歸……”，跋文本意是説當時出土九件大小不一的鐘鐸和三件鍴，皆被鄒淩翰（殿書）買去。跋文中的“鍴”可通假爲“鍴”，是觶的異名。當時出土的三件青銅觶分别爲“徐王義楚鍴”（《銘圖》10657）、“義楚鍴”（《銘圖》10598）和“徐王禾又鍴”（《銘圖》10650），可與跋文記載相對應。同時，“門下士”爲古代常用語，爲“門生”之義，鄒安在跋文中又將鄒淩翰稱爲“鄒生”即是其證。若按整理稿，則當時出土器物應只有九件鐘鐸，且“鍴”字似乎只能用爲量詞，但這樣的理解顯然與實事不符；另外，整理稿中的“三門下士”亦不辭，故整理者對跋文本義存在誤解。

此外，上册84頁整理稿“所謂‘王者’”應標點爲“所謂‘王’者”。上册180頁整理稿“……遇竹垞於王阮亭（王士禛）所謂之曰”一句，應在“所”字後斷讀，跋文本意是説在王士禛的寓所見到了竹垞（即朱彝尊）。中册228頁整理稿“尤幸《敦盤》中……”一句，應在“敦”和“盤”之間斷讀，且無需附加書名號，分别指“敦”和“盤”兩類器物。下册82頁整理稿“……則知‘’从‘’，作者乃从‘’之省……”，應在“者”後斷讀。下册124頁整理稿“而寶愛甚至歌詞考證，詳載《揅經室文集》”一句，應將逗號移至“歌詞”前。

二、誤解跋文所引文獻

下册74頁，頌壺乙，鄒安跋本。整理稿中有如下一句：

> 據《曝書亭集》：“原爲錢唐王益朋太僕所得，器蓋俱全，後乃分入二家，不知何時爲程君所得，並不知原蓋尚存人間否？”

按，整理稿將題跋者所引文獻與其自身觀點混雜，不確。該句實應作如下斷讀：

> 據《曝書亭集》，原爲錢唐王益朋太僕所得，器蓋俱全。後乃分入二家，不知何時爲程君所得，並不知原蓋尚存人間否？

核檢《曝書亭集》原文，涉及“王益朋”處只有“尊壺今藏錢唐王太僕益朋家”一句（朱彝尊，2010:372）。鄒安此處跋文其實是根據《曝書亭集》的相關記載轉寫

① 《紙上吉金》整理稿中與本文討論内容關係不大者，一般以“……”表示，下同。

而成，並非《曝書亭集》中的原文。另外，《曝書亭集》爲清代學者朱彝尊（1629-1709）本人的文集，跋文中的王益朋（1610？-1670）與朱彝尊爲同時代的人物[①]。而鄒安此跋是爲“肖琴”先生所題，“肖琴”與跋文中的“程君”均指程適。程適（1867-1937），字肖琴，號蟄庵，晚號“雪堂老人”，爲近代“白雪詞社”發起人之一。若按整理稿，引號中的部分皆應爲《曝書亭集》一書所記内容；然而朱彝尊與程適的生活年代差别太大，《曝書亭集》原文中若出現“程君”則顯然於情理不合。

整理稿中這類未能核實所引文獻而致誤之例還有一些。如上册6頁“《周禮・鳧氏》爲鐘鄭注”實應爲“《周禮・鳧氏爲鐘》鄭注”。上册13頁“《淮南子》天文太簇者……”實應爲“《淮南子・天文》：太簇者……”。上册24頁有“‘前文人’見《書》文侯之追孝于前文人”一句，應標點爲“‘前文人’見《書・文侯》之‘追孝于前文人’”，《書・文侯》實爲《書・文侯之命》的簡稱。上册78頁“西戎反，王室秦仲誅之”，核實《史記・秦本紀》的相關内容可知該句應斷讀爲“西戎反王室，秦仲誅之”。中册38頁“《左傳鄭太子》‘曶’”實應爲“《左傳》鄭太子曶”。中册142頁“中幾名見於《春秋昭公》二十二年……”實應爲“‘中幾’名見於《春秋・昭公二十二年》……”。下册32頁“《爾雅》卣中尊也”，核查《爾雅》相關内容，此句應標點爲“《爾雅》：卣，中尊也”。下册66頁有“許君言剥取獸革者，謂之‘皮治去其毛’爲‘革’……”一句，核查許慎《説文解字》對“皮”“革”二字的解釋，該句應斷讀作“許君言，剥取獸革者謂之‘皮’，治去其毛爲‘革’……”。下册272頁“《詩》十月之交曰予不戕”，實應爲“《詩・十月之交》：‘曰予不戕’”。

準確地説，整理稿中的標點和斷讀失誤，很多都是由於未能仔細核實題跋者所引文獻原文而造成的。

三、誤解跋文内容

中册42頁，曶鼎，潘康保藏本，陸恢題記。整理稿中有如下一句：

> ……鼎銘文字嚴密，秦篆之所祖也。《泰山廿九字》《琅琊台》諸刻具在可覆。按即吴退樓所藏殘詔版亦復如是……

整理者將該句在“覆”和“按”字之間斷讀，不確。該句實應在“具在”和“可

①王益朋的生卒年、生平事迹等相關信息，可參看“中研院”歷史語言研究所“人名權威-人物傳記資料庫”，https://newarchive.ihp.sinica.edu.tw/sncaccgi/sncacFtp?ID=3&SECU=1345057583&PAGE=2nd&VIEWREC=sncacFtpqf:0@@2025895963.

覆按”後分別斷讀。“覆按”即“覆案”，見於《史記》《後漢書》等傳世文獻，指“審查、查究”之義；且“可覆按”爲常見習語。陸恢跋文是説曶鼎的文字寫法是秦篆的源頭，當時《泰山刻石》《琅琊台刻石》等秦文字材料仍皆存世，可以用來核驗。若按整理稿，則無法理解跋文内容。

中册115頁，天豖妣辛簋，王懿榮題跋。整理稿有如下一句“……禮祭儀犧牷祭牲，又王制宗廟之牛角握……”，按，此爲王懿榮引用《禮記》的内容，核查《禮記》相關篇章及原文可知，此處應爲：“……《禮·祭儀》‘犧牷祭牲’，又《王制》‘宗廟之牛，角握’……”。

下册8頁，天父乙爵，張廷濟跋本。整理稿中有“既藏有周水字鐘三家彝”一句。按，“周水字鐘”和“三家彝”分别指的是不同的器物，應從中斷讀。周水字鐘，又稱“篆帶水字鐘”，曾爲張廷濟、方蓮卿等人所藏。該器曾著録於張廷濟《清儀閣所藏古器物文》，其中有張廷濟、吴雲的題跋。而三家彝實爲“昜旁簋”（《銘圖》05009）之異稱。清代學者大多將青銅簋誤稱爲“彝”；又因昜旁簋銘文中有“臣三家”之語，故常被稱爲“三家彝”。整理稿未對此處跋文進行斷讀，可能會讓讀者誤以爲“周水字鐘三家彝”是一件器物的名稱。

值得説明的是，大多數清代學者都將金文中的“簋”字誤釋爲“敦”字，並據此將青銅簋誤稱爲青銅敦。所以，凡是出現“簋”字原篆字形的跋文，整理稿大多遵從清代學者觀點，將其釋寫爲“敦”字。例如中册158頁，勇叔買簋，褚德彝題記，整理稿有“是敦器文……”，所謂“敦”字在原跋文中寫作，實爲“簋”字。又如中册198頁，師酉簋，吴雲題端有“師酉二敦之齋”之印。按，所謂“敦”字在原印中寫作，亦應爲“簋”字。若按照清代學者觀點，將這類字形直接釋寫爲“敦”，則不能忠實於銘文字形與器物器形；若將該字直接釋寫爲“簋”，又未能完全忠實於題跋者本意①。筆者認爲，在整理稿中可以先將字形嚴格隸定作“毁”，再對相關學術史與學界正確觀點加以説明，應是更加合理的解決方案。

下册12頁“周穆王臣伯，䍙通作囧”一句應在“䍙”字後斷讀。“伯囧”爲周穆王時期的大臣，穆王對其册命的内容即《尚書·囧命》一篇。清華大學藏戰國竹簡中有《攝命》篇，一般認爲即《囧命》篇（李學勤，2017:2；賈連翔，2018）。

下册38頁，徐王義楚鍴，王國維跋本。整理稿中有如下一句：

……“蟬”字又轉入“支”部，《漢書·地理志》：樂浪郡黏蟬縣。服虔音提，“端”聲之字亦然。

按，此段跋文按照全書體例應寫作：

①大多數清代學者將“盨”誤稱爲“簋”。

……“蟬”字又轉入“支”部（《漢書·地理志》：樂浪郡黏蟬縣，服虔音“提”），“端”聲之字亦然。

整理稿此處至少包含如下兩類錯誤：第一，體例不統一。王國維跋文中“漢書地理志樂浪郡黏蟬縣服雯音提”一句，本爲雙行小字，是對其正文中觀點作出的補充注釋。而整理稿中此段對王國維的小字注釋未作括注處理，與全書體例不符；同時，整理稿此處還以逗號將該句與跋文正文連讀，標點斷句方面也因此有誤。第二，誤解跋文內容。王國維在跋文中對徐王義楚鍴自名之“鍴”字進行研究，認爲上古音中歌部、元部和支部字讀音相近，因此認爲“鍴”和“觶”可以相互通假。隨後，他舉出服虔將《漢書·地理志》的“蟬”字讀爲“提”之例加以證明。而整理稿將“虔”字誤釋爲“雯”字，反映了整理者在文字釋讀方面的疏忽。另外，服虔曾爲《漢書》作注，著有《漢書音訓》一書，因此王國維原跋才會寫到服虔將“蟬”字讀爲“提”的這一條注釋。而整理稿未能核實相關材料，因此造成對文義的誤解。

下册235頁，整理稿有“周季《娟鼎》”。按，此處實應寫作“周《季娟鼎》”。因“小臣夌鼎”（《銘圖》2411）銘文中有“季娟”之人名，故清代學者多將其稱爲“季娟鼎”。

另外，整理稿還多次誤將作者名混入書名，如上册9頁“《薛尚功鐘鼎款識》”應作“薛尚功《鐘鼎款識》”；上册153頁“《陳簠齋跋木庵彝器圖卷》《吴窓齋説文古籀補》”應作“陳簠齋跋《木庵彝器圖卷》、吴窓齋《説文古籀補》”；下册92頁“《薛氏鐘鼎款識》《阮氏積古齋》”應作“薛氏《鐘鼎款識》、阮氏《積古齋》”，分别指薛尚功《歷代鐘鼎彝器款識法帖》和阮元《積古齋鐘鼎彝器款識》。

四、整理稿的文本錯誤

（一）誤文

1.字形誤釋造成的誤文

上册194頁，焦山鼎，王文燾過録《翁方綱焦山鼎詩》三首。整理稿有“海門吊古啻誰傳”一句，所謂“啻”字在原跋中寫作“”形。“啻”字聲符爲“帝”，在行草書中一般寫作、等形，與原跋文中字形有别。筆者按，此“啻”字實爲“意”字之誤釋。古文字中“意”字寫作（史牆盤，《銘圖》14541）、（九年衛鼎，《銘圖》02496）等形。跋文中的“”即是對古文字字形的隸定寫法。另外，“啻”的用法比較固定，一般用在“不”“何”“弗”等字表示疑問或否定態度的字詞之後。因此，若按整理稿將原跋該字釋爲“啻”則無法講通文義。

中册36頁，整理稿有“銘文不可盡識，命工鎔剔，始顯豁呈露”一句。按，所謂“鎔剔”的“鎔”字在跋文中寫作，實爲“鎪”字誤釋，其右部應爲“叜”，即“叟”字小篆字形（）的隸定寫法，後世楷書中的“叟”字可作此形（王平，2008:49）。“鎪”即“刻鏤、雕琢”之義。跋文寫爲“鎔剔”不辭，改釋爲“鎪剔”則於文義甚合。另外，中册21頁大盂鼎沈秉成跋文，整理者未作釋讀。其中有“銘文濠宊有考”一句，“濠宊”亦應釋爲“濠叟”，即指清代著名書法家楊沂孫[①]。

下册158頁，虢季子白盤，羅振玉題記。整理稿有如下一句：“‘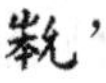’从‘本’从‘中’‘允’聲”。按，整理稿所謂的“本”字，實爲整理者對古文字字形的誤釋。該字在原跋文中寫作，實爲“夲”字。《説文》：“夲，進趣也。从大从十……讀若滔。”整理稿將“夲”誤釋爲“本”，大概是由於“本”字在漢代隸書中就有一類的寫法，字形與“夲”已經基本無别。另外，羅振玉對甲骨金文的研究可謂精深，恐怕也並不會將字所从的誤認作“本”。類似的例子還有下册276頁“孫父口鼎”，所謂“口”字在原跋中寫作，該字實爲古文字中的“丁”字[②]。

此外，上册78頁，“段‘睪’爲‘擇’者”中的“段”，實爲“叚（假）”字之誤釋。中册76頁，“今秤三十二兩”的“三”，實爲“亖（四）”字之誤釋。中册116頁，“甗鼎樓藏器”的“甗”，實爲“鬲”字之誤釋，“鬲鼎樓”爲陸心源齋號。中册236頁，“鄒安原石壽祺”的“石”，實爲“名”字之誤釋[③]。下册116頁，“頒上”，原跋文中實爲“頒土”。下册122頁，“‘備’先具以詩用也”中的“詩”，原跋中實爲“待”字。下册157頁，“含爵”“含以”，原跋文中實爲“舍爵”“合以”。下册162頁“幸不毁棄”，原跋文中實爲“幸未毁棄”。下册166頁，“蓋上文阮云”，所謂“阮”字寫作，實爲“既”字之草書寫法。

2.録入時造成的誤文

首先是形近誤文。上册20頁，“王文燾《椿蔭宧初草》”的“宧”實爲“宦”之形近誤文[④]。上册77頁“巳爲晉公執自會”的“巳”，實爲“已”字的誤文。上册78頁，“若楚曾侯鐘云佳王五十有六年”的“佳”，實爲“隹（唯）”。中册80頁，“黄紹萁”實爲“黄紹箕”。中册115頁，“乙丁巳辛癸爲柔日”的“巳”，實爲“己”。下册38頁，“何足控搏”的“搏”，實爲“摶”[⑤]。下册48頁，“吴大徵”實爲“吴大澂”。下册67頁，“朱市”實爲“朱市”。

①楊沂孫（1812-1884），字子與，號詠春、觀濠居士、濠叟。

②古文字中的“丁”大多寫作封閉的圈形，而“口”字上部皆不封閉。

③一些工具書大多認爲鄒安字“壽祺”，據此處跋文可知，“壽祺”實爲鄒安的原名。

④王文燾在跋文末尾題款爲“識於椿蔭簃”，“簃”與“宧”爲同音通假字。

⑤原跋文中此處的内容是論證从“專”與“耑”得聲之字可以通假的現象，據此亦可知所謂“搏”字實應爲“摶”字。

其次還有同音誤文。上册123頁，“忍齋方浚頤關於棲雲山館”的“關”，實爲“觀”之誤文。下册151頁，“以爲‘旅’”的“以”實爲“疑”之誤文。

3.其他

整理稿中還有一些誤文的情況與以上不同，或爲整理者疏忽所致。例如上册80頁，拓本標題《邾公釗鐘》實應爲《邾公華鐘》。這大概是由於清代學者又將“釬”字誤釋爲“釗”，而邾公華鐘又與邾公釬鐘器形相近，因此致誤。中册120頁，印文“鄒安所藏”實應爲“適廬所藏”。按，“適廬”爲鄒安的别號，整理者可能因此造成誤文。下册65頁整理稿中的“乙亥祭灶”，原跋文作“乙亥祀灶”。“祭祀”爲常用詞，且“祀灶日”與“祭灶日”是同一個節日的不同稱呼而已。下册151頁，“故銘‘用弓’……”實應爲“此銘‘用弓’……”。

還有一些誤文可能是由於繁簡體轉换出錯而造成的。如“茂才”一詞中的“才”字，在上册14頁“王西泉茂才”處寫作“才”，不誤；但在下册150、212–213頁等處均誤爲“茂纔”。另外，下册6頁“鄉寧爵”的“寧”也應更正爲“宁”。古文字中的“寧”與“宁”本非一字，只是“寧”的簡化寫法與“宁”恰巧是同形關係而已。

（二）脱文

上册6頁，“余所藏尚有綏賓鐘”，核實原跋可知在“有”後脱“周”字。上册77頁，“下从‘臼’‘女’”，在“女”後脱“者”字。上册188頁，“焦山無專鼎”，在“山”後脱“周”字。中册38頁，“丁巳陽月付裝裱”，在“付”後脱“工”字。中册44頁，“乙巳（1869）春二月有三日史致謨志”，在“月”後脱“十”字。中册230頁，“因名所居曰‘兩敦蓋窖’”，在“因”後脱“以”字。下册66頁，“惟銘中‘帶𠄌’字”，在“字”前脱“二”字。下册108頁，“然趙氏説證之”，在“然”後脱“以”字。下册150頁原跋中有“‘獻𢦏于王’，當是‘成’字”一句注釋，整理稿將此整句脱漏。下册167頁，“未必爲壯肅有也”，核實原跋可知“必”後脱“能”字。下册172頁，“盤原出土寶雞縣隸鳳翔府”，在“隸”前脱一“縣”字，並因此造成斷句錯誤；該句實爲“盤原出土寶雞縣，縣隸鳳翔府”。另外，下册66頁，頌壺甲徐增祥藏本，張之綱題記的原跋末尾已經標明“‘虞氏’下落‘同’字”；而整理稿既未在“虞氏”二字之後直接補出，又未作出任何解釋説明，是不够恰當的做法。

（三）衍文

下册122頁，整理稿有“《古釋籀補》釋作”一句。按，此實爲“《古籀補》釋作”，核實原跋文可知，整理稿衍“釋”字；《古籀補》爲清代學者吴大澂所作《説文古籀補》的簡稱。下册157頁，整理稿有“……理固宜。《爾雅》惟宣榭之義……”一句。按，原跋文中並無“雅”字，原跋此處應釋寫爲“……理固宜爾。惟宣榭之義……”。仔細揣摩可知，“雅”字應爲“惟”字的形近衍文。整理稿中衍出“雅”

字，不僅造成斷句錯誤，還直接影響讀者對跋文本意的理解。

（四）倒文

下册67頁，“時同客海上”爲“時同客上海”之倒文。下册158頁，“以爲如何”爲“以爲何如”之倒文。

另外，中册64頁，毛公鼎張之綱跋本的整理稿還有一處倒文情况比較特殊，值得單獨討論。整理稿寫作：

> 又若“芡人（人字已蝕大半）〓”文當爲從“央”渻從古文，自考言方十二自盈也，……

按，整理稿此句涉及多種錯誤，但最主要的應屬倒文。仔細觀察原跋可以發現，題跋者張之綱對自己將“言”“方”兩字順序寫反已有察覺，因此在兩字旁各加一小點，其作用相當於顛倒符號。因此原跋此處應爲“方言”二字，指《方言》一書，其後的“十二”即《方言》一書的第十二卷。根據〓的字形可知，張之綱是把該字上部當作“央”的省文，下部當作“自”的古文。整理稿未能充分注意此處的顛倒符號，因此造成倒文，並造成標點、斷句等錯誤。因此原跋該句實應斷讀爲：

> 又若“芡人（人字已蝕大半）〓”，文當爲從“央”渻，從古文自。考《方言》十二：自，盈也……[①]

其實，現代學者在整理古代題跋時，因未能注意到原文文字旁邊的修改符號而致誤的例子還有一些。可以類比的是《張黑女墓誌銘》原文中的“長”字旁邊附加三點，是古代常見的“點删法”，表示删去該字。但有些整理本不僅仍然保留了“長”字，未作任何處理説明（張務楚，2004:7）；甚至還有將原文中“長”字邊上的點删符號抹去，將其當作正文内容（薛元明，2015:34）。這些整理本對《張黑女墓誌銘》的錯誤點斷，與《紙上吉金》一書將張之綱跋文中“方言”二字顛倒的錯誤類型相同，可以合觀。

五、整理稿的體例不一

整理稿中還存在一些體例不一的情况。

首先是文字方面。本書題跋内容中的異體字，整理稿大多已直接改爲正字，但也還有一些未改之處。上册172頁，“與語大説”的“説”，應直接寫爲“悦”。中册

---

①按，《方言》第十二卷有“憤、目，盈也”。研究者指出，“目”在舊本中誤作“自”（參看錢繹，2013:429）。

162頁，“君父之且爲康王臣”的“且”，應直接寫爲“祖”。下册206頁，“大散連竟且通婚媾”的“竟”，應直接寫作“境”，是説“大”和“散”兩個國家相互接壤。下册250頁，“或象琖圭形”一句中的“琖”，應直接寫作“琰”。下册272頁，“惄淑子也”一句，應寫作“惄（淑）子也”。原跋文中的“淑”字位於“惄”字的右下角，實爲題跋者吴大澂對“惄”字的注釋，而整理稿將注字寫入正文，不確[①]。

其次則是對原跋文的語句處理方面。例如上文言及的誤將題跋者的雙行小字注釋直接録入正文，也是體例不一的表現。又如中册34頁，整理稿“有錢十蘭（錢坫）手拓一本最精”一句。按，所謂“錢十蘭”，原跋文中寫作“泉十蘭”。古書中或稱“錢”爲“泉”，這是因爲當錢講的“泉”不但意義與“錢”全同，讀音也很相近（裘錫圭，2002:11-12）。跋文將姓氏的“錢”寫作“泉”，應當也是出於這樣的原因[②]。但考慮到體例的統一，似乎應先照録原文，再加以介紹性的解釋爲好。

六、整理稿的其他失誤

（一）將跋文注釋誤入正文

題跋者在跋文中常常使用雙行小字對自己的觀點進行補充注釋，整理稿如遇此類注釋，大多皆用括注的形式表現。但是可以看到，下册152頁，虢季子白盤，費久大題詩中有“虢仲虢叔王季之穆也，虢季是其亞”一句，在原跋中寫作雙行小字，是費久大對作器者名“虢季子白”的注釋説明。而整理稿誤將此句當作正文直接録入，且未作任何説明，不妥。前文述及的下册38頁王國維跋文亦是這樣的情況。其實，今人整理這類小字注釋時亦經常會將其誤入正文。例如郭柏蒼《竹間十日話》（福州市地方志編纂委員會，2001:46）收録有黄道周《青原公墓誌》，並對墓誌銘文“徂景寅”一句中的“景”字注釋云“避諱以景爲丙，古通”。然而有學者將此句小字注釋誤入正文（鄭禮炬、李雲波，2013），不確。以上疏誤之例亦可合觀。

（二）整理稿未加標點

清代和民國時期的學者撰寫跋文時不加標點，給跋文的整理工作帶來了一定的難度。整理稿中一些文句漏加標點，在應作斷讀處却未作斷讀，容易使讀者對跋文産生

---

①與此可以類比的是，《黄帝内經・長刺節論》篇中有“病風，且寒且熱炅，汗出，一日數過”一句。裘錫圭（1980）已經正確指出“熱”“炅”二字相重，應是有人先在“炅”字下加注“熱”字，後人不明其意，遂將二字都抄作正文。傳世文獻中亦有此類所謂“以旁記字入正文例”（參看俞樾2005:92）。

②類似的現象還有將地名“錢唐”寫作“泉唐”，如《荆南萃古編》的編纂者周懋琦自稱“泉唐周韓侯”即是其例。

誤解。下面舉例説明。

上册25頁，兮仲鐘，王文燾題記。整理稿有“一見京師鉦間銘文十九字”一句。按，該句應在“京師”後斷讀。據王文燾跋文可知，兮仲鐘不止一件，其中一件出現於京師，該鐘鉦間有十九字銘文。而整理稿此處未加標點，容易引起歧義。

下册6頁，鄉寧爵，整理稿中有“美洲芝加哥博物院亦藏有同文器蓋四足方斝一”一句，應在“同文器”和“蓋”字之間斷讀。“蓋”字爲句首語氣詞，無實意；若不加標點則易誤解爲“器蓋”一詞。

下册12頁，西周三爵，童大年題跋。整理稿有“見羅叔言《三代吉金文存》《貞松堂集古遺文》首一字亦不識”一句。按，該句應在“首”字前斷讀，《三代吉金文存》和《貞松堂集古遺文》均爲羅振玉（叔言）的著作，而“首一字亦不識”是説這兩部著作也未能釋讀出銅爵銘文的第一字。

下册16頁，“如尚書武丁太甲之類”一句，應標點爲“如《尚書》武丁、太甲之類”。下册66頁，頌壺，王禔觀款，“古杭吴志抱汝霖王福厂禔”一句，應在“王”字前斷讀，分别指“吴汝霖（志抱）”和“王禔（福厂）”兩人。此外，上册24頁，整理稿中的“侃樂也”，應在“侃”字後斷讀。類似的例子還有下册151頁，虢季子白盤，周星怡題記，整理稿的“雕鏤也”一句，應在“雕”字後斷讀。

以上是對《紙上吉金》整理稿的失誤和疏漏所進行的一些校議，下面簡單談談整理金文題跋時應當注意的問題。

注重對跋文内容的準確釋寫。文字釋讀是金文題跋整理與釋讀的基礎環節，由於題跋者的筆迹和書寫習慣不同，且題跋時常常使用一些草書字形或隸定字形，加大了整理的難度。整理者對一些文字字形或細微筆畫的辨識錯誤，就會造成整理稿錯誤的情況。上文所舉將“亖”誤釋爲“三”，將“既”誤釋爲“阮”等處，均是由此導致。同時，整理稿中的脱文、衍文、倒文等現象，大多也是由於未能仔細辨識文本而造成的。

注重仔細理解跋文本意。清代、民國時期學者的題跋皆是竪排左行，與現代讀者的閲讀習慣不同，因此大多數現代閲讀者都需要參照跋文的整理稿。因此，全書對跋文的整理可謂是題跋者和讀者之間的橋梁。如果對題跋者原意理解有誤，則必然影響到讀者對文義的誤解。上文所舉出的一些例子，反映的不僅是整理稿的標點或斷讀的問題，從更深層面來看，則反映了整理者對跋文本意的誤解。

注重核實題跋者所引用的文獻。學者在爲金文拓本題跋時，經常引用文獻中的相關記載來支持自己的觀點。但是題跋者並不會對其所引用的文獻單獨加注引用符號，這就提示我們應注意將跋文正文和其所引文獻内容做出正確區分。上文中所舉出的鄒安引用《曝書亭集》的實例正可説明該問題。同時，爲了提高整理稿的準確度，在金文題跋整理過程中也應當注重核實題跋者所引的文獻。題跋者在引用傳世文獻時，常常對書名進行簡稱，如文中述及的《文侯之命》簡稱爲《文侯》，《説文古籀補》簡稱爲《古籀補》等例。題跋整理過程中如果未能充分注意這類書名簡稱的情況，很可能會將書名與跋文内容混雜，因而致誤。此外，還應仔細核實跋文中所引文獻的内容。上文述及的諸多例證也是由於未能核實跋文所引文獻的内容而引起的。

注重掌握其他相關學科的知識。每一篇吉金拓本的跋文都體現了題跋者對器物的研究，包含對器形、銘文釋讀、器物遞藏等諸多方面的描述和考證，内容極爲豐富。這就要求在整理金文題跋時需要對相關學科的知識背景也要有一定的了解。上文涉及的“意”“丁”“夲”等字的誤釋情況，説明應當注重對文字學知識的掌握。類似的例子還有《紙上吉金》下册36頁，整理稿有“‘郤王義楚睪’，其吉金”一句，按，“睪（擇）其吉金”是金文中的常見辭例，無需從中斷讀。又如上文述及的清代學者將青銅簋誤稱爲“彝”或“敦”，整理稿也未能作出相應的正確説明，這也提示我們應當充分注意到金文學術史與青銅器研究的相關知識。

總之，本文結合《紙上吉金》一書中相關失誤的實例對金文題跋整理可注意的一些問題進行了簡單概括總結。其實，書中的一些失誤往往並非由某一種原因導致，而是由多種原因共同造成的。這就提示我們在金文題跋整理與釋讀的過程中應當充分重視體會跋文原意、核實所引文獻、正確釋讀跋文文本、全面掌握相關學科知識，對金文題跋作出更準確的整理。

參考文獻：

福州市地方誌編纂委員會（整理）　2001　《榕城考古略·竹間十日話·竹間續話》，海風出版社。

漢語大字典編輯委員會　2010　《漢語大字典》（第2版），崇文書局、四川辭書出版社。

賈連翔　2018　《“攝命”即〈書序〉“畢命”“囧命”説》，《清華大學學報》第5期。

李學勤　2017　《在〈清華大學藏戰國竹簡（七）〉成果發布會上的講話》，《出土文獻》（第10輯），中西書局。

錢　繹　2013　《方言箋疏》，中華書局。

裘錫圭　1980　《考古發現的秦漢文字資料對校讀古籍的重要性》，《中國社會科學》第5期。

裘錫圭　2002　《先秦古書中的錢幣名稱》，《中國錢幣論文集》（第4輯），中國金融出版社。

王　平（主編）　2008　《中國異體字大系·楷書編》，上海書畫出版社。

吴鎮烽　2012　《商周青銅器銘文暨圖像集成》，上海古籍出版社。

薛元明　2015　《歷代碑帖精粹：北魏張黑女墓誌銘》，安徽美術出版社。

俞　樾等　2005　《古書疑義舉例五種》，中華書局。

張務楚　2004　《張黑女墓誌·董美人墓誌》，湖南美術出版社。

鄭禮炬　李雲波　2013　《黄道周篆書其父墓誌及墓後碑銘釋文》，《閩台文化研究》第3期。

仲　威　2020　《紙上吉金：鐘鼎彝器善本過眼録》，文物出版社。

朱彝尊　2010　《曝書亭集》，國家清史編纂委員會《清代詩文集彙編》第116册，上海古籍出版社。

A Review of the *Ritual Bronzes on Paper* (《紙上吉金》)

Li Qi

Abstract: The collation and interpretation of the prefaces and postscripts to the bronze inscriptions plays a very important role in the research of bronze inscriptions. In recent years, the studies of collation of prefaces and postscripts to the bronze inscriptions have been successively published. The book *Ritual Bronzes on Paper: Records of Reliable Rubbings of the Bronze Bells and Vessels* (《紙上吉金：鐘鼎彝器善本過眼録》) has published a large number of reliable versions of the full-form rubbings of bronzes in the collection of the Shanghai Library, most of which come with copious prefaces and postscripts, providing valuable materials for academic research. However, there are certain shortcomings in the collation of the original postscripts, mainly reflected in the following aspects: misunderstanding the original meanings, contents, and cited literature of the postscripts; mispunctuating the postscripts; inconsistent styles, etc. This paper chiefly rectifies and discusses the omissions in this book. Accordingly, it also discusses problems that should be noted in the process of collating and interpretating the prefaces and postscripts to the the bronze inscriptions.

Key words: *Ritual Bronzes on Paper* (《紙上吉金》); Prefaces and postscripts to the bronze inscriptions; Collation and interpretation

（李琦，吉林大學考古學院古籍研究所　吉林　130000）

説《嶽麓書院藏秦簡（柒）》中的“闌散”：80-87，2023（01）

説《嶽麓書院藏秦簡（柒）》中的“闌散”*

劉　釗

摘　要：《嶽麓書院藏秦簡（柒）》在涉及秦漢時期轉運囚犯的法律規定中兩次出現“闌散”一詞，該詞亦見於睡虎地秦簡。整理者對“闌散”一詞没有做出解釋。筆者認爲“闌散”在簡文中應讀爲“欄柵”，也即“柵欄”。簡文中的“欄柵”是指用於暫時關押囚犯的圍欄。典籍記載秦漢時期監獄周圍常常會設置欄柵，這與簡文的記載正合。

關鍵詞：嶽麓秦簡；闌散；欄柵；監獄

《嶽麓書院藏秦簡（柒）》（陳松長:2022）中有如下一些簡文：

（1）0877:郡縣道傳囚，議：諸傳囚及縣道内在鄉邑典、亭郭部能容

（2）0399：郡縣道所傳囚，所傳囚閒能投宿焉者，令各如其故。其閒不能投宿，故未

（3）0875:☑……□下廿五里爲一廡，廡籥屬鄉吏、城邑典、田典、亭

（4）0896：☑郭士吏□入□☑

（5）0396：各爲兩檻，别男女。各自財（裁）容所傳囚而爲廡。籠、門關籥之相去遠

（6）C2-6-6：☑爲取□兩關籥□☑

（7）1635：闌散者毋得過一囚若一廡。廡内大毋過環堵。有犯令者及令、丞官

（8）1641-1：其守門關、闌散者，亦毋得與居，其□守者，毋……

内容是關於轉運囚犯的一些法律規定，涉及到秦的監獄制度，極爲重要。（1）-（6）的大意是説在郡縣道内轉運囚犯時，如果轉運期間需要投宿時能够投宿，就按老辦法；如果不能投宿，則可每隔二十五里建一個“廡”。“廡”的鎖鑰由鄉吏、城邑典、田典等負責掌管。每一處廡都分男女兩個囚牢（檻）。每一處廡都各自按所容

---

*本文爲國家社科基金“冷門絶學”研究專項學術團隊項目“中國出土典籍的分類整理與綜合研究”（20VJXT018）、“古文字與中華文明傳承發展工程”項目“長沙馬王堆漢墓簡帛典籍研究”（G1422）的階段性研究成果。

納囚犯的多少來建造。囚牢（籠）和廡門的鎖鑰不能放在一起。提取犯人必須同時具備囚牢和廡門兩把鎖鑰。

秦漢時期轉運囚犯正常情況下是入住亭、驛，從上引簡文可知，如果没辦法入住亭、驛，則可入住臨時搭建的“廡”。二十五里設一“廡”，推想或與當時傳送囚犯的日程有關。張家山漢簡《二年律令·徭律》（彭浩等2007:248）説：“委輸、傳送，重車、重負日行五十里，空車七十里，徒行八十里。”類似記載亦見於《九章算術》。二十五里正當“重車、重負日行五十里”的一半，似可理解爲因“重車、重負”需備中途休息之用。（5）提到“檻”和“籠”，陳劍先生在爲《嶽麓書院藏秦簡（柒）》所作的釋文審定稿中認爲“檻”和“籠”是换用義近字的一物兩名，都是指囚籠，很可能是正確的。不過還可以從另一個角度解釋，即“檻”就是指“檻車”或檻車上的囚籠。秦漢時期有用檻車押運囚犯的制度，《吕氏春秋·慎大览·順説》：“管子得於魯，魯束縛而檻之，使役人載而送之齊，其謳歌而引。”文中的“檻”字名詞用爲動詞，就是指“檻車”或“檻車上的囚籠”而言。而（5）的“籠”是指“廡”中的“囚牢”。“檻”是轉運時帶來的，而“籠”是“廡”本身具備的。這樣才能解釋爲何接下來説“籠、門關籥之相去遠”却不再提“檻”。可能因爲檻車到廡休息時，囚犯已從檻車上的囚籠押解進廡中的“籠”（囚籠），此時只需關注廡中的籠和廡門的鎖鑰就可以了，而檻車或檻車上的囚籠已空，自然不必再關注。

（5）的“籠、門、關籥之相去遠”一段原釋文斷句有誤，陳劍先生在爲《嶽麓書院藏秦簡（柒）》所作的釋文審定稿中指出“門”和“關”之間的頓號可删，應斷成“籠、門關籥之相去遠”，其説甚是。（5）的“門關籥”是指廡門的鎖鑰；“籠、門關籥”是指“囚牢”和“廡門”的鎖鑰；（6）的“兩關籥”也是指“囚牢”和“廡門”的鎖鑰；（8）的“門關”是指廡門的門闩或就指廡門而言。（8）言“守門關”，“守”的是已經上了鎖鑰的門闩或門，所以不再提“籥”。由並存的“門關籥”“關籥”和“門關”幾個名稱，可知當時“門”有“門闩”，“門闩”上有鎖鑰。據研究，中國最早的鎖是竹木鎖，至遲從春秋時代開始，就已出現了金屬鎖。漢代已經有“全銅簧片鎖”，又稱“槽溝鎖”，由此推測秦代的鎖也應該比較先進。

（7）（8）兩簡各出現一次“闌散”一詞，是本文要討論的重點。這兩簡的文意將在下文中討論。在考釋“闌散”一詞之前，先要對簡文中的“廡”和“環堵”做些分析。

《嶽麓書院藏秦簡（柒）》注釋［十八］解釋“廡”字説：

> 廡：《説文·廣（广字繁簡轉换之誤——筆者注）部》：“廡，堂下周屋。”此處應指用於關押轉運囚犯的大屋。

注釋［二十］解釋“環堵”説：

> 環堵：四面圍堵。《禮記·儒行》：“儒有一畝之宫，環堵之室；華門圭窬，蓬户甕牖。”

按以上兩個注釋皆有不合適之處。

先説“廡”。“廡”既可以指“大屋”，如《釋名·釋宫室》：“大屋曰廡。廡，幠也。幠，覆也。并、冀人謂之房。房，正也，屋之正大者也。”也可以泛指不拘大小的一般的“屋”，甚至是比較簡陋的屋，如《後漢書·張酺傳》：“其無起祠堂，可作藁蓋廡，施祭其下而已。”李賢注：“廡，屋也。”“藁蓋廡”即用“禾杆”或“草”當蓋的“廡”，自然比較簡陋。《釋名》説“廡”字“并、冀人謂之房”，是以“廡”“房”兩字相通，王筠《説文解字句讀》説：“房、廡本是一字兩讀，房直是廡之或體。”則是直接以“廡”“房”爲一字了。《周禮·夏官司馬·圉師》：“圉師掌教圉人養馬，春除蓐、釁廄、始牧，夏房馬，冬獻馬。”鄭玄注“房”字謂：“玄謂房，廡也，廡所以庇馬涼也。”“庇馬涼”三字點出“房”的作用是“遮庇馬使其涼爽”，很顯然，這裏“夏房馬”的“房”是名詞用爲動詞。由此可知“廡”除了可指與人的活動場所有關的“大屋”和一般的“屋”甚至簡陋的“屋”外，還可以指讓馬休息的場所，其性質類似於“廄”。

“廡”可指性質類似於“廄”的場所的用例見於秦漢簡：

> （9）午，馬殹。盗從南方入，有（又）從之出，爯才（在）廄廡芻稾中，爲人長面、大目，喜疾行，外人，不遠。
>
> （放馬灘秦簡《日書》甲種“十二支占盗”72）
>
> （10）案：傳舍二千石舍西南向馬廡屋敗二所，並袤丈五尺，廣八尺。杜（牡）朼（牝）瓦各十九枚，竹馬仰（枊）四。井鹿車一具不見，馬磨（磿-櫪）壞敗。
>
> （《走馬樓西漢簡》1021[①]）

（9）的“廄廡芻稾”中“廄廡”與“芻稾”結構相同，都是同義並列，因此“廡”亦“廄”也。（10）的“馬廡”就是上引《周禮·夏官司馬·圉師》中“夏房馬”的“房”。（10）的“馬廡”李均明（2021:127）認爲“當指馬棚，形制同廡，故稱”。按認爲馬廡當指“馬棚”不錯，但説“形制同廡”却未必。

再説“環堵”。《嶽麓書院藏秦簡（柒）》注釋“環堵”爲“四面圍堵”，沒有結合簡文文意進行解釋，因此對理解簡文文意幫助不大。這一點我於2020年在長春

①參看李均明（2021:124-128），“磨”字讀爲“櫪”見伊强（2013:433-438）。

舉行的《嶽麓書院藏秦簡（柒）》釋文審定會上曾提出過，但未被采用。陳劍先生在爲《嶽麓書院藏秦簡（柒）》所作的釋文審定稿中解釋“環堵”説：

按此係用其實義，《漢語大詞典》“環堵”所謂“四周環着每面一方丈的土墻”，所謂版築長一丈高五丈爲“堵”，“廡内大毋過環堵”謂其面積不過一平方丈。

關於“環堵”長寬的尺寸以往説法不同，筆者贊同長寬各一丈的説法，則“環堵”即如陳劍先生所言“面積不過一平方丈”。漢代一尺約等於23釐米，秦代也應該相差無幾，一平方丈也就是長寬各兩米三的小空間。《嶽麓書院藏秦簡（柒）》注釋引《禮記·儒行》“儒有一畝之宫，環堵之室，篳門圭窬，蓬户甕牖”一文中“環堵之室”的“環堵”，正是對儒者居住之所極其逼仄狹窄的形容，由此也可見《嶽麓書院藏秦簡（柒）》注釋將“廡”解釋成“此處應指用於關押轉運囚犯的大屋”中“大屋”一語的不妥。

“廡”既然能放置馬，當然也可以放置人。從上引（3）（5）（7）三條簡文的記載可知，當時轉運囚犯時可以將囚犯臨時關押在“廡”内。從（7）説“廡内大毋過環堵”可知，小的廡只有2.3×2.3平方米。如果囚犯躺平的話，大約可以擠下2-3人。

下面進入正題，考釋“闌散”一詞。

筆者曾在《讀秦簡字詞札記》一文的“離散”條（1996:110），對睡虎地秦簡中的“離散”一詞有過討論，涉及“散”字的讀法，爲表述清楚，不避繁瑣徵引如下：

“秦律十八種”簡一一七説：

縣葆禁苑、公馬牛苑，興徒以斬（塹）垣離（籬）散及補繕之，輒以效苑吏，苑吏循之。

《秦簡》一書注釋謂：“塹，動詞，挖掘起保衛作用的壕溝。散，疑讀爲藩。”按散、藩雖皆爲元部字，但一爲心紐，一爲明紐，似無相通之可能。“散”字在此應讀爲“栅”。栅古有兩音，一在清紐錫部，一在邪紐元部。栅讀邪紐元部與散字心紐元部音很近。《説文·木部》：“栅，編樹（《一切經音義》引作竪）木也。从木，从冊，冊亦聲（小徐本徑作“冊”聲）。”古从冊得聲的“珊”“姗”“删”等字皆爲心紐元部字，與散字聲韻皆同。字書“霄”字義同於“霰”。典籍散字與從冊得聲的字可以相通，如《史記·平原君虞卿列傳》“槃散行汲”，《集解》謂：“散亦作跚。”可證“散”字確實可通作“栅”。《廣韻》去聲三十諫韻：“栅，籬栅。”按籬即欄也，籬栅即欄栅，今稱栅欄。又《龍崗秦簡》二五二簡説：“亟散□□□毋令獸逃。”散爲動詞，疑此亦讀爲“栅”，意爲栅欄苑囿以防野獸出逃。

由上引考釋出發，我們認爲《嶽麓書院藏秦簡（柒）》中“闌散”的“散”也應該讀爲“栅”，“闌散”即“闌栅”也即“欄栅”或“栅欄”。

《説文·門部》：“闌，門遮也。”段玉裁《説文解字注》：“謂門之遮蔽也。俗謂櫳檻爲闌。”段玉裁所謂的“櫳檻”，是指關禽獸的樊籠。漢禰衡《鸚鵡賦》：“順櫳檻以俯仰，闚户牖以踟躕。”《玉篇·門部》：“闌，牢也。”因爲關禽獸的籠檻經常用竹木製成，故字又作“欄”。《廣雅·釋詁》：“欄，牢也。”《一切經音義》卷一：“欄，又作闌。《説文》‘闌，檻也。’”《説文·木部》：“檻，櫳也。一曰圈。”段玉裁《説文解字注》：“李善注《長楊賦》引《釋名》曰：‘檻車，上施闌檻以格猛獸，亦囚禁罪人之車也。’按許云檻櫳也者，謂罪人及虎豹所居。假借爲凡闌檻字。”《説文·木部》：“栅，編樹（豎）木也，从木，从册，册亦聲。”《廣韻·諫韻》：“栅，編竹木爲落也。”“栅”的意義古今一致，都是指用竹木編札成的阻攔物。“栅”作爲阻攔物的性質，與“闌”和“攔”字皆有阻攔義正好相涵相因。

以上訓釋中“闌”和“欄”訓爲“牢”，“闌”又訓爲“檻”和“櫳檻”，“櫳”古又作“籠”。典籍中有“闌籬”指藩籬，有“闌檻”和“欄籠”指欄杆，有“闌圈”“闌牢”“欄牢”指關禁牲畜或野獸的圈。闌又訓“檻”，“檻”又訓“櫳”“圈”“牢”，典籍中有“檻車”指用栅欄封閉來裝載囚犯或猛獸的車，有“樊檻”指囚籠，有“桎檻”“械檻”指囚於車，有“檻舍”指木栅板房，有“檻屋”指圍有欄杆的房子，有“圈檻”指圈禁野獸的栅欄，有“牢檻”指監獄，有“籠檻”指拘囚禽獸之處，有“籠樊”“樊籠”“籓籠”“籠藩”指鳥籠，有“囚籠”指舊時拘禁或解送犯人用的木籠。

“闌”“欄”“檻”等字本指欄杆、栅欄，用於阻攔人或動物，引申出凡用欄杆、栅欄編札成的用於阻攔人或動物的囚籠（牢、圈）等也可以稱爲“闌”“欄”或“檻”。

通過以上的義訓分析明確可知，《嶽麓書院藏秦簡（柒）》中的“闌散（栅）”應該就是指用於圍護監獄或囚禁犯人的欄栅，今語“栅欄”。可是既然“闌”既可以指欄杆、欄栅，又可以指囚籠，爲何這裏的“闌散（栅）”就一定該指“欄栅”而不是指囚籠呢？這是因爲：一、上引睡虎地秦簡《秦律十八種》説“縣葆禁苑、公馬牛苑，興徒以斬（塹）垣離（籬）散及補繕之”，“斬（塹）垣離（籬）散”爲四個名詞或兩個名詞與一個同義並列複合名詞用爲動詞，即指挖壕溝、建圍墻、編札籬笆和栅欄。“離（籬）散（栅）”與“塹垣”並稱，性質相近，當然指欄栅的可能性更大。二、“闌”“欄”雖然可以指囚籠（牢、圈），但單獨的“栅”字却没有這種用法。

三、既然"闌散"與後世的"欄栅（欄栅）""籬栅"一詞對應嚴密，詞義也應有延續，當然也是直接理解爲指"用竹木編札成的阻攔物"更好。

宋傑在《漢代監獄制度研究》一書"漢代監獄建置設施叢考"部分第三節"叢棘的栽植"（2013:286）下說：

> 漢代的監獄植有棘樹，見《藝文類聚》卷92《鳥部下》引《陳留耆舊傳》曰："圉人魏尚，高帝時爲太史。有罪繫詔獄。有萬頭雀集獄棘樹上，拊翼而鳴。尚占曰：'雀者，爵命之祥。其鳴即復也，我其復官也。'有傾，詔還故官。"其事又見《太平御覽》卷922《羽族部九·雀》、卷959《木部·棘》。這裏的"詔獄"是指奉詔關押囚犯的監獄，其栽植棘樹的位置和原因，筆者依文獻所言做以下判斷。
>
> 第一，棘樹可能栽種在牢房四周，且棵數較多，因此能落下繁衆雀鳥。植棘的作用應是構置障礙，防止犯人越獄或與外界交通。"棘"即叢生的酸棗樹，見洪邁《容齋隨筆·五筆》卷四："棘與棗同，棘之字兩束（"束"应为"朿"字之误——引者注）相並，棗之字兩束（"束"应为"朿"字之误——引者注）相承。此所言者今之棗。"棘枝多刺，難以接觸，這一點很早即被人發現，所以用棘樹來圍困拘束犯人的起源甚久。《周易·坎卦·上六》曰："繫用徽纆，置於叢棘，三歲不得。凶。"即對囚犯縛以黑色的法繩，囚禁於棘叢圍繞之牢獄。《左傳·哀公八年》記載："邾子又無道，吴子使大宰子餘討之，囚諸樓台，栫之以棘。"楊伯峻注："栫音薦，《廣韻》：'圍也。'《廣雅·釋宫》：'籬也。'此謂以棘鍼爲籬以圍之也。"此外，還有將棘枝置於垣墻之上，借以阻止外人翻越的做法。參見《禮記·祭義》："古者天子諸侯，必有公桑蠶室，近川而爲之，築宫仞有三尺，棘墻而外閉之。"漢代的監獄看來也采用了類似的防護設施，因此當時或用"嚴棘"來比喻關押大臣的牢獄，如《後漢書》卷16《寇恂附榮傳》載其上奏曰："尚書背繩墨，案空劾，不復質確其過，置於嚴棘之下，便奏正臣罪。"李賢注曰："嚴棘謂獄。"

上引《左傳·哀公八年》的"栫之以棘"中的"栫"，《説文解字》訓爲"以柴木壅"，《廣雅·釋宫》訓爲"杝也"，王念孫《廣雅疏證》訓"杝"爲"今籬字也"。

由上引宋傑先生的論證，可知古代有在監獄外設置欄栅以防止犯人外逃的做法。在監獄外設置欄栅這一防範舉措，古今中外都常見且普遍。

上引《嶽麓書院藏秦簡（柒）》兩見的"闌散"一詞所在的語境，是兩個稍有不同的“者字結構”。“闌散者毋得過一囚若一廡”一段中“闌散者”的上一簡應該有一個動詞，譬如表示“構建、製作”類義的動詞，“構建、製作類義動詞”加“闌散”組成動賓詞組，後綴“者”字構成“者字結構”，“者”在這裏可以指代“構建、製作闌散”這件事。而“其守門關、闌散者”一段是一個完整的語段，自爲起訖，動詞“守”加“闌散”組成動賓詞組，後綴“者”字構成“者字結構”，“者”在這裏指代看守“門關”和“闌散”之人。（8）的“其守門關、闌散者，亦毋得與居，其□守者，毋……”中的“居”字義爲“處”或通爲“處”，爲相處、交往的意思，“與”的對象在此省略，顯然是指犯人。“與居”即“與處”，《詩·小雅·黄鳥》：“此邦之人，不可與處。”《莊子·德充符》：“久與賢人處則無過。”《韓詩外傳》卷三：“思與鄉人居，若朝衣朝冠坐於塗炭也。”文中的“與處”“與某處”“與某居”可以與簡文的“與居”相比較。漢代法律禁止監獄看守將危險品給予囚犯，違者會被判以重刑，也規定監獄管理人員不得與囚犯私下交往或傳遞信息，否則將受到懲罰（宋傑，2013:321）。很顯然簡文的“與居”指的就是這一點。（7）的“闌散者毋得過一囚若一廡。廡内大毋過環堵。有犯令者及令、丞官”中的“闌散者毋得過一囚若一廡”一段簡文很不好理解。因不是一句的起始，“過”字的釋讀是否正確也有疑問，故這段簡文的理解尚待更深入的考釋和新材料的證明和啓示。

2022年7月急草於酷暑中

參考文獻：

陳松長（主編） 2022 《嶽麓書院藏秦簡（柒）》，上海辭書出版社。
李均明 2021 《走馬樓西漢簡〈長沙邸傳舍劾文書〉解析》，《中州學刊》第1期。
劉 釗 1996 《讀秦簡字詞札記》，《簡帛研究》（第2輯），法律出版社。
彭 浩 陳 偉 ［日］工藤元男（主編） 2007 《二年律令與奏讞書——張家山漢簡二四七號漢墓出土法律文獻釋讀》，上海古籍出版社。
宋 傑 2013 《漢代監獄制度研究》，中華書局。
伊 强 2013 《漢簡名物詞考釋二則》，《簡帛》（第8輯），上海古籍出版社。

On the Word Lansan (闌散) in the *Qin Bamboo Slips in the Collection of Yuelu Academy* (Vol.7)

Liu Zhao

Abstract: In the *Qin Bamboo Slips in the Collection of Yuelu Academy* (Vol.7), the word lansan (闌散) appeared twice in the legal provisions concerning the committal of prisoners during the Qin and Han dynasties, which can also be found in Shuihudi Qin bamboo slips. The collators did not interpret this word. We hold that lansan here could be read as lanshan (欄栅), viz. zhalan (栅欄), referring to bars behind which prisoners are temporarily confined. The ancient classics record that bars were ordinarily erected around jail in the Qin and Han dynasties, exactly tallying with the bamboo slips texts.

Key words: Yuelu Qin bamboo slips; Lansan (闌散); Lanshan (欄栅); Prison

（劉釗，復旦大學出土文獻與古文字研究中心/“古文字與中華文明傳承發展工程”協同攻關創新平臺　上海　200433）

《嶽麓書院藏秦簡（肆）》釋文校補（八則）：88–104，2023（01）

《嶽麓書院藏秦簡（肆）》釋文校補（八則）*

張以静

摘　要：通過核對《嶽麓書院藏秦簡（肆）》的圖版和釋文，結合新出秦系簡牘及已有諸家之説，對《嶽麓書院藏秦簡（肆）》的字詞進行補釋和考校，進一步復原律令文本。字詞校補内容涉及八組簡：内史雜律（169–170）；置吏律（1406+1303）；獄校律（232–236）；具律（228–229）；繇律（248–252）；繇律（253–256）；秦令（303–304）；秦令（318）。

關鍵詞：《嶽麓書院藏秦簡（肆）》；字詞；考釋

陳松長主編《嶽麓書院藏秦簡（肆）》在2015年12月由上海辭書出版社發行。《嶽麓肆》主要是秦律和秦令，還有具體事項類的决事比。其中律文包括《亡律》《田律》《金布律》《尉卒律》《繇律》《傅律》《司空律》《内史雜律》《奔敬（警）律》《行書律》《置吏律》《具律》《獄校律》《興律》《雜律》等（嶽麓肆·前言）。嶽麓秦簡整理小組已經爲我們提供了精美的竹簡圖版與釋文，研讀後收穫頗豐。再次細核釋文和圖版，結合新出秦系簡牘，發現仍有簡文可作補改；匯集已有諸家之説，發現仍有部分注釋可進一步商榷。今將陋見條列如下，敬請方家指教。

一

169/1413 ·内史襍律曰：芻稾廥、倉、庫、實官、積，垣高毋下丈四尺，瓦藩（牆），財（裁）爲候，晦令人宿候，二人備火，財（裁）爲□170/1297□水。宫中不可爲池者財（裁）爲池宫旁。

（《嶽麓肆》169/1413–170/1297）

關於169/1413“藩”前一字，陳偉曾指出：“‘瓦牆’不辭。‘牆’上一字與嶽

*本文爲“國家社科基金青年項目”（21CZS056）、教育部高校人文社會科學重點研究基地四川師範大學巴蜀文化研究中心年度科研課題項目（BSZD21-03）階段性成果，並受中央高校基本科研業務費專項資金資助（SWU2109507）。

麓肆228/1385‘它縣官事’、簡360/0319‘它有等比’中的‘它’相似，應該就是‘它’。‘它牆’與上文‘垣’對應，故用‘它’，指此垣以外的牆。”①吴湨贊同此説（吴湨，2018:140）。現將上文中所提及兩簡之“它”字與嶽麓秦簡中的“它”字均列如下：

表1

	它		

《嶽麓肆》169/1413	《嶽麓肆》228/1385	《嶽麓肆》360/0319	《嶽麓肆》173/1224

從表1來看，169/1413“藩”前一字，與“它”字不符。“它”字向右行筆畫的起筆處位於該字中間位置，而非169/1413所見緊靠部件最右側。儘管此字墨迹漫漶，但從字形來看，當釋作“瓦”爲宜。可比對秦簡牘中所見“瓦”字：

表2

瓦				

《嶽麓肆》169/1413	《嶽麓肆》126/1233	《睡簡·日甲》57	《里耶壹》8-135	《里耶壹》8-1143

整理小組曰：“瓦，蓋瓦，《急就篇》卷三顔師古注：‘瓦屋，以瓦覆屋也’。”（陳松長，2015:168）《説文解字》：“垣，牆也。”（許慎，2006:287）里耶秦簡：“☐牝瓦百廿五，當出牡瓦☐。”（《里校貳》9-668）《漢代物質文化資料圖説》指出：“漢代建築的屋頂均用瓦。瓦的基本形制有兩種，即筒瓦和板瓦，二者俯仰扣合，以覆屋面。”（孫機，2008:196）漢代庭院建築的研究也曾指出：“漢代庭院的院牆有多種形式。一種是單一的牆體，牆上没有覆瓦；一種是覆瓦的牆體，在庭院中應用較廣，或作院牆，或作隔牆。例如西漢淮陽于莊漢墓陶屋。”（崔兆瑞，2013:97）（見圖1②）崔兆瑞對河南内黄三楊莊二號庭院建築遺址的研究中還指出：“院牆上是否覆瓦無從判斷，遺址中出土了大量的瓦，説明瓦的使用很普遍。推測庭院院牆上覆瓦也合乎情理。”（崔兆瑞，2013:98）綜上，169/1413“瓦牆”應指以瓦覆牆。睡虎地秦簡“内史雜律”中有對實官等倉儲建築垣墻高度的設定“有實官高其垣牆”（睡簡195），而169/1413律文補充了對實官倉儲建築牆垣上應以瓦

①陳偉：《嶽麓秦簡肆校商（貳）》，簡帛網，2016年3月28日，http://www.bsm.org.cn/show_article.php?id=2504.

②照片源自：河南省博物館官網，2020年11月20日，http://www.chnmus.net/sitesources/hnsbwy/page_pc/bwzl/yyhxzzjd/cpsx/article83a08cb5b58c445d8a5fbd71bfc58e47.html.

覆之的規定。綜上，本組簡的完整釋文如下：

169/1413 ·内史襍律曰：芻稾廥、倉、庫實官積，垣高毋下丈四尺，瓦蘠（牆），財（裁）爲俟（候），晦令入宿，俟（候）二人備火[①]，財（裁）爲□170/1297□水，官中不可爲池者財（裁）爲池官旁。

圖1 淮陽于莊漢墓陶屋

二

《嶽麓肆》所見“置吏律”簡216/1303僅存左半邊簡，原簡字迹難以識認。新近刊布《嶽麓柒》將1303與另一殘簡1406綴合，綴合後釋文如下：

1406+1303 □□□□□謁置縣【令】、丞、尉、官長、卒史、有秩吏及縣令除有秩吏它縣者，令任之。其不 （《嶽麓柒》1406+1303）

竹簡綴合後，文義逐漸明朗，但關於文字的釋讀有待進一步商榷。“謁”後一字，原釋文爲“置”，可疑，可比對《嶽麓肆》“置吏律”所見“置”字：

表3

置			

《嶽麓柒》1406+1303	《嶽麓肆》207/1272（1）	《嶽麓肆》207/1272（2）	《嶽麓肆》210/1396

若按整理小組所釋字數，簡216/1303“謁”後兩處墨迹（見上表）應爲同一個字，從殘存墨迹來看，非“置”字，尤其是右側殘簡從上到下所見向右行筆畫以及向右下

①簡169/1413原釋文兩處作“候”，現隸定爲“俟”，疑指在實官中承擔伺望宿衛任務的刑徒，而非指哨所、崗亭一類建築。句讀改爲“財（裁）爲俟（候），晦令入宿，俟（候）二人備火”。“財（裁）爲俟（候），晦令入宿”意指酌情指派俟（候）在夜晚宿衛官中。

行筆畫，這兩種運筆方式完全不見於“置”字中。今按：上表所見“謁”後的墨迹，當釋作“人”字，實際上分別爲兩個字的墨迹。可比對嶽麓書院藏秦律令簡所見“人”字：

表4

人			

《嶽麓柒》1406+1303	《嶽麓肆》207/1272	《嶽麓肆》217/1302	《嶽麓肆》212/1389

簡1406+1303“謁”後一字，與“人”字的字形結構及運筆趨勢相符。“人”和“令”中間二字，字迹漫漶，難以準確識別。但對文義的理解，可參照《嶽麓肆》“置吏律”：“置吏律曰：縣除有秩吏，各除其縣中。其欲除它縣人及有謁置人爲縣令、都官長、丞、尉、有秩吏，能任者，許之。”（《嶽麓肆》207/1272–208/1245）可見在有兩種情況下的置吏需要有人保舉：一是除它縣人；二是謁置人爲縣令、都官長、丞、尉、有秩吏，這與1406+1303的立法旨向十分相近。其中1272、1245“謁置人爲縣令、都官長、丞……”與1406+1303“謁人□□【令】、丞……”可對應，只是兩處簡文在抄寫時，語言的表述順序以及除置對象有細微差異，簡1406+1303疑漏抄“置”字①。關於本簡的釋文，還有以下兩點補充：1.“謁”字之前，原釋文以五字空格示之，今按：簡首處至少有六字墨迹，當以六字空格標注；2.原釋文所釋“謁”字，墨迹僅剩左側“言”部，依據凡例，當作“謁”。綜上，簡1406+1303的釋文修訂如下：

1406+1303 □□□□□□謁人□□【令】、丞、尉、官長、卒史、有秩吏及縣令除有秩吏它縣者，令任之。其不

三

228/1385 ·具律曰：諸使有傳者，其有發徵、辟問具毆（也）及它縣官事，當以書而毋□欲（？）□□者，治所吏229/1390 聽行者，皆耐爲司寇。（《嶽麓肆》228/1385–229/1390）

首先，228/1385簡首，原釋文標注爲墨點符號，從圖版來看：，不當爲墨點。228/1385的簡首符號與同組其他“某律曰”爲起始簡的簡首符號不同，如《嶽麓肆》

①嶽麓書院藏秦律令簡中多見文字漏抄的情況，參見拙作《嶽麓書院藏秦律令簡抄寫的脱漏、衍文與訛誤現象》，待刊。

230/1392[①]以“具律曰”爲始，但是與228/1385“具律”的簡首形態不同。嶽麓秦簡的符號系統尚未完全統一，符號的使用帶有書手個人特點。

其次，簡228/1385“者”前二字，原釋文未釋。當爲“寄封”二字。可比對嶽麓秦簡所見“寄”“封”字形：

表5

<table>
<tr><td rowspan="4"></td><td colspan="3">寄</td></tr>
<tr><td>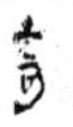</td><td></td><td></td></tr>
<tr><td>《嶽麓伍》337/0058</td><td>《嶽麓伍》091/1033</td><td>《嶽麓伍》074/0918</td></tr>
<tr><td colspan="3">封</td></tr>
<tr><td></td><td></td><td></td><td></td></tr>
<tr><td>《嶽麓肆》228/1385</td><td>《嶽麓伍》337/0058</td><td>《嶽麓肆》122/1399</td><td>《嶽麓肆》113/1281</td></tr>
</table>

“寄，从宀，奇聲”，其中“宀”部可辨，“奇”也隱約可見；“封”字的“寸”部清晰可辨。此兩字與“寄封”二字字形相符。“寄封”又見於《嶽麓伍》：

> 發（？）傳，縣道官令、丞、官長皆聽爲封，勿敢留└，傳（使）毋傳及諸吏毋印者，毋敢擅寄封，不從令及　　（《嶽麓伍》337/0058）

劉自穩（2019:150）曾就此簡指出：“有傳使者給當地發送文書請求封緘轉發的，當地官吏要聽封轉發且不能留中不發，没有傳的使者和没有官印的官吏則不能擅自寄文書和封轉文書，不從令的也要受到相應的處罰。”由此簡可知，滿足“寄封”的兩個前提條件是使者持有“傳”，官吏有“印”。另外，《嶽麓叁》案例十四《學爲僞書案》：癸以馮毋擇將軍的口吻寫信上呈胡陽丞，假裝是馮毋擇將軍之子，向胡陽丞借錢。這封送至丞矰所的“僞書”的結尾署有“寄封廷史利”。整理小組注釋曰：“疑即受到委託封緘書信。”（陳松長，2013:234）

再次，《嶽麓肆》228/1385中，“毋”後一字，疑爲“印”，可比對嶽麓秦簡所見“印”字：

表6

印			

《嶽麓肆》228/1385	《嶽麓伍》127/1875	《嶽麓伍》126/1142	《嶽麓伍》125/1151

①具律曰：有獄論，徵書到其人存所縣官，吏已告而弗會及吏留弗告、告弗遣，二日到五日，貲各一。（《嶽麓肆》230/1392）

如然，這組律文可斷讀如次：

228/1385  具律曰：諸使有傳者，其有發徵、辟問具毆（也）及它縣官事，當以書而毋印，欲寄封者，治所吏229/1390 聽行者，皆耐爲司寇。

若此，簡228/1385的含義變得十分明確。聯繫前引《嶽麓伍》337/0058中“毋傳及諸吏毋印者，毋敢擅寄封”，滿足“寄封”的兩個前提條件是使者持有“傳”，且官吏有“印”。簡228/1385是指持有“傳”而無“印”的情況下欲“寄封”，治所官吏若受理執行，皆當耐爲司寇。

四

232/1419 【・】獄校律曰：略妻及奴騷悍，斬爲城旦，當輸者，謹將之，勿庸（用）傳箭（踊）[①]，到輸所乃傳（1）之ㄴ。䙴（遷）者、䙴（遷）者包及諸辠233/1425 當輸ㄴ□（2）及會獄治它縣官而當傳者，縣官皆言獄斷及行年日月及會獄治者行年日月。其䙴（遷）、輸234/1304 □（3）會獄治，詣所縣官屬所執灋，即亟遣，爲質日，署行日，日行六十里，留弗亟遣過五日及留弗傳過235/1353 二日到十日，貲縣令以下主者各二甲ㄴ；其後弗遣復過五日，弗傳過二日到十日，輒駕（加）貲二甲；留過二月，奪236/1312 爵一級，毋（無）爵者，以卒戍江東、江南四歲。

（《嶽麓肆》232/1419–236/1312）

（一）傅；傳（傅）

關於簡232/1419中原釋文爲“傳”的兩個字，引起了諸家的争論，兩字圖版如下：

表7

1	2

《嶽麓肆》232/1419	

“落葉掃秋風”認爲：“‘庸’下一字，當改釋爲‘傅’，讀作：‘勿庸（用）

①簡232/1419“到”前一字，原釋文未釋，網友“落葉掃秋風”釋爲“箭”，其説可從。參見“落葉掃秋風”論壇發言，簡帛網，2016年3月27日，http://www.bsm.org.cn/forum/index.php.

傅〈傳〉，箭（踊），到輸所乃傳之’。”[①]方勇指出：“第二個‘傳’字，原釋亦爲‘傳’字，從雷海龍先生的釋文來看，其也認爲是‘傳’字，但是從其形來看，此字和被雷海龍先生改釋爲‘傅’的字形一致，所以所謂的‘傳’字應該還是‘傅’字。”[②]陳偉在同意雷海龍文字隸定的基礎上指出：“‘勿庸（用）傅’的‘傅’應與‘踊’連讀，指附着、安裝假肢。下文‘到輸所乃傳〈傅〉之’，是説到達輸所之後再安裝假肢。”（陳偉，2017:188）按照陳偉的理解，本句當讀爲：“勿庸（用）傅，箭（踊），到輸所乃傳〈傅〉之。”吴淏通過對“傅”“傳”兩字圖例的對比後，贊同雷海龍、陳偉對這兩個字的隸定，即這兩個字分別釋爲“傅”和“傳”（吴淏，2018:169–170）。

首先，關於這兩個字在句中的具體含義，陳偉對文義的解讀可從，即都讀爲“傅”，意爲附着、安裝。關於這兩個字的隸定，諸家争論的焦點在第二個字，到底是“傅”還是“傳”？其實兩個字都當直接釋作“傅”，此處也不存在文字抄寫的訛誤。我們可比對嶽麓秦簡所見“傅”“傳”字形：

表8

傅			

《嶽麓叁》097/0151（1）	《嶽麓肆》160/1256	《嶽麓肆》078/2072（3）	《嶽麓肆》078/2072（2）

《嶽麓肆》078/2072（1）	《嶽麓肆》058/1941	《嶽麓肆》157/1294	《嶽麓肆》158/1236

表9

傳			

《嶽麓叁》097/0151（2）	《嶽麓肆》109/1277	《嶽麓壹》067/1529	《嶽麓肆》148/1257

《嶽麓肆》192/1250	《嶽麓肆》200/1300（1）	《嶽麓肆》200/1300（2）	《嶽麓肆》317/0589

①“落葉掃秋風”論壇發言，簡帛網，2016年3月27日，http://www.bsm.org.cn/forum/forum.php?mod=viewthread&tid=3331&extra=page%3D6&page=3.

②方勇：《讀〈嶽麓書院藏秦簡（肆）〉劄記一則》，簡帛網，2016年3月31日，http://www.bsm.org.cn/show_article.php?id=2511.

嶽麓簡所見“傅”和“傳”最大差異是在“叀”部的上部分（見圖2畫圈處），“傅”字“田”上部分的寫法是首先寫向左行筆畫（即表示“傅”字右上角的一點），再頓筆轉折向下垂直行筆，轉折非常明顯，且大多數“傅”字這一轉折筆畫未穿過第一筆横畫；而“傳”字的“田”上部分的寫法是直行垂直的“竪筆”，直接穿過第一筆横畫[①]。那麼從圖版來看，第一個字釋爲“傅”，可從。至於第二個字，此前忽略了一個關鍵的信息，爲便於查看，將這個字前面的“乃”字一同截圖（見圖2）。其實，這個字右邊部件的中間正好斷裂，造成了墨迹的空白，看不見“傳”字“叀”部直行垂直並穿過第一筆横畫的“竪筆”，因此是不能直接判定爲“傳”的。但是在這個字的右上角，其實有一非常關鍵的墨迹（見圖2畫圈處），這並非“乃”字墨迹，嶽麓秦簡中的“乃”字寫作：（《嶽麓肆》250/1429），可以看到，在“乃”字的右下是絶無墨迹的，那麼簡232/1419中被圈出的墨迹不是“乃”字的墨迹，正是“傅”字右上角最具特色的彎折竪向筆畫。綜上所述。簡232/1419中的兩個字都當釋爲“傅”字，如字讀，因此這條律文也不存在書手的誤寫。綜上，簡232/1419當釋讀如下：

232/1419 【·】獄校律曰：略妻及奴騷悍，斬爲城旦，當輸者，謹將之，勿庸（用）傅箾（踊），到輸所乃傅之ㄴ。

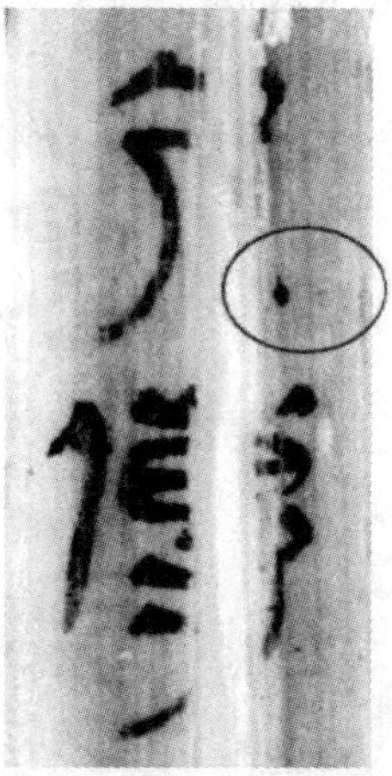

圖2　232/1419“乃傅”

（二）䙴（遷）

簡233/1425“輸”後一字，原釋文未釋，《秦簡牘校讀及所見制度考察》（陳偉，2017：187）一書中釋爲“巴蜀”。吴淏指出：“這裏應該不是勾識符號。相對于陳

①關於“傳”和“傅”的字形，劉玉環曾提到：“小篆之前的‘傅’從人，尃聲，到了隸書時候，構件‘尃’中間的部分與‘傳’字所從無別，兩字的區別在於‘傅’右邊構件上面的竪筆起頭部分彎曲。”參見劉玉環《秦漢簡帛訛字研究》，中國書籍出版社，2013年，第108-109頁。

偉先生所釋‘巴蜀’，這裏應該還是只有一個字的距離，應該是‘者’字。”（吴淏，2018：170）爲便於查驗，現將簡233/1425簡首三字圖版截取如圖3。可見“輸”後當如整理小組所言爲勾識符（見圖3畫圈處）。勾識符後的字，若爲“巴”，文義可通，但此處間距無法容下兩個字。亦非“者”字，或爲“署”，可比對嶽麓秦簡中所見“者”和“署”：

表10

	者		
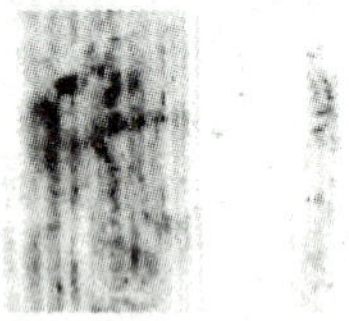			
	225/1244	224/1243	222/1262
	署		

《嶽麓肆》233/1425	232/1419	233/1425	071/1931

從“表10”可知，簡233/1425此字圖版與“者”字差異極大，且勾識符在此處的含義當是某種和“輸”並列的情況，殘墨的筆畫走向和字體的大小與“署”相符。另可參照《嶽麓伍》中押送罪人的相關令文：

> 033/1123 諸有辠當䙴（遷）、輸蜀巴及恒䙴（遷）所者，辠已决，當傳而欲有告及行有告，縣官皆勿聽而亟傳詣034/0966䙴（遷）、輸〈輸〉所，勿留。• 十九　　（《嶽麓伍》033/1123-034/0966）

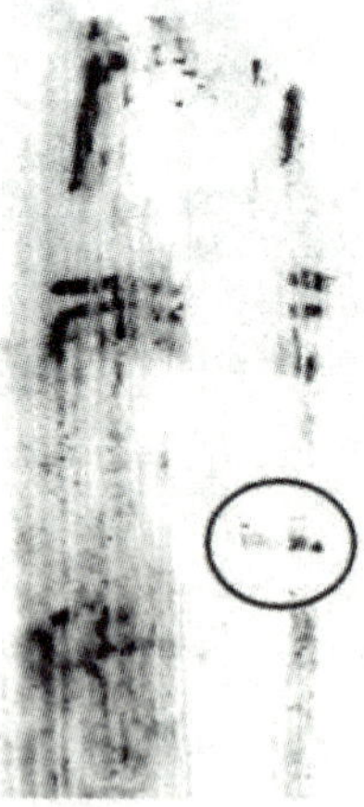

圖3　233/1425

《嶽麓伍》033原釋文句讀爲“諸有辠當䙴（遷）輸蜀巴”。今按：“遷”與“輸”之間當有頓號，爲並列關係，也可對應後文“遷所、輸所”。《嶽麓肆》232、

233中“諸罪當輸ㄴ䙴”正好可對應《嶽麓伍》“諸有辠當䙴、輸蜀巴”。只是在抄寫時“遷”“輸”的前後位置調换。

（三）所

簡234/1304“□會治獄”首字，整理小組未釋，且認爲233和234之間有缺簡。陳偉釋作“所”（陳偉，2017:187）；土口史記釋爲“及”，認爲233、234連成一段文章（土口史記，2018:65）。可見當前諸家對此字的釋讀仍存争議。我們有必要核對嶽麓秦簡所見“所”和“及”：

表11

所			及	

《嶽麓肆》234/1304	《嶽麓肆》232/1419	《嶽麓肆》230/1392	《嶽麓肆》232/1419	《嶽麓肆》230/1392

秦簡“及”的寫法，只有一筆向右下行筆畫（見表11畫圈處），而《嶽麓肆》234/1304“所”字可見兩筆向右行筆畫，當如陳偉之説，釋爲“所”。《嶽麓肆》233與234當連讀爲“其遷、輸所”，亦可參照前引《嶽麓伍》034“傳詣遷、輸所”。綜上，簡232-234當釋讀如下：

> 232/1419 ……䙴（遷）者、䙴（遷）者包及諸辠233/1425 當輸ㄴ、䙴（遷）及會獄治它縣官而當傳者，縣官皆言獄斷及行年日月及會獄治者行年日月。其䙴（遷）、輸234/1304 所、會獄治詣所縣官屬所執灋，即亟遣，爲質日，署行日，日行六十里，留弗亟遣過五日及留弗傳過

此段是關於三種不同類型的人需要傳、遣時，縣官所應履行的職責。三類需要押送的人可對應後文：遷所、輸所、會獄治詣所。若縣官“留不遣”及“留不傳”，都將受到處罰，律文的層次和邏輯較爲清晰。

五

> 248/1394 ・繇（徭）律曰：委輸傳送，重車負日行六十里，空車八十里，徒行百里。其有□□□☑249/1393 □而□傅于計，令徒善攻閒車。食牛，牛䍧（胔），將牛者不得券繇（徭）。盡興隸臣妾、司寇、居貲贖責（債），縣官250/1429□之□傳輸之，其急事，不可留殹（也），乃爲興繇（徭）ㄴ。有貲贖責（債）拾日而身居，其居縣官者，

縣節（即）有251/1420 繇（徭）戍，其等當得出，令繇（徭）戍，
繇（徭）戍已，輒復居。當繇（徭）戍，病不能出及作盈卒歲以上，
爲除其病歲繇（徭），252/1424勿聶（躡）□□論毄（繫），除毄（繫）
日繇（徭）戍，以出日事之。（《嶽麓肆》248/1394-252/1424）

首先，簡249/1393“傅于計”前一字，當釋爲“具”，可比對嶽麓秦簡所見“具”字：

表12

具			

《嶽麓肆》249/1393	《嶽麓伍》066/1009	《嶽麓伍》114/1712	《嶽麓肆》230/1392

從圖版可見“具”字的“廾”和“貝”部件，因此釋爲“具”當無疑問。“具”，有“全、完備、詳盡”義，參見《史記·項羽本紀》：“良乃入，具告沛公。”（1982:311）“具傅于計”中的“傅”，爲“附上、依附”，見《漢書·刑法志》：“廷尉所不能決，謹具爲奏，傅所當比律令以聞。”顔師古注曰：“傅讀曰附。”（1962:1106）另：“制曰：吏上請ㄴ、對ㄴ、奏者，皆傅牒牘數。”（《嶽麓伍》185/1737）“具傅”指完整地附上，參見：“吏上奏當者，具傅所以當者律令、比行事”（《嶽麓伍》066/1009）；“具傅其律令”（《嶽麓伍》114/1712）。簡249/1393中“具傅于計”疑指將與牛車徒相關的信息完備詳盡地附在計簿上，且“具傅于計”後應當是此句的結束，原釋文“傅于計”後的逗號，當改爲句號。

對249/1393整簡的理解，可參見睡虎地秦簡《秦律十八種·司空律》簡126、127：“官府叚（假）公車牛者□□□【叚】（假）人所。或私用公車牛，及叚（假）人食牛不善，牛訾（胔）；不攻閒車，車空失，大車軲〈軸〉盭；及不芥（介）車，車蕃（藩）蓋强折列（裂），其主車牛者及吏、官長皆有辠（罪）。”（《秦集壹》126-127）可見，“善食牛”和“善攻閒”是對借用公家車牛之人的要求，與《嶽麓肆》249/1393對使用牛車的人的要求一致，簡249/1393“令徒善攻閒車”與“食牛”之間原釋文以“句號”讀斷，今改爲“分號”，表並列關係。綜上，簡249/1393完整釋文如下：

249/1393 □而具傅于計。令徒善攻閒車；食牛、牛訾（胔），將
牛者不得券繇（徭）。盡興隸臣妾、司寇、居貲贖責（債），縣官

其次，簡252/1424 “論”前二字，當爲“以令”。可比對嶽麓秦簡所見“以令”二字：

表13

以令			

《嶽麓肆》252/1424	《嶽麓肆》122/1399	《嶽麓肆》138/1270	《嶽麓肆》257/0350

殘存墨迹與“以令”二字相符。“以令”可參見：“不出者，輒以令論，削其爵，皆校計之。”（《嶽麓肆》138/1270）“以令論毄”可參見：“令曰：吏有論毄（繫）。”（《嶽麓伍》123/1174）“以令論毄（繫）”即按相關令文論罪而拘系。簡252/1424中“勿聶”，上接“爲除其病歲徭”，“勿聶”後，原釋文未讀斷，當添句讀符號。綜上，簡252/1424修改後的釋文爲：

252/1424 勿聶（躡），以令論**毄**（繫），除**毄**（繫）日，繇（徭）戍，以出日事之。

六

253/1305 繇（徭）律曰：發繇（徭），自不更以下繇（徭）戍，自一日以上盡券書，及署于牒，將陽倍（背）事者亦署之，不從令及繇（徭）不當254/1355 券書，券書之，貲鄉嗇夫、吏主者各一甲，丞、令、令史各一盾。繇（徭）多員少員，積（隤）計後年繇（徭）戍數。發吏力足以均繇（徭）日，255/1313 盡歲弗均，鄉嗇夫、吏及令史、尉史主者貲各二甲，左遷。令、尉、丞繇（徭）已盈員弗請而擅發者貲二甲，免。256/0913 吏（？）□繇（徭）□均，偽爲其券書以均者貲二甲，癈。（《嶽麓肆》253/1305-256/0913①）

簡256/0913“均”前一字，當爲“弗”。可比對嶽麓秦簡所見“弗”字：

表14

弗			

《嶽麓肆》256/0913	《嶽麓肆》255/1313（1）	《嶽麓肆》255/1313（2）	《嶽麓肆》257/0350

①有關此組釋文的校訂，參見朱錦程《讀〈嶽麓書院藏秦簡（肆）〉劄記（一）》，簡帛網，2016年3月25日，http://www.bsm.org.cn/show_article.php?id=2495；陳偉《嶽麓秦簡肆校商（三）》，簡帛網，2016年3月29日，http://www.bsm.org.cn/show_article.php?id=2506；吴淏（2018:180）。

簡256/0913所見殘存墨迹與嶽麓簡“弗”字的寫法吻合。對這枚簡内容的理解，主要參照本組簡文254/1355–255/1313“吏力足以均繇日，盡歲弗均……貲各二甲”。又從後文“僞爲其券書以均者”來看，此處所指的違律行爲當是指“吏力本不足以均繇日”的情況下僞造徭券“以均”。因此，“繇”後一字，釋爲“弗”，文義可通。此組律文與“吏發徭”相關，那麽“吏”“徭”之間，疑爲“發”字。綜上所述，簡256/0913的完整釋文爲：

256/0913 吏（？）【發】繇（徭）弗均，僞爲其券書以均者貲二甲，癈。

七

303/0532-1 ▌故徼外蠻夷……請令縣以□，令吏毋（無）害者
304/0686 一人與蠻夷偕，即爲御，到縣（？）以□□□□□□蠻夷到縣，縣①亦求具，令令史與皆（偕）者，毋敢令蠻夷□

（《嶽麓肆》303/0532–304/0686②）

首先，簡303/0532-1的墨迹整體模糊不清，但其中仍有一“御”字可辨，可比對嶽麓秦簡所見“御”：

表15

御			

《嶽麓肆》303/0532-1	《嶽麓肆》304/0686	《嶽麓肆》308/1918	《嶽麓肆》309/0558

“御，从彳，从卸”，秦簡所見“御”字的部件位置時有發生移動，但簡303/0532-1的“御”和後接簡304/0686“御”的寫法完全一致，當與“一人與蠻夷偕，即爲御”有關。

其次，簡303/0532-1“請”字前，有一“不”字可辨，圖版比對如下：

①原釋文爲“縣ㄴ”，網友“落葉掃秋風”改釋“縣，縣”，可從。參見“落葉掃秋風”論壇發言，簡帛網，2016年3月27日，http://www.bsm.org.cn/forum/index.php.

②有關此組釋文的校訂，參見吴淏（2018:195）。

表16

不			
	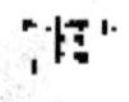		
《嶽麓肆》303/0532－1	《嶽麓肆》310/0358	《嶽麓肆》380/0663	《嶽麓肆》383/0669

再次，簡303/0532-1“以”後一字，當爲“次”，可比對嶽麓秦簡所見“次”：

表17

次			

《嶽麓肆》303/0532－1	《嶽麓陸》145/2128	《嶽麓伍》273/1774	《嶽麓伍》111/1141

“次，从欠二聲”，殘存墨迹與“次”字寫法完全相符。“以次”又見於“皆先予，毋以次”（《嶽麓伍》026/1119）；“以次爲置守、學佴”（《嶽麓伍》273/1774）；“謁告過所縣鄉以次續食”（里校壹5-1）；“蠻夷舍毋敢舍新黔首來書名數者，令吏各任其部求捕之，以縣次傳詣其縣”（《嶽麓陸》147/2128）。“以次”即“按照次序”。釋文“請令縣以次”應屬下讀，此外，釋文“縣亦求具”中“具”當改屬下讀。推測簡303/0532-1“蠻夷”後一字，爲“來”。“蠻夷來”多見於嶽麓秦簡。綜上，修訂後的完整釋文爲：

> 303/0532-1 ▌故徼外蠻夷【來】……御□□□不□，請令縣以次令吏毋（無）害者304/0686 一人與蠻夷偕，即爲御，到縣（？）以□□□□□□蠻夷到縣，縣亦求，具令令史與皆（偕）者，毋敢令蠻夷來

八

> 318/0691 丞相議：吏歸治病及有它物故，免，不復之官者，令其吏舍人、僕【庸】行⧄319/0061 如故事已者，輒罷歸，以書致其縣官，它官當用者，亦皆用之。（《嶽麓肆》318/0691-319/0061）

簡318/0691“僕”後一字，陳偉曾對此字的釋讀提出疑問：“釋‘庸’之字，在彩色圖版中難以確認，紅外圖版進一步殘壞，已經不成字。此處原釋質疑。”（陳偉，2017:193）今按：“僕”後一字，原釋文爲“庸”，非也。今改釋“走”。嶽麓秦簡所見“庸”“走”二字圖版比對如下：

表18

<table>
<tr><td>紅外圖版</td><td>彩色圖板</td><td colspan="2">庸</td></tr>
<tr><td rowspan="4"></td><td rowspan="4"></td><td></td><td></td></tr>
<tr><td>《嶽麓肆》183/1298</td><td>《嶽麓肆》232/1419</td></tr>
<tr><td colspan="2">走</td></tr>
<tr><td></td><td></td></tr>
<tr><td>《嶽麓肆》318/0691</td><td>《嶽麓肆》318/0691</td><td>《嶽麓伍》258/1779</td><td>《嶽麓肆》179/1369</td></tr>
</table>

簡318/0691紅外圖版墨迹涣散，而彩色圖版相較而言更爲清晰，“走”字右部件向左行筆畫較爲明顯，而“庸”字右側部件不見向左行筆畫，彩色圖版尤其不見“庸”字之“用”部。

我們再結合本組簡的文義以及“走”的性質和職能來考察：首先，本簡是關於“吏歸治病及有它物故免而不復之官者”的相關規定，秦代官吏隨侍雜役人員常見有：僕、走、養、司御、舍人等。且“僕”“走”經常組合出現在官吏外出行事相關的文書與律令中，例如：“受乘車、馬、僕、養、走式八牒”（《嶽麓伍》9-1857）；“令曰：諸乘傳、乘馬、傳（使）馬傳（使）及覆獄行縣官……[其]【有】[走]、僕、司御偕者，令自炊。其毋（無）走、僕、司御者，縣官叚（假）人爲炊”（《嶽麓伍》257/1663-258/1779）；“令曰：叚（假）廷史、廷史、卒史覆獄乘傳（使）馬ㄴ，及乘馬有物故不備，若益驂駟者ㄴ。議：令得與書史、僕、走……”（《嶽麓伍》261/1924-262/1920）其次，“走”後一字，圖版爲，整理者釋作“行”字，可從，里耶秦簡中多見令“走”行書的案例，即令“走”傳送文書，如：“即走申行司空”（《里校壹》8-63）、“即令走□行司空”（《里校壹》8-135）、“走郤即行”（《里校貳》9-23）。再次，從後接簡319/0061“以書致其縣官”來看，需要傳遞文書，也屬於“走”傳遞文書的職能範疇[①]。因此，綜上所述，此處釋作“走”，釋文爲“令其吏舍人、僕、走行……”是合理的。綜上所述，本組簡文釋文修訂如下：

318/0691 丞相議：吏歸治病及有它物故，免，不復之官者，令其吏舍人、僕、走行☒319/0061 如故事已者，輒罷歸，以書致其縣官，它官當用者，亦皆用之。

①關於秦簡牘中所見“走”的性質、職能與配置，詳見拙作《秦簡牘所見“走”考論》，待刊。

本文引書簡稱表：

里耶壹	里耶秦簡（壹）	**嶽麓叄**	嶽麓書院藏秦簡（叄）
里校壹	里耶秦簡牘校釋（第一卷）	**嶽麓肆**	嶽麓書院藏秦簡（肆）
里校貳	里耶秦簡牘校釋（第二卷）	**嶽麓伍**	嶽麓書院藏秦簡（伍）
秦合	秦簡牘合集	**嶽麓陸**	嶽麓書院藏秦簡（陸）
睡簡	睡虎地秦墓竹簡	**嶽麓柒**	嶽麓書院藏秦簡（柒）

參考文獻：

班　固　1962　《漢書》，中華書局。
陳松長（主編）　2015　《嶽麓書院藏秦簡（肆）》，上海辭書出版社。
陳松長　2016　《秦代"户賦"新證》，《湖南大學學報（社會科學版）》第4期。
陳松長（主編）　2017　《嶽麓書院藏秦簡（伍）》，上海辭書出版社。
陳松長（主編）　2020　《嶽麓書院藏秦簡（陸）》，上海辭書出版社。
陳松長（主編）　2022　《嶽麓書院藏秦簡（柒）》，上海辭書出版社。
陳　偉（主編）　2012　《里耶秦簡牘校釋》（第一卷），武漢大學出版社。
陳　偉（主編）　2016　《秦簡牘合集·釋文注釋修訂本（壹）》，武漢大學出版社。
陳　偉　2017　《秦簡牘校讀及所見制度考察》，武漢大學出版社。
陳　偉（主編）　2018　《里耶秦簡牘校釋》（第二卷），武漢大學出版社
崔兆瑞　2013　《河南内黄三楊莊漢代庭院建築遺址復原研究》，西安建築科技大學碩士學位論文。
湖南省文物考古研究所　2012　《里耶秦簡（壹）》，文物出版社。
湖南省文物考古研究所　2017　《里耶秦簡（貳）》，文物出版社。
劉自穩　2019　《里耶秦簡所見秦的文書行政研究》，中國人民大學博士論文。
睡虎地秦墓竹簡整理小組　1990　《睡虎地秦墓竹簡》，文物出版社。
孫　機　2008　《漢代物質文化資料圖説》，上海古籍出版社。
邵　帥　2019　《漢代畫像石倉儲建築圖像研究》，山東大學碩士學位論文。
司馬遷　1982　《史記》，中華書局。
土口史記　2018　《嶽麓秦簡"執灋"考》，何東譯，周東平、朱騰主編《法律史議評》（第六卷），中西書局。
吴　淏　2018　《〈嶽麓書院藏秦簡（肆）〉集釋與相關問題研究》，復旦大學碩士學位論文。
朱漢民　陳松長（主編）　2013　《嶽麓書院藏秦簡（叄）》，上海辭書出版社。

Eight Notes of Supplementary Interpretation of the Characters in the *Qin Bamboo Slips in the Collection of Yuelu Academy* (Vol.4)

Zhang Yijing

Abstract: By checking pictures and interpretations of relevant bamboo slips in the *Qin Bamboo Slips in the Collection of Yuelu Academy* (Vol.4), combining with the newly unearthed Qin bamboo slips and previous studies, this paper supplement and examine the interpretations of some characters and words in the *Qin Bamboo Slips in the Collection of Yuelu Academy* (Vol.4), to further reconstruct the texts of statutes and ordinances. The contents of additions and corrections involve eight groups of slips: Miscellaneous Statutes Concerning the Ministry of Finance (169-170), Statutes on the Establishment of Officials (1406+1303), Statutes on the Composition of Judgments (228–229), Statute on the Checking of Convicts (232–236), Statutes on Government Service (248–252), Statutes on Government Service (253–256), Qin ordinances (303–304), and Qin ordinances (318).

Key words: *Qin Bamboo Slips in the Collection of Yuelu Academy* (Vol.4); Characters and words; Interpretation

（張以静，西南大學歷史文化學院民族學院　重慶　400700／
四川師範大學巴蜀文化研究中心　四川　610066）

秦漢簡《日書》“𦊿”“言亂”新釋*

翁明鵬

摘　要：文章通過對比睡虎地秦簡《日書》甲種《盜者》篇和孔家坡漢簡《日書·盜日》篇的描寫規律和語法，參照秦漢用字習慣和方言資料，將《盜者》“盜者𦊿而黄色”之“𦊿”和《盜日》“盜者言亂，黄色”之“言亂”分别讀爲“圝”和“圜圝”，指盜者的體態豐腴或者面部圓圝。

關鍵詞：《日書》；《盜者》；《盜日》；𦊿；言亂

秦漢簡《日書》中有一種用十二地支占盜法來占卜盜賊的文獻，目前所見比較完整的有四篇，即睡虎地秦簡《日書》甲種《盜者》（下文簡稱《盜者》）、放馬灘秦簡《日書》甲種和乙種的《十二支占盜》以及孔家坡漢簡《日書·盜日》（下文簡稱《盜日》）。劉樂賢（1994:273-274）指出，十二支占盜法利用被盜日的地支逐一推測是什麼人盜竊了東西，並告訴你盜者可能藏在何處[①]，叫什麼名字，推測盜者的外形、性格、身體特徵及健康狀況。而且這部分有一項非常重要的内容，就是十二地支下緊接着的十二個與後世流行的十二生肖有關的動物。雖然經過學者們的不斷研究，這類文獻的部分字詞障礙已經被解决，但仍有一些不好懂的地方，如《盜者》中的“𦊿”和《盜日》中的“言亂”大家就有不同的讀法。現在我們把自己對此問題不成熟的看法寫出來，以就正於方家。

《盜者》第78號簡背面説：

*本文是教育部人文社會科學研究西部和邊疆地區青年基金項目“秦簡牘疑難字詞集釋匯考”（21XJC740004）的部分成果。拙文的寫作得到陳師斯鵬先生和胡師大雷先生的悉心指導，初稿曾在2020年廣東省研究生學術論壇——第五届全國語言學分論壇視頻會議上宣讀（2020年7月15日），蒙點評專家曾昭聰和王毅力兩位先生賜正。後修改稿又在中國語言學會第二十届年會（2021年4月10日至12日）上宣讀，會上又承張玉金、胡波二位先生指正，本刊匿名審稿專家也提出了寶貴的修改意見，謹一併致謝！

①關於簡文中的藏處，李學勤（2001:155）認爲是所竊之物的藏處而不是盜者的藏身之處。按，從秦漢簡占盜文獻内容來看，文句似乎皆與盜者本身有關，而不涉及所盜之物，故劉樂賢先生説可從。

酉，水（雉）①也。盗者𢍏而黄色，疵在面。

“𢍏”，睡虎地秦墓竹簡整理小組（1990:221）：“讀爲臠，瘦。《説文》：‘臠，臞也。’”李學勤（2001:157）疑“𢍏”讀爲“弁”，像雞的有冠。而此句孔家坡漢簡《日書·盗日》篇對應的文句作“酉：水日。盗者言亂，黄色。疵在面”（簡376），湖北省文物考古研究所、隨州市考古隊（2006:176）注：“言亂，疑讀作‘顔臠’，指形容消瘦。臠，義同‘臞’，《説文》：‘臞，少肉也。’”②范常喜（2008:57-58；2016:250-251）比較二者，認爲睡簡的“𢍏”當爲“亂”之省寫，而且“𢍏”前當脱“言”字，“言亂”即言語错亂，或者是指説胡話，并認爲這可能與“雉”“雞”善鳴的特點有關。王强（2014:140）從范常喜先生説。今按，我們注意到這兩篇文獻中每條開頭都是先描寫盗者最直觀的外貌特徵，即是視覺上的，請看下表：

表1　《盗者》《盗日》開頭外貌描寫一覽表

	《盗者》	《盗日》
子	盗者兑（鋭）口，希（稀）須（鬚）	盗者兑（鋭）口，希（稀）須（鬚）
丑	盗者大鼻，長頸	盗者大鼻
寅	盗者〖虎〗壯（狀）③，希（稀）須（鬚）	盗者虎狀，希（稀）〖須（鬚）〗
卯	盗者大面，頭顡（喙）	盗者大面，短豙〈彖-喙〉④
辰	盗者男子，青赤色	
巳	盗者長而黑，蚰〈蛇〉⑤目，黄色	盗者長而黑，虫目而黄色
午	盗者長頸，小胻	盗者長頸，細胻
未	盗者長須（鬚）耳	盗者長頸而長耳
申	盗者圜（圓）面	盗者曲身而㾙（邪-斜）行（胻）⑥
酉	盗者𢍏而黄色	盗者言亂，黄色
戌	盗者赤色	盗者赤色，短頸

①關於“水”的讀法，于豪亮（1981:357；2015:61）讀爲“雉”，雉是野鷄，現在説酉屬鷄，當是從酉屬雉發展而來；睡虎地秦墓竹簡整理小組（1990:221）從于説；饒宗頤（1993:428）讀爲“隼”；李零（1993:209、215；2019:176、181）讀爲“隹”或“雎”（以上亦可參看陳偉主編，彭浩、劉樂賢等，2016:450）；劉信芳（2014:182、189）認爲讀爲“隹”，釋爲“雉”，即野雞，“酉，水也”可理解爲“酉，雞也”。按，放馬灘秦簡《日書》甲種《十二支占盗》作“酉，雞殹（也）”（乙種“雞”作“鷄”），正與于説相合，今從于説。

②湖北省文物考古研究所、隨州市考古隊（2006）下文簡稱“整理者（2006）”。

③從施謝捷（1998:168）釋讀。

④參拙文《秦漢〈日書〉對讀札記》，復旦大學出土文獻與古文字研究中心網站，2020年1月7日，http://www.fdgwz.org.cn/Web/Show/4523.

⑤從方勇（2012:372）釋讀。

⑥參拙文《秦漢〈日書〉對讀札記》，復旦大學出土文獻與古文字研究中心網站，2020年1月7日，http://www.fdgwz.org.cn/Web/Show/4523.

表1（續表）

	《盜者》	《盜日》
亥	盜者大鼻而票（膘）行（胻）①，長脊	盜者大鼻而細胻，長脊

而言語則是聽覺上的，與全篇之描寫規律和習慣不符。我们原本相信上引整理者（2006）之説②。後來陳師斯鵬先生看過本文後讓筆者仔細考慮用字習慣的問題，看看秦漢文獻中“言”聲系字與“彦”聲系字（如“顔”）是否有相通的例證。筆者後來反復思考，認爲整理者（2006）的讀法的確都存在問題。首先，我們没有發現秦漢文獻中“言”聲系字與“彦”聲系字（“顔”即从“彦”聲）通用的例證。其次，“顔孌”屬於主謂結構，而全篇開頭描寫盜者外貌特徵時一般都是直接用形容詞（如《盜者》簡74背和《盜日》簡372的“盜者長而黑”，見上表）或者偏正結構（如《盜日》簡377“盜者赤色，短頸”，亦見上表），無一例外。

基於以上的疑問，我們認爲“言亂”或可讀爲“言（圜-圓）亂（圝）”。文獻“言”“圁”“訔”皆得與“圜”通。《史記·匈奴列傳》：“居于河西圁洛之間。”司馬貞《索隱》：“《三倉》圁作圜。”而《漢書·匈奴列傳》引此句正作“居于西河圜洛之間”。《漢書·地理志》有“圜陰”和“圜陽”二縣名，顔師古分别注云：“圜字本作圁，縣在圁水之陰，因以爲名也。”“此縣（圜陽）在圁水之陽。”而出土文獻“圜陽”又作“言昜”或“訔陽”，“圜水”亦可作“圁水”③。《十鐘山房印舉》2·55的“圁（圜）水”半通印裘錫圭（1978:79；2015:222）認爲從文字作風來看應是秦或漢初印，周波（2012:102）則斷爲秦印。可見我們將漢簡的“言”讀爲“圜”是有文獻依據的。而“圜”即方圓之“圓”的異體，秦簡多有這樣的用法，如：

圜（圓）田周卅步。（《北京大學藏秦簡·算書丙種》）

蒼皙，圜（圓）面。（《放馬灘秦簡·日書乙種》230）

皆壹（一）用方槩（概），〖方〗槩（概）毋得，用槩及圜（圓）槩（概）。（《嶽麓書院藏秦簡（肆）》172）

至於“胬”和从其得聲的“亂”，我們認爲俱當讀爲从“䜌”得聲的“圝”（後來又作“圞”）。文獻“胬”聲系字與“䜌”聲系字屢屢通用，不勝枚舉④。如《説文·女部》：“嫋，順也。从女，胬聲。《詩》曰：‘婉兮嫋兮。’孌，籒文嫋。”

① 參拙文《秦漢〈日書〉對讀札記》，復旦大學出土文獻與古文字研究中心網站，2020年1月7日，http://www.fdgwz.org.cn/Web/Show/4523.

② 同上。

③ 以上參看裘錫圭（1978:79-80；2015:221-222）；高亨纂著、董治安整理（1989:169）；周波（2012:102-103）；徐俊剛（2018:314）。

④ 參看高亨（纂著）、董治安（整理）（1989:210）；李春桃（2016:319-320）；白於藍（2017:1195）。

可見“䜌”“亂”與“圝”通當無問題。《玉篇•囗部》：“圝，團圝也。”《廣韻•桓韻》：“圝，團圝，圓也。”《集韻•桓韻》：“圝，圜也。”[①]故“圜（圓）圝”爲同義詞連用，可能指盜者體態豐腴或者面部圓圝，秦簡中多有這樣的外貌描寫，如“園（圓）面”、“圜（圓）面”（睡虎地秦墓竹簡整理小組，1990:109）[②]。而從句式上看，“盜者䜌（圝）而黄色”或“盜者言（圜-圓）亂（圝），黄色”顯然與上引同篇“盜者長而黑”是一致的，前者説盜者長得圓滚滚的且是黄色的皮膚，後者則説盜者長得高且是黝黑色的皮膚。

值得一提的是，“圝（圞）”自中古以後到現代漢語普通話裏都已經不單獨使用了，但我的方言裏（桂林話和柳州話）至今還普遍、頻繁地使用“圝（圞）”來表示語言裏{圓}這個詞[③]，“圓”却不常用（受到普通話影響的新派桂林話會用）。如我們會説“他的臉很圝（圞）”，或重疊説“他的臉圝（圞）圝（圞）的”，或加上形容詞生動後綴説“他的臉圝（圞）古隆冬的”“他长得圝（圞）古隆冬的”；又如成語“自圓其説”，桂林話叫“講得圝（圞）”；又如“圓圈”，桂林話説“圝（圞）圈”或“圝（圞）圝（圞）圈”；又如“圓珠筆”，桂林話説“圝（圞）珠筆”，等等。這當是古語的遺存。

參考文獻：

白於藍　2017　《簡帛古書通假字大系》，福建人民出版社。

陳　偉（主編）　彭　浩　劉樂賢等（撰著）　2016a　《秦簡牘合集.釋文注釋修訂本（貳）》，武漢大學出版社。

陳　偉（主編）　孫占宇　晏昌貴等（撰著）　2016b　《秦簡牘合集.釋文注釋修訂本（肆）》，武漢大學出版社。

陳松長（主編）　2015　《嶽麓書院藏秦簡（肆）》，上海辭書出版社。

范常喜　2008　《孔家坡漢簡〈日書〉札記四則》，《東南文化》第3期。

①我們在上古的文獻中似未看到“圝”表{圝}和“䜌”表{圝}的直接用例，但如前所述，“䜌”聲系字與“䜌”聲系字屢屢通用，故很可能{圝}在上古就假借“䜌”聲系字表示，中古時期纔造出後起本字“圝”，這也是文字滯後於語言的表現。

②張玉金先生在中國語言學會第二十届年會（2021年4月10日至12日）上指出，從秦簡牘多見“圓面”的描寫來看，此處指面部圓圝的可能性更大。本刊匿名審稿專家也指出更傾向於是描寫面部特徵。按，此説極有理，從秦簡牘資料來看確實是這樣。但從方言資料來看，“圝”又可描述人體，故指“盜者體態豐腴”的可能性似也不能完全排除，志此俟考。

③曾昭聰先生在2020年廣東省研究生學術論壇——第五届全國語言學分論壇視頻會議（2020年7月15日）中指出他的方言贛語中也有這種用法。本刊編輯部專家指出，湖南邵陽方言亦用“圝”音表示圓義。筆者又調查了永州親朋好友的方言，發現永州、祁陽、東安、藍山等縣市的土話也普遍這麼用。看來這在廣西北部（桂林、柳州）和湖南、江西部分地區的方言中恐是普遍現象。而桂林與湖南永州、邵陽等地較近，方言亦近。按，中國社會科學院語言研究所詞典編輯室（2016:855）編《現代漢語詞典》（第7版）收“圞”字條，後括注繁體字“圞”和異體字“圝”，並注明是方言詞和形容詞，所列第一個義項和用例爲：“圓：～桌。”

范常喜　2016　《簡帛探微——簡帛字詞考釋與文獻新證》，中西書局。
方　勇　2012　《秦簡牘文字編》，福建人民出版社。
高　亨（纂著）　董治安（整理）　1989　《古字通假會典》，齊魯書社。
甘肅省文物考古研究所　2009　《天水放馬灘秦簡》，中華書局。
韓　巍　2013　《北大秦簡〈算書〉土地面積類算題初識》，《簡帛》（第8輯），上海古籍出版社。
湖北省文物考古研究所　隨州市考古隊　2006　《隨州孔家坡漢墓簡牘》，文物出版社。
李　零　1993　《中國方術考》，人民中國出版社。
李　零　2019　《中國方術考（典藏本）》，中華書局。
李學勤　2001　《簡帛佚籍與學術史》，江西教育出版社。
李春桃　2016　《古文異體關係整理與研究》，中華書局。
劉樂賢　1994　《睡虎地秦簡日書研究》，文津出版社。
劉信芳　2014　《出土簡帛宗教神話文獻研究》，安徽大學出版社。
裘錫圭　1978　《戰國貨幣考（十二篇）》，《北京大學學報（哲學社會科學版）》第2期。
裘錫圭　2015　《戰國貨幣考（十二篇）》，《裘錫圭學術文集》（第三卷：金文及其他古文字卷），復旦大學出版社。
饒宗頤　1993　《雲夢秦簡日書研究》，饒宗頤　曾憲通《楚地出土文獻三種研究》，中華書局。
睡虎地秦墓竹簡整理小組　1990　《睡虎地秦墓竹簡》，文物出版社。
施謝捷　1998　《簡帛文字考釋札記》，《簡帛研究》（第3輯），廣西教育出版社。
王　强　2014　《孔家坡漢墓簡牘校釋》，吉林大學碩士學位論文。
徐俊剛　2018　《非簡帛類戰國文字通假材料的整理與研究》，吉林大學博士學位論文。
于豪亮　1981　《秦簡〈日書〉記時記月諸問題》，中華書局編輯部編《雲夢秦簡研究》，中華書局。
于豪亮　2015　《于豪亮學術論集》，上海古籍出版社。
周　波　2012　《戰國時代各系文字間的用字差異現象研究》，綫裝書局。
張　儒　劉毓慶　2002　《漢字通用聲素研究》，山西古籍出版社。
中國社會科學院語言研究所詞典編輯室　2016　《現代漢語詞典》（第7版），商務印書館。

A New Explanation of Luan (𤔔) and Yanluan (言亂) in the *Daybooks* (《日書》) of the Qin and Han Bamboo Slips

Weng Mingpeng

Abstract: This paper compares the description rules and grammar of Daozhe (盜者) in *Daybook* version A of Shuihudi Qin bamboo slips and Daori (盜日) in *Daybook* of Kongjiapo Han bamboo slips, and consults the usage of characters in the Qin and Han dynasties and the materials of modern dialects. This paper interprets luan (𤔔) in “盜者𤔔而黄色” of Daozhe as luan (圝), and yanluan (言亂) in “盜者言亂，黄色” of Daori as yuanluan (圜圝), which means the thief's plump figure or round face.

Key words: *Daybook* (日書); Daozhe (盜者); Daori (盜日) ; Luan (𤔔); Yanluan (言亂)

（翁明鵬，廣西師範大學文學院/廣西高校人文社科重點研究基地桂學研究院　廣西　541004）

漢簡所見“客田”考辨：110-122，2023（01）

漢簡所見“客田”考辨*

田佳鷺　張顯成

摘　要：居延漢簡505·37A號簡中所記載的“客田”一詞，傳世文獻鮮見，對“客田”一詞的理解，由於缺乏更多的文獻材料，加上對相關簡文的釋讀和理解存在一定誤差，相關研究的一些表述和結論存在疑點。通過重新釋讀當初學界的釋文，並結合新公布的金關漢簡中記録有“客田”信息的簡牘，可知相關研究中認爲“客田”指“某種類型的田地”的諸多説法並不正確。從目前見到的材料看，漢簡中的“客田”只有兩個含義：一是動詞，義爲“在原籍之外耕作田地”；二是名詞，義爲“對來自外地的種田者的稱謂”。

關鍵詞：居延漢簡；金關漢簡；客田

一、問題的提出

在20世紀40年代公布的居延漢簡中，505·37A號簡上有“客田”一詞。無獨有偶，1977年12月，在當時的河南偃師縣緱氏公社鄭瑤大隊南村第六生産隊的倉庫院内，出土了一塊漢代侍廷里父老僤買田約束石券，該石券中也有“客田”一詞[①]。而“客田”這一詞語鮮見於傳世文獻，含義未明，引起了諸多學者的關注。不過對上述買田約束石券中的“客田”的釋讀，有學者如俞偉超、邢義田等提出了不同意見，他們認爲“客田”當釋作“容田”，並提出了關於“容田”的見解（參看俞偉超，1988；邢義田，2011）[②]。通過察看石券拓片的照片，我們發現原石中被釋作“客”或“容”的文字並不清晰，故而釋作“客”或“容”未可定論。因此，對“客田”一詞的研究，主要集中在居延漢簡505·37A號簡上。關於漢簡中“客田”的含義，先後有勞榦、陳直、寧可、裘錫圭、王子今等多位進行過研究。然其結論見仁見智，未能統一。他們對“客田”的理解主要有三種，下文分别簡述。

---

*本文受到雲南省教育廳科學研究基金項目“邊疆出土漢代簡牘疑難詞語考釋”（2022J07）和教育部人文社會科學研究青年基金項目“基於数据庫建設的肩水金關漢簡文書分類整理與研究”（17YJC770014）的資助。

①文中提到的買田約束石券學界稱其爲《漢侍廷里父老僤買田約束石券》，或《侍廷里父老僤約束石券》，或《買田約束石券》等。

②按：邢義田相關論點出自《漢代的父老、僤與聚居里——“漢侍廷里父老僤買田約束石券”讀記》，這篇論文最先發表於《漢學研究》（1卷2期），1983年；後收入《秦漢史論稿》，東大圖書公司，1987年，第215-246頁。本文參考的論文收録於《天下一家：皇帝、官僚與社會》，中華書局，2011年。

勞榦、陳直和寧可等認爲“客田”指一種田地。勞榦在對居延漢簡505 • 37A號簡的内容進行考證時，雖未對“客田”做出具體釋義，通過其相關論述可知，其對“客田”含義的理解可以概括爲可買賣的私有田地（參看勞榦，1960:18）。陳直（1980:55）亦認爲505 • 37A號簡中“客田”一詞中的“田”是一種可買賣的田地，並且對“客田”做出了具體解讀，他根據釋文中的人名“嗇夫客”，認爲“客田”即這名嗇夫擁有的田地[①]。此後，寧可（1982:23）在其論文中表示居延漢簡505 • 37A號簡中“客田”一詞係指“在本鄉以外所有的田或一種特殊性質的田”。《中國簡牘集成》（2001:130）與寧可的觀點類似，該書在本簡下注曰：“客田，指在原籍之外耕種之地。”以上是認爲“客田”指一種田地的觀點相關情況。

裘錫圭（1997）認爲“客田”指“在原籍之外耕作田地”。他在九十年代發表的《從出土文字資料看秦和西漢時代官有農田的經營》（參看裘錫圭，2012:243）一文中，認爲居延漢簡505 • 37A號簡中的“客田”與《後漢書 • 鄭玄傳》“家貧客耕東萊”中的“客耕”同義，即“假田播殖”，並進一步指出：“看來在西漢晚期，頗有一些外地人到居延來租田耕種的。”此處裘錫圭明言是外地人從事耕種行爲，即“客田”指“在原籍之外耕作田地”。以上裘錫圭的觀點是認爲“客田”指“在原籍之外耕作田地”的主要代表。

王子今、肖從禮二位則綜合了上述的意見，認爲“客田”同時兼有以上所指出的兩種意義。王子今（2006:268）在《漢代“客田”及其相關問題》一文中結合《漢侍廷里父老僤買田約束石券》、居延漢簡505 • 37A號簡以及《晉書 • 潘岳傳》三種材料，指出：“‘客田’有時指田土，可能即‘與一般私有不同的一種特殊性質的田’，有時指經營這種田土的行爲。”[②]肖從禮（2012:293）在《西北漢簡所見“偃檢”蠡測》中提到“客田”，所持觀點與王子今上文中的觀點一致，他說：“‘客田’一詞既可指外來的客從事耕作的田地”，“又可指外來之客從事耕作活動”。前者所舉例證爲居延漢簡505 • 37A“買客田”，後者所舉例證爲金關漢簡73EJT37:527和73EJT7:92的“俱客田”。以上是認爲“客田”有兩個意義的觀點，即“客田”既可指一種田地，又可指到外地耕種田地。

---

①按：陳直這一觀點來自《兩漢經濟史料論叢》一書，本文參考的版本爲陝西人民出版社1980年版。該書1958年已經由陝西人民出版社出版，故陳直的觀點當形成於50年代。陳直所依據的釋文來自勞榦《居延漢簡考釋——釋文之部》，不過勞榦關於505•37A號簡釋文中的“嗇夫客”已被後來的學者改釋爲了“嗇夫宏”，如此，陳直對“客田”的解釋自然需要重新審視。

②按：漢代碑刻《侍廷里父老僤買田約束石券》中出現的“客田”，王子今（2006）認爲釋爲“容田”“客田”兩可。居延漢簡505 • 37A號簡中的“客田”，王子今認爲是名詞義，指“與一般私有不同的一種特殊性質的田”。《晉書 • 潘岳傳》“客田於河陽”中出現的“客田”，王子今認爲是動詞義，指“經營這種田土的行爲”。

以上主張“客田”指“某種類型的田地”之義者，主要是根據505•37A號簡學界當初的釋文中“客田”二字之前一字釋爲“買”字，如此從形式上便形成了“買客田”這一動賓結構，遂有“購買田地（客田）”之説。而“客田”前一字屬草書字體，釋讀難度大，是否爲“買”字，還需仔細斟酌。因此，要正確理解“客田”一詞，就必須要對505 • 37A號簡原釋爲“買”的字以及整個簡文重新進行考辨。

以上認爲“客田”指到外地耕種田地的結論，證據也不足。裘錫圭認爲505 • 37A號簡的“客田”與《後漢書 • 鄭玄傳》中的“客耕”同義，便認定“客田”是指到外地耕種田地，顯然證據不足，僅是推論。王子今也只根據《晉書》中的一條語料“客田於河陽”，就認爲“客田”的其中一個意義是指“在原籍之外耕作田地”，所舉也僅僅是一條晚於漢代的後世材料。肖從禮認爲“客田”的其中一個意義是指外來之客從事耕作活動，所據僅是金關漢簡中有“俱客田”信息的兩枚簡。可知，他們的證據和論證也並不是很充分。

由於以上第一種和第二種觀點都證據不足，故以上主張“客田”既可指一種特殊性質的田地，又可指到外地耕種田地的觀點，自然也應該重新予以考慮。505 • 37A號簡中的“客田”究竟如何理解，漢簡中“客田”是否還有其他意義，這都有待於我們繼續進行深入研究。以下分別從“505 • 37A簡文的釋讀”和“漢簡‘客田’意義的正確解讀”兩方面來進行考論。

二、505 • 37A簡文的釋讀

學界之所以對“客田”的理解各持己見，不光是因爲有關材料太有限，而且對簡文的釋讀也存在問題。現在，臺灣“中研院”歷史語言研究所（文中省稱“史語所”）簡牘整理小組重新整理的居延漢簡成果《居延漢簡》一書將這批簡的釋讀提高到新的水準，尤其是該書公布的紅外圖版較原來清晰了不少，爲我們重新釋讀505 • 37A號簡提供了空前良好的條件。在史語所釋文公布之前，居延漢簡的釋文先後主要有《居延漢簡考釋——釋文之部》《居延漢簡甲乙編》[①]《居延漢簡釋文合校》《中國簡牘集成》等諸本。其中關於505•37A號簡的釋文，以上諸書在少數字詞的釋讀上各有不同，整體上後出轉精，不過諸書將“客田”之前一字均釋作“買”。但從史語所新拍攝的紅外綫圖版和最新釋文來看，“客田”之前一字當爲“屬”而非“買”[②]。爲便於討論，現將該簡的史語所圖版置於後（圖1），並選取《甲乙編》釋文作爲學界當

①爲便於行文，下文除標注引文出處用書名全稱外，在行文中《居延漢簡甲乙編》簡稱《甲乙編》。

②臺灣“中研院”史語所簡牘整理小組自2014年起先後整理出版了重新掃描製作的居延漢簡紅外綫照片和最新釋文。505•37A簡圖版如文後所附圖1所示。

初的釋文代表和史語所釋文予以對比，對該簡的釋讀提出我們的意見[①]：

（1）《甲乙編》釋文：

建平五年八月戊□□□□廣明鄉嗇夫客、假佐玄敢言之：善居里男子丘張自言與家買客田居延都亭部，欲取□□案：張等更賦皆給，當得取檢。謁移居延，如律令，敢言之。

（2）史語所釋文：

建平五年八月[戊]□廣明鄉嗇夫宏、假佐玄敢言之：善居里男子丘張自言與家屬客田居延都亭部，欲取[檢，謹]案：張等更賦皆給，當得取檢。謁移居延，如律令，敢言之。

以上兩段釋文的不同之處主要有四，分別如下：第一處是該枚簡記録的日期問題，《甲乙編》釋文作“建平五年八月戊□□□□”，史語所釋文則爲“建平五年八月[戊]□”[②]。第二處是廣明鄉嗇夫的名字問題。《甲乙編》釋文作“客”，史語所釋文則爲“宏”，關於這一點差異，《居延漢簡釋文合校》早已改“客”爲“宏”，這是正確的。第三處是《甲乙編》釋文作“取□□案”，史語所釋文則爲“取[檢，謹]案”。現據史語所新拍攝的照片（見圖1）中的殘存筆迹和西北屯戍漢簡的公文行文習慣，我們認爲，史語所釋文應是正確的。第四處是極重要的問題，即“客田”之前一字的釋讀問題。《甲乙編》等四書的釋文均作“買”，史語所釋文則爲“屬”。因爲此字的隸定極其關鍵，故下文有必要就此問題進行詳細討論。

從簡文内容來看，這是西漢哀帝時期某縣廣明鄉的嗇夫宏和假佐玄上報給居延縣的一封公函，公文上説本鄉善居里男子丘張等人要在居延都亭部進行某項活動，特申請取檢[③]。公文中對丘張及其隨行人員的賦役情况作出了説明，並據此確認了丘張等人具有申領相關憑證即取檢的資格。但丘張等人在居延都亭部究竟從事何種活動，關鍵就要看“客田”前一字是“買”還是“屬”。以往各版本的釋文均將“客田”之前一字釋作“買”，進而認定“客田”爲某種類型的田地，由此引出了衆多學者參與的關於漢代土地制度的討論。

我們認爲，過去的釋文中關於“善居里男子丘張自言與家買客田居延都亭部”一句，令人難以理解。該句話中“善居里”爲男子丘張的居住地；“自言”爲漢代文書

①文中所引簡牘釋文中的標點爲筆者所加，爲便於排版，相關簡文在原簡中的格式如分欄、空格以及原簡殘斷等信息，在引用時一併省略，引文中不再體現。

②史語所此釋文的“[ ]”，表示所釋的[ ]内的“戊”字未能十分肯定。

③簡文中的丘張，即姓丘名張，此簡中的“張”，即爲“丘張”。

用語，就是報告説的意思；“居延”即居延縣，“都亭”即縣治所在之亭；“部”即“部界”，西北漢簡文書多見，義爲轄區。上述這些詞語較容易理解，但關於“自言”後的“與家”二字，過去的研究均僅僅説明簡文大意但並未指出“與家”究竟是何意思，而這恰恰又涉及對於“客田”的理解。因此，我們認爲有必要分析“與家”的具體含義。

“張等更賦皆給”一句，意爲丘張等人未拖欠賦役，則可知丘張此行並非單獨出行，那麼“與家”中的“家”當指一具體人名，“與家”就是“和家（這個人）”的意思；則過去釋文“善居里男子丘張自言與家買客田居延都亭部”整句話的意思就是：善居里男子丘張報告説要和家一起去居延都亭部進行“買客田”活動。表面看這似乎文意通順，但是，若“家”爲具體人名，那麼這又和漢簡文書的一般範式相衝突。統觀西北漢簡可知，漢簡文書中如若隨行人員與主要出行人無身份隸屬關係的，則在報告書中除了寫清主要出行人的名縣爵里外，隨行人員的具體身份信息特别是户籍所在地信息是必須如實上報的，如：“與同里張利中”（《居延漢簡甲乙編》37 • 29）、“與從者陽里鄭常富”（《肩水金關漢簡》73EJT9:104）、“與從者温千秋里張杜俱乘”（《肩水金關漢簡》73EJT37:140）、“安樂里白延壽與從者長樂里蘇奉親”（《肩水金關漢簡》73EJT24:250）等。這些均爲主要出行人與無身份隸屬關係的隨行人員的情況，故這類情況需報告隨行人員的身份信息，如里、縣名等户籍信息等。

但是，漢簡文書中如若隨行人員與主要出行人有身份隸屬關係的，則不必報告隨行人員的身份信息，如：“北曲陽里男子靳宗與大奴宜君”（《肩水金關漢簡》73EJT9:44）、“廣昌里男子王護自言與弟利忠爲家私”（《肩水金關漢簡》73EJT10:222）、“大昌里趙延自言爲家私使居延，與妻平、子小男偃登、大奴同、婢瓅緑”（《肩水金關漢簡》73EJT37:521）等。這些簡文中主要出行人與隨行人員或是主奴、或是兄弟、或是夫妻、或是父子關係，報告人的身份信息已明言，則相應家屬的里、縣名等户籍信息可不必重複，此漢簡成例。

如果505•37A號簡中的“家”是人名，則從該簡内容來看，這個“人”和“丘張”並無親屬、主僕等身份隸屬關係。那麼用上述漢簡文書的範式來看505•37A號簡，則這一文書中應當寫明“家”的户籍信息纔對，但是，簡文恰恰無這一信息，故而確實是個疑點。即“與家”很可能不是一個正常的詞語組合，亦即“家”很可能不是人名，也就是説，原來的釋文“與家買客田”是不能成立的。所以，認真檢討原整理者釋文是否釋讀正確就顯得尤爲重要。

在以往的研究成果中，裘錫圭對505•37A號簡的釋讀比較審慎，其釋文特地在“家”“買”二字後用問號做了標注，即釋作“家（？）買（？）”，表明他將此二字釋作“家買”存疑。因爲簡文中這兩個字書寫稍潦草且筆畫有一定缺失，此可能是裘文釋作“家（？）買（？）”的原因。也正如前文分析，這一疑問恰恰關係到整句簡文和對“客田”的解讀。前文已提出將“家”作爲人名來理解是存在疑問的，結合史語所圖版和新釋文可知，“與”後二字當釋作“家屬”爲是。因爲此二字的隸定極其重要，故以下對此二字的隸定分別進行論證。

裘錫圭在原釋文的“家”“買”二字後用問號做標注的原因，是因爲505•37A號簡中這兩個字書寫稍顯潦草且筆畫有一定缺失。該簡中以前被釋作“家”字的原字形作，右下角捺畫有部分殘缺。西北漢簡中家字字形清晰者有（《居延漢簡甲乙編》62 • 22）、（《居延漢簡甲乙編》203 • 15）、（《敦煌漢簡》1845）、（《居延新簡》EPF22 • 284）等。比較來看，505 • 37A號簡中的，上部的“宀”和下部的“豕”清晰明白，則該字爲“家”字無疑，諸版本的釋文釋此字作“家”是正確的。

而505•37A號簡中原先被釋作“買”字的原字形作，草書味較濃。從字形上看，右下部筆畫稍有殘缺，殘缺部分應是筆畫超出了該簡的範圍而寫到相鄰的簡上去了。仔細觀察簡中該字，從左下斜向上的筆畫尚存有彎鉤的筆意，似應與右下角殘存的黑點相連爲同一部件。若補足右側的殘筆，還原其原形，當作。而漢簡中“買”“屬”二字區別明顯，“買”字字形清晰者如（《居延漢簡甲乙編》283 • 11）、（《居延漢簡甲乙編》11 • 12）、（《居延漢簡甲乙編》113 • 29）、（《居延新簡》EPF22 • 31）、（《敦煌漢簡》557）、（《額濟納漢簡》2000ES7SF1:3）等，比較來看，原簡中與上述漢簡中諸“買”字差異較大。而與漢簡中“屬”字字形清晰者比較來看，如（《居延漢簡甲乙編》62 • 22）、（《居延漢簡甲乙編》203 • 15）、（《居延新簡》EPF22 • 70）、（《敦煌漢簡》981）以及（《長沙東牌樓東漢簡牘》70背 • 1）、（《長沙東牌樓東漢簡牘》44 • 1）等，505•37A號簡中與漢簡中諸“買”字差異明显較大，却與上述諸“屬”字的字形，特别是與東牌樓漢簡44. 1號簡中的草書“屬”字字形（字形作）甚爲接近。

此外，我們在金關漢簡中發現編號爲73EJF1:110的削衣上有與505•37A號簡相類似的簡文，該削衣尚殘存的四行簡文分别爲：“酉廣明鄉嗇”“屬客田居延第五亭部願以令”“非亡人命者當得取偃檢”“子奉明長”。其中“客田居延第五亭部”一句與505•37A號簡中“客田居延都亭部”在內容上存在較强的相似性。並且73EJF1:110削衣“客田”二字之前一字是“屬”字（字形作），這顯然可爲將505•37A號簡中“客田”之前一字釋爲“屬”提供進一步證據。

另外，在西北漢簡中“家屬”一詞很常見，就是親屬的意思。505•37A號簡的“與家屬”即簡文中的丘張是和家屬一起進行活動，這樣就不需要在報告裏將家屬的户籍等信息再重複報告，這當是符合漢簡文書的書寫習慣的。通過“家”“屬”二字的上述解讀，我們認爲史語所的釋文是正確的，即505•37A號簡原來的釋文“善居里男子丘張自言與家買客田居延都亭部”一句中的“買”當爲“屬”字之誤。

三、漢簡“客田”意義的正確解讀

上文提到，陳直依據505•37A號簡中“嗇夫客”這一詞語組合，認爲該簡“客田”指嗇夫客所有之田地。現據505•37A號簡的以上釋讀，可知他的這一觀點是不成立的。同時，505•37A號簡的舊釋文“善居里男子丘張自言與家買客田居延都亭部”一句中的“買”當改釋作“屬”。如此，這裏的“客田”就變成了動詞，義爲“在原籍之外耕作田地”。那麼寧可、王子今、肖從禮等依據505•37A號簡的舊釋文中“與家買客田”一句，認爲“客田”指一種在原籍之外耕種的田地之觀點，自然也就不成立了。至少就目前所見的漢簡及相關史料來看，“客田”並没有在原籍之外所耕種的田地的意思。

如上文所述，裘錫圭、王子今和肖從禮三位認爲的“客田”指“在原籍之外耕作田地”的相關解讀，證據上不够充分。西北屯戍漢簡中的“客田”究竟如何理解？顯然，這需要更多語料的支持。

近年來，已出土了三十餘年的金關漢簡陸續公布，其整理成果凡五函，而在這些新公布的簡牘材料中，恰巧就有記録了“客田”信息的簡牘，這些簡牘爲理解漢簡中的“客田”提供了重要的文獻材料。通過解讀這批有關材料，可知漢簡中的“客田”有兩種用法，一是用作動詞，意爲“在原籍之外耕作田地”；二是用作名詞，義爲“對來自外地的種田者的稱謂”，即“客田者”。

上述505•37A號簡的“客田”爲動詞義，“善居里男子丘張自言與家屬客田居延都亭部”，意即：善居里男子丘張自述，與家屬一道到原籍之外的居延都亭轄區耕作田地。

下面就金關漢簡中的“客田”用作動詞和名詞的用例分别進行闡述，以下先看表示動詞義的例子：

（3）河平四年七月辛亥朔庚午，西鄉有秩嗇夫誼、守斗食佐輔敢言之：中〈長〉安男子楊譚自言：欲取偃檢，與家屬俱客田居延界中。謹案：譚等年如牒，皆非亡人命者，當得取偃檢。父老孫都證。謁移居延，如律令，敢言之。七月癸酉長安令右丞萬移居延，如律令。　/掾殷、令史賞。

（《肩水金關漢簡》73EJT37:527）[①]

從内容上看，上引簡的文書類型與505•37A號簡相同，並且文書格式都是大致相同的，均爲某地某人申請與家屬前往外地進行客田活動，請求政府頒發相關憑證云云。上引簡“與家屬俱客田居延界中”和505•37A號簡“與家屬客田居延都亭部”的句式均爲：與家屬+動詞謂語（“客田”或“俱客田”）+地點補語（“居延界中”或“居延都亭部”）。只不過上引簡“客田”前多了一個“俱”字，即修飾“客田”的副詞，表示“均”“都”的意思。“俱客田”顯然意即“均客田（於某地）”。“俱客田”還見於金關漢簡73EJT7:92號簡，該簡下部殘斷，殘存兩行簡文，其中一句作“家屬俱客【田】□□”可以爲證[②]。上引簡文“長安男子楊譚自言：欲取偃檢，與家屬俱客田居延界中”，意即：長安男子楊譚自述，希望領取偃檢，和家屬一道到原籍之外的居延界中耕作田地。顯然，這裏的“客田”是動詞無疑，指“在原籍之外耕作田地”。

（4）囂陵里男子楊譚自言：欲取偃檢，客田張掖居延南□亭部。謹案：譚等。

（《肩水金關漢簡》73EJT37:974）

“囂陵里男子楊譚自言：欲取偃檢，客田張掖居延南□亭部”，意即：（長安）囂陵里的男子楊譚自述，希望領取偃檢，到原籍之外的張掖郡居延縣南□亭部耕作田地[③]。顯然，這裏的“客田”也是動詞無疑，指“在原籍之外耕作田地”。

（5）五鳳二年二月甲申朔壬戌，駿鄉嗇夫順敢言之：道德里周欣自言：客田張掖郡觻得縣北屬都亭部，元年賦筭皆給，謁移觻得，至八月□檢。

二月辛亥，茂陵令　守左尉親行丞事　／掾充

（《肩水金關漢簡》73EJT37:523A）

“道德里周欣自言：客田張掖郡觻得縣北屬都亭部”，意即：原籍（茂陵縣駿鄉）道德里的周欣自述，希望到張掖郡觻得縣北屬都亭部去耕作田地。顯然，這裏的“客田”也是動詞無疑，指“在原籍之外耕作田地”。

通過以上分析可知，上述各例中的“客田”一詞均當是動詞，意爲“在原籍之外

①“長安男子楊譚”原著録書作“中安男子楊譚”，姚磊（2016）認爲金關漢簡73EJT37:527簡裏的“中安”當爲“長安”之誤寫，其説可從。該文認爲金關漢簡中多處出現的“楊譚”實爲同一人，而且根據相關簡牘的記載可以推定此人來自“長安囂陵里”，由此按照漢簡文例可以推斷“中安男子楊譚”爲“長安男子楊譚”之誤寫。參見姚磊《肩水金關漢簡（肆）綴合（十九）》，簡帛網，2016年5月12日，http://www.bsm.org.cn/show_article.php?id=2552.

②原整理者釋文作“家屬俱客□□□”，“客”後之字尚存殘筆，作，即此字左邊殘缺，據所存筆畫並結合前文所説的諸簡的辭例，“客”後之字當爲“田”無疑。

③例4簡中的“楊譚”與例3簡中的“楊譚”爲同一人，原籍“長安囂陵里”。詳見上頁注①。

耕作田地”[①]。而在金關漢簡中，我們發現還有三枚記録“客田”的簡，其簡文與上述“客田”意爲“在原籍之外耕作田地”的簡有諸多不同，簡文如下：

（6）【客】田同城寇軍望宛里公乘蔡放，年卅三。泭。九月

（《肩水金關漢簡》73EJT37:25）[②]

（7）始建國天鳳五年八月戊寅朔戊寅朔戊寅[③]，都鄉庶士惲敢言之：客田宣成善居里男子程湛自言：爲家私使之延亭郡中，謹案湛毋官獄征事，當得以令取傳，謁移過所津關，毋苛，如律令，敢言之。八月己卯録得行宰事守馬丞，行馬丞事守徒丞衆，移過所，如律令。/掾齊、史並

（《肩水金關漢簡》73EJF3:328AB）

（8）客田男子解恭，大婢好，長六尺五寸，小奴驩，長五尺，小婢緑，長五尺　　（《肩水金關漢簡》73EJT37:797）

統觀以上三枚“客田”簡，我們認爲例（6）（7）（8）中的“客田”與用作動詞、意爲“在原籍之外耕作田地”的“客田”所指不同。

如前文所述，“客田”用作動詞時所在文書格式爲“人名+自言+客田+地名”。而上述例（6）（7）（8）中，“客田”一句的文書格式却與上述動詞義的格式不同，其格式爲“客田+地名+人名”或“客田+人名”。如上所述，表示動詞義時，“客田”位於人名之後地名之前，而在上述例（6）（7）（8）中，“客田”則位於地名和人名之前，顯然與“客田”用作動詞時的文書格式不同。我們認爲，例（6）（7）（8）中的“客田”當是一種身份名稱，具體分析如下：

例（6）是一條出入關記録，出入關的人是蔡放，年齡33歲，爵位是公乘，簡中“泭”“九月”爲後書，“泭”即筏，表明蔡放是乘坐小筏浮水出入關門，“九月”

①除了前文所例舉的簡文外，金關漢簡中還有一枚“客田”簡，其“客田”的意義也是“在原籍之外耕作田地”。該簡編號爲73EJT10:20，原整理者釋文爲“……千秋自言□田武威”，其“□”對應處原簡圖版作。結合本文所討論的“客田”簡中的相關辭例和殘存字形來看，此字釋爲“客”字是可行的。張俊民（2014）已補釋該簡釋文爲“……敢言之□□里王千秋自言客田武威”，我們認爲是妥當的。詳見張俊民：《肩水金關漢簡（壹）釋文補例》，簡帛網，2014年12月16日，http://www.bsm.org.cn/show_article.php?id=2112.

②該簡中“【客】田”二字原整理者釋文作“□田”，首字未釋。該字（即“田”前一字）原字形作。察看圖版（附圖2），例（6）73EJT37:25號簡右側上半部分有少許殘缺，該簡首字（即“田”前一字）自然右側略有殘損，但並不妨礙對此字的釋讀。此字屬行草寫法，當釋“客”。試對比西北屯戍漢簡中“客”的行草寫法：（金關漢簡73EJT5:44A）、（金關漢簡73EJT24:55）、（金關漢簡73EJT23:394）、（敦煌漢簡236A）。通過比較可知，73EJT37:25號簡首字釋作“客”是没有問題的。

③後一“戊寅朔”爲衍文。

是其出入關的月份[1]。金關漢簡中另一條同樣是乘筏出入關門記録的簡牘可與該簡作比較，即：雒陽壽陽里董方，年卅，字子侯，乘泭入（《肩水金關漢簡》73EJT4:17），該簡中“雒陽壽陽里”爲董方的户籍所在地，雒陽即河南郡屬縣。比較來看，例（6）“客田同城寇軍壄宛里”一句中，“壄宛”爲里名，則“同城”“寇軍”當分别爲蔡放籍貫地的郡、縣名。秦漢簡牘中“冠”常誤爲“寇”，此處的“寇軍”即“冠軍”，據《漢書・地理志》載“冠軍”爲漢代南陽郡所屬縣邑。而西北屯戍漢簡文書中對於重複出現的縣名一般會用“同縣”“同邑”等來替代表述，例（6）簡中的“同城”應該即是這類重複地名的表述，而不可能是“南陽”的别名。

西北屯戍漢簡中尚有許多其他相類似的出入關記録可作比較，如：“卒南陽杜衍利陽里公乘陳副，年卅五，長七尺二寸，出”（《肩水金關漢簡》73EJT3:49）、“治渠卒河東汾陰承反里公乘孫順，年卅三，出”（《肩水金關漢簡》73EJT3:50）、“卅井士吏居延龍起里公乘樊德，年卅五，軺車一乘馬一匹，七月甲子入”（《肩水金關漢簡》73EJT23:775）等。這三例中“卒”“治渠卒”和“卅井士吏”即分别是三人之身份，這些身份名稱均置於各自的户籍地之前，這與例（6）中的“客田”在簡中出現的位置是相同的。據此，我們認爲，此處的“客田”即爲蔡放的身份。

同理，例（7）（8）中的“客田”也應當是相關人員的身份。結合前文所述有關“客田”作動詞義的情况來看，我們認爲：在漢代以蔡放、程湛、解恭等爲代表的人群常年在邊郡從事“客田”活動，所以也就因之以“客田”作爲他們的身份稱謂，此爲“客田”得名的緣由，例（6）（7）（8）中的“客田”是相應人員的身份稱謂，即指“對來自外地的種田者的稱謂”。

有必要説明的是，例（6）中的“客田”表面上似乎可以理解爲動詞義爲“在原籍之外耕作田地”，該句“客田同城寇軍壄宛里公乘蔡放”似乎可以理解爲“客田於同城寇軍壄宛里的公乘蔡放”，例（7）中的“客田宣成善居里男子程湛”也似乎可以理解爲“客田於宣成善居里的男子程湛”。不過，從文書格式的規律上看，是與之不相合的；且從内容來看，這樣的理解是也是説不通的。以例（7）爲例，這是新莽時期録得縣（即張掖郡觻得縣）發出的一份文書，内容涉及一個名叫“程湛”的男子爲私事出行向官府申請關傳，該申請是由都鄉庶士惲爲程湛向觻得縣廷提出，觻得縣審核通過後便將文書發出。從該簡中反映出的關傳的申請、審核及發放程式來看，如若將此處的“客田”理解爲動詞，則“宣成善居里”只能是觻得縣所屬的地名，即爲出行人程湛的居住地。不過從西北屯戍漢簡文書的行文習慣來看，置於里名前的“宣成”應當爲縣一級的行政單位，而觻得只是縣而非郡，一縣之中不會再另有一縣。因

①《説文・水部》：“泭，編木以渡也。”《方言・第九》：“泭謂之篺。篺謂之筏。筏、秦晋之通語也。”

此，把例（7）中的“客田”理解爲動詞是有疑問的。《漢書・地理志》：“茂陵，武帝置……莽曰宣城。”可知王莽時期曾改茂陵縣爲宣城縣，而例（7）是王莽時期的簡牘，因此簡中的“宣成”有可能即宣城縣。“宣城”屬三輔之一的“右扶風”，例（7）中的程湛，或許即是在王莽時期自右扶風宣城縣來到張掖郡觻得縣所屬的都鄉進行客田活動，他的居住地應當是在觻得縣的都鄉。如此，其申請關傳的申請纔會被都鄉庶士惲代爲向觻得縣廷呈遞，而相關文書中則體現了程湛的户籍地信息，與他的“客田”身份互爲表裏[①]。此外，漢簡中“客田”用作動詞時，在行文中均會在地名（即客田活動發生地）之後綴以“部”“界中”等詞，如例（5）“客田張掖郡觻得縣北屬都亭部”（《肩水金關漢簡》73EJT37:523AB）、例（3）“客田居延界中”（《肩水金關漢簡》73EJT37:527）等。但在例（6）（7）中，地名後却没有“部”“界中”等詞語。這表明，前文所述的兩類行文格式中的地名的性質是不同的，即“客田”用作動詞義時，其後的地名即爲客田活動發生地；而“客田”指一種身份名稱時，其後的地名應爲當事人的户籍所在地。

綜上，漢簡中的“客田”有動詞和名詞兩種用法。用作動詞，意爲“在原籍之外耕作田地”；用作名詞，意爲“對來自外地的種田者的稱謂”。但就目前所見的材料來看，無論如何都没有指“田地”的意義，則前文所提及的將“客田”理解爲“一種特殊性質的田地”或“某種類型的田地”的觀點也就不正確了。

至於這類“客田”者所耕之田是否會被命名爲諸如“客田”這類專屬稱謂？我們認爲，從目前見到的材料來看，“客田”者所耕之田應該就是如裘錫圭所説是“租”來的。裘錫圭（2012:241）在論述西漢官有農田的經營方式時指出：“至遲在西漢中期，隨着民間租佃關係的發展，有的官田在役使卒等類人進行生産之外，已經在仿照民間租佃方式，把一部分官田以較高的租額出租給人耕種了。”既然是租官田進行耕種，自然不會取得所有權，耕地的性質也就没有改變，故而也就没有必要以别名稱之。

四、小結

學界對居延漢簡505•37A號簡中的“客田”一詞的理解，歷來衆説紛紜，其主要原因之一就是從勞榦起使用的諸個版本的釋文對有關字詞的釋讀出了問題。因此，正確地釋讀簡文是正確解讀簡文意義的基礎，故一定要高度重視簡文的釋讀。同時，要

①姚磊（2017）認爲金關漢簡中所記載的一些常年居住邊地的人應該就是進行“客田”的人，儘管長期居住在籍外之地，但他們“仍保留原籍信息以備查核”。我們認爲，姚磊的説法可從。詳見姚磊：《讀〈肩水金關漢簡〉劄記三十一》，簡帛網，2017年11月23日，http://www.bsm.org.cn/show_article.php?id=2940.

正確地釋讀早期發掘簡牘，還應注意廣泛聯繫相關材料的信息，尤其是聯繫新公布的出土材料，這樣纔有利於正確解讀簡文的意義。如本文所論的20世紀30年代發掘的居延漢簡505•37A號簡中的“客田”一詞的意義，要正確解讀，就應首先對簡文進行正確的釋讀。通過察看最新紅外圖版，結合西北漢簡文書的行文格式和規範，以及對各書有争議之處的字形進行比對，即可知505•37A號簡中“客田”之前一字當釋爲“屬”，而非“買”，即簡文當隸爲“善居里男子丘張自言與家屬客田居延都亭部”。由此，則可知505•37A號簡中“客田”一詞並不是指某種類型的田地，而是動詞，意爲“在原籍之外耕作田地”。再結合新出土的金關漢簡中關於記録有“客田”信息的簡牘材料，可知漢簡中的“客田”有動詞和名詞兩種用法。用作動詞，意爲“在原籍之外耕作田地”；用作名詞，意爲“對來自外地的種田者的稱謂”。

附圖

圖1 《居延漢簡甲乙編》505•37A

圖2 《肩水金關漢簡》73EJT37:25

參考文獻：

陳　直　1980　《兩漢經濟史料論叢》，陝西人民出版社。

簡牘整理小組　2017　《居延漢簡（肆）》，臺灣“中研院”歷史語言研究所。

勞　榦　1949　《居延漢簡考釋——釋文之部》，商務印書館。

勞　榦　1960　《居延漢簡考證》，“中研院”歷史語言研究所專刊之四十《居延漢簡考釋之部》。

寧　可　1982　《關於〈漢侍廷里父老僤買田約束石券〉》，《文物》第12期。

裘錫圭　1997/2012　《從出土文字資料看秦和西漢時代官有農田的經營》，初載於臺灣“中研院”歷史語言研究所會議論文集之四《中國考古學與歷史學之整合研究》，後收入《裘錫圭學術文集》（第5卷），復旦大學出版社。

謝桂華　李均明　朱國炤　1987　《居延漢簡釋文合校》，文物出版社。

肖從禮　2012　《西北漢簡所見“偃檢”蠡測》，《甘肅省第二届簡牘學國際學術研討會論文集》，上海古籍出版社。

邢義田　2011　《天下一家：皇帝、官僚與社會》，中華書局。

俞偉超　1998　《中國古代公社組織的考察》，文物出版社。

中國簡牘集成編輯委員會　2001　《中國簡牘集成》（第8册），敦煌文藝出版社。

中國社會科學院考古研究所　1980a　《居延漢簡甲乙編》上册，中華書局。

中國社會科學院考古研究所　1980b　《居延漢簡甲乙編》下册，中華書局。

Textual Research on Ketian (客田) Recorded in the Han Bamboo Slips

Tian Jialu & Zhang Xiancheng

Abstract: The word Ketian (客田) recorded in the No. 505.37A of the Juyan Han bamboo slips is rarely seen in the handed down literature. Due to a lack of more documentary materials, and due to some errors in the interpretation and understanding of the relevant slip texts, some statement and conclusions of relevant research are questionable. By re-reading the original academic interpretation and combining with the newly published Jinguan Han bamboo slips, we can see that many theories of Ketian referring to a certain type of fields in relevant research are incorrect. From the materials we have currently seen, Ketian in Han bamboo slips has only two meanings: one is a verb meaning to cultivate farms away from the native place; The other is a noun meaning an appellation for farmers from other places.

Key words: Juyan Han bamboo slips (居延漢簡); Jinguan Han bamboo slips (金關漢簡); Ketian (客田)

（田佳鷺，昆明學院教師教育學院　昆明　650214；
張顯成，西南大學漢語言文獻研究所　重慶　400715）

海昏侯墓所見《公羊傳》文句補論：123-131，2023（01）

海昏侯墓所見《公羊傳》文句補論*

曹亞北

摘　要：海昏侯墓出土孔子衣鏡和《春秋》簡上有不少內容與《公羊傳》有關。通過文字辨析和文獻對讀，文章對目前存疑的一些文句作討論，包括“臣詑君子□必四面起矣”“立於門北”“五月壬□會□侯□子玄子明于□□□□”“師也曷附子曰”等。這些文句可以與《公羊傳》等傳世文獻互相證明。

關鍵詞：海昏侯墓；公羊傳；孔子衣鏡；春秋簡

本文簡要討論海昏侯墓出土材料中幾處與《公羊傳》有關的文句，分孔子衣鏡和《春秋》簡兩部分。討論的重點是一些疑字。討論這些字，或可以使海昏侯墓材料與傳世文獻更好地對應起來。

一、孔子衣鏡上見於《公羊傳》的文句

王意樂、吴振華《孔子衣鏡初讀》[①]（2021:330—364）介紹了海昏侯墓出土孔子衣鏡的情況，全面揭示了衣鏡上的圖文信息。衣鏡上有一篇孔子傳記頗爲重要。這篇傳記的第六行是：

……盛德衰。上毋天子，下毋方伯，臣詑君子□必四面起矣，强者爲右。南夷與北夷交，中國不絶弟縷耳。孔子……

學者曾指出，這幾句話與《公羊傳》關係密切。如王剛（2019:87）說：

這些文字在《公羊傳》及其他典籍中往往可以找到，如“上毋天子，

---

*本文爲教育部人文社科重點研究基地重大項目“基於上古漢語語義知識庫的歷史語法與詞彙研究”（18JJD740002）、中國人民大學科學研究基金（中央高校基本科研業務費專項資金資助）（23XNF032）項目成果。寫作中蒙胡敕瑞教授指導，得到羅濤、侯金滿、孫天也、趙昕、桂柳玥、梁瑞焓等先生幫助。初稿原就《海昏簡牘初論》2020年初版作討論，蒙審稿專家提示，改以2021年新版爲材料，且更换了較清晰的圖像。謹此一併致謝！文中謬誤由作者負責。

①下簡稱《初讀》。

> 下毋方伯”，出於《公羊傳》莊公四年、僖公元年、二年等，在今本中，“毋”作“無”；“南夷與北夷交，中國不絶如縷”出於《公羊》僖公五年，今傳世本作：“南夷與北狄交，中國不絶若綫。”[①]但在唐石經中，它就寫作“南夷與北夷交”。這從一個側面證明，衣鏡文不僅與《公羊》多所契合，且保留原貌。

正因如此，多位學者曾根據《公羊傳》對衣镜文句作討論。

不過，這幾句話還有一些文字問題尚未解决，集中在“臣詑君子□必四面起矣强者爲右”一段。進一步比較衣鏡文字和《公羊傳》等文獻，可以發現一些綫索。

先説“詑”字。《海昏簡牘初論》2021年版附有衣鏡清晰圖像，該字形如（另參下文圖1）[②]。這個字當是“試（誡）”。漢簡“試”字形如（《居延新簡》EPT 52.407）、（《居延舊簡》45.23）、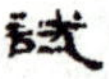（《馬圈灣漢簡》193）。衣鏡字與諸形相似。該字右旁“弋（戈）”的斜筆寫得較扁平，整體結構則較爲明確，應當釋爲“試”。

漢代“試”可用爲“弑”。《公羊傳》隱公十一年“何隱爾？弑也。弑則何以不書葬”，漢石經“弑”即作“試”（參看馬衡，2014:38）。北大藏西漢竹簡《蒼頡篇》（北京大學出土文獻研究所，2015:16）“圄奪侵試”，“試”當讀爲“弑”。按此，衣鏡這句話應讀爲“臣弑君”。

再説“必”字。“子□必四面起矣”的□是衣鏡斷口處的一個缺字，其下所謂“必”字上部已殘，圖像仍不清楚（見圖1）。恩子健先生將斷口處摹作（參看楊軍、恩子健、徐長青，2018:106）。

圖1　孔子傳記文局部（朱鳳瀚、柯中華，2021:彩圖25）

①所引衣鏡文字“如縷”實作“弟縷”，對應的《公羊傳》文句出於僖公四年。

②《初讀》初版附圖不清。初稿原以楊軍、恩子健、徐長青（2018:106）所附摹本討論，摹字作，稍失其真。

邵鴻（2016:21）曾根據有限材料把斷口以下文句讀爲“……父，四面起兵”，即將殘字釋爲“父”；陳蘇鎮則釋爲“必”。我們認爲，釋“父”較可信。以往研究已説明衣鏡“上毋天子，下毋方伯”句多次出現在《公羊傳》，但似較少注意《公羊傳》宣公十一年中的一句：

> 上無天子，下無方伯。天下諸侯有爲無道者。臣弑君，子弑父。力能討之，則討之可也。

這也許是“臣試君子□父”對應的句子。《周易》有“臣弑其君，子弑其父”，漢石經寫作“臣試其君，子試其父”，可作用字上的佐證（見圖2）。

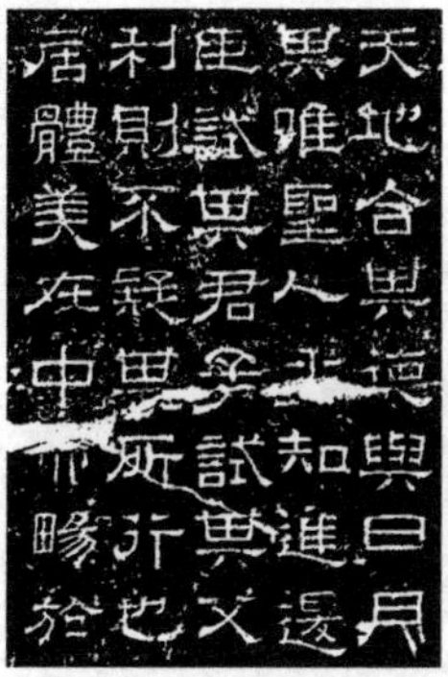

圖2　《易》《下繫》《文言》《説卦》碑圖局部（馬衡，2014:圖版八九）

另外，從文意上看，衣鏡“臣試君，子試父”描述孔子作《春秋》的背景。古書有類似説法，例如：

> 世衰道微，邪説暴行有作，臣弑其君者有之，子弑其父者有之。孔子懼，作春秋。（《孟子·滕文公下》）
>
> 故春秋之記，臣有弑其君，子有弑其父者。（《管子·法法》）

而特別值得注意的是，衣鏡上的一大段話幾乎可與《越絶書》對讀（張仲清，2009:87）：

> 當此之時，周室咸，王道壞，禮樂廢，盛德衰。上毋天子，下毋方伯。臣試君，子□父，四面起矣，强者爲右。南夷與北夷交，中國不絶弟縷耳。孔子退監於史記，説上世之成敗、古今之□□。（孔子衣鏡，5至7行）
>
> 當此之時，上無明天子，下無賢方伯，諸侯力政，强者爲君。南夷與北狄交争，中國不絶如綫矣。臣弑君，子弑父，天下莫能禁止。於是孔子作《春秋》，方據魯以王。（《越絶書》卷三）

對照可知，衣鏡文句當爲“臣試君，子試父”。另外，衣鏡“監於史記”，“監”

可讀爲“覽”。《老子》“滌除玄覽”，馬王堆帛書乙本字作“監”（參看裘錫圭主編，2014:146）。賈逵《春秋序》説“孔子覽史記，就是非之説，立素王之法”，與衣鏡文字意近①。

衣鏡上這段話還有兩個問題。第一個問題是邵鴻（2016:21）認爲“父”字後是“四面起兵”，《初讀》認爲是“四面起矣”。我們認爲釋“兵”較妥。

先辨字形。衣鏡孔子傳記有確切的“矣”字，形如：（蓋卅～）、（衆～）。這兩處“矣”上部棱角明確，而所謂“四面起矣”的“矣”，雖然圖像不清，但上部顯然較扁平，且左緣未封口，形如（另參圖1）。該字與“兵”極似，可舉漢簡“兵”字作對比：（《銀雀山漢簡》35），（《北大漢簡·老子》54），（《居延舊簡》126.26）。

另外，從文意上説，該句上文“臣試君，子□父”意思獨立，後接“四面起矣”則無落脚點，讀爲“四面起兵，强者爲右”則通順無礙。漢代古書中有類似説法可以鑒證。劉向《戰國策書録》説：“上無天子，下無方伯；力功争强，勝者爲右；兵革不休，詐僞並起。”《淮南子·要略》云：“下無方伯，上無天子，力征争權，勝者爲右。”對比可知，“起兵”於意較妥。

第二個問題是，衣鏡之“中國不絶弟縷耳”，《公羊傳》作“中國不絶若綫”。“不絶若綫”是古書習語，對比之下，“弟”字頗成問題。李豪（2021:143）從音韻角度考慮，認爲“弟”當讀爲“似”，其説或可從。

最後附提一點，衣鏡孔子傳記第七行下緣有兩個殘字（見圖3，左爲彩圖，右爲恩子健先生摹本）：

圖3　孔子傳記文第七行下緣殘字

按《初讀》釋文，此處上下文是“……是非二百卌年之中，弑（？）君（？）卅

①衣鏡材料還暗示《越絶書》“强者爲君”或當改作“强者爲右”。君、右形近易訛，如《管子·重令》“凡君國之重器莫重于令”，蔡潛道本君即作右。“强者爲右”的説法，可與後文引《戰國策》《淮南子》中“勝者爲右”對照。又，校對時見王楚寧《江西南昌西漢海昏侯劉賀墓出土“孔子鏡屏”復原研究》（《文物》2022年第3期）一文將衣鏡“説上世之成敗”之“説”摹爲“觀”。“觀”“覽”語意連貫。不過，“監”依其鑒義解似亦通。

一，亡國五十二”。《史記·太史公自序》“春秋之中，弑君三十六，亡國五十二”可與此對讀（王剛，2019:86）。衣鏡上已殘的兩字，上字似乎仍能在彩圖上見到左側“言”的字痕，右側則與“臣試君”的“試”近似（筆迹稍簡略）。兩處字迹可以互證。

二、海昏簡《春秋》中所謂不見於三傳的文句

陳蘇鎮（2021:134–140）一文展現了海昏侯墓《春秋》簡的情況，揭示了簡本與今本《公羊傳》對應的文句。文中介紹説，目前能查到出處的簡文，都見於今本《公羊傳》僖公部分。因此海昏《春秋》簡可能只是《公羊傳》中的僖公卷（陳蘇鎮，2021:135）。同時文中也提到（陳蘇鎮，2021:139）：

> 簡文中有些内容，如“□□□□反命”“ □□立於門北（？）”“□●謂期□□主”“出襄公則□□□”“師也曷附（？）子曰”“何（？）以□貶（？）也，文公”“不習也故□□以□”“惡（？）矣●五月壬□會（？）□侯（？）□子玄子明於□□□□”等，既不見於今本《公羊傳》，也不見於《穀梁傳》和《左傳》。

陳先生懷疑這些文句或許與嚴彭祖、顏安樂兩家的章句有關。

從這些簡文的大意看，其中有些句子可能仍與《公羊傳》有密切關係，二者在語句或所記史事上有一定對應性。下面擬通過文字分析和文本對讀，對幾處簡文作初步推測。這裏討論的簡文與已釋出的簡文一樣，都見於僖公部分。

（一）□□立於門北（？）

“門北”或爲“聑北”，讀爲“攝北”或“聶北”。這句話或與《公羊傳》僖公元年 “齊師、宋師、曹師次於聶北”有關。漢簡中“聑”字形如：（《居延漢簡（貳）》205.1），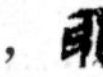（《敦煌漢簡》770），（《居延新簡》EPT59.101）。可見“聑”與“門”字形極近，疑原簡當隸作“聑”字。居延漢簡、肩水金關漢簡等中“聑”字多用於“居聑”，即年號“居攝”，可知漢簡“聑”常用爲“攝”。類此，海昏簡“聑北”讀爲“攝北”。

“攝北”即“聶北”。《左傳》僖公元年“次於聶北”，杜預注：“聶北，邢地。”《左傳》昭公二十年又有“聊、攝以東”，江永《春秋地理考實》認爲“攝”與“聶北”之“聶”爲一地，説當可信（參看裘錫圭，2012:159）。據此推知，“聑北”或即《公羊傳》所記之“聶北”。

（二）五月壬□會□侯□子玄子明於□□□□

“子玄子明於”或爲“子莒子盟於”。漢代“莒”與“玄”字形逼似。“莒”字形如：（金雀山莒盤），（《尹灣漢簡》YM6D7正）。“玄”字形如：（《居延舊簡》456.5B），（《居延新簡》EPF22.69）。“莒”之艸形草寫（或原簡不清）[①]，則與玄字相近。“明”當讀爲“盟”。這句話可能與《公羊傳》僖公二十八年傳文相關，即：

> 五月癸丑，公會晉侯、齊侯、宋公、蔡侯、鄭伯、衛子、莒子，盟於踐土，陳侯如會。

對照來看，簡文和上引語句大體相合，略有不同。不同之處有二：其一，簡文所記參盟人物比《公羊傳》簡略。頗疑簡文“會□侯□子莒子”是“會諸侯、衛子、莒子”。從《左傳》相關現象看，經文已經列出名單的“會”，傳文有時將列在諸侯的參盟人員略稱爲“諸侯”，例如：

> 成公十七年《經》：夏，公會尹子、單子、晉侯、齊侯、宋公、衛侯、曹伯、邾人，伐鄭。《左傳》：公會尹武公、單襄公及諸侯，伐鄭。

楊伯峻（2016:27）認爲這是傳文依靠經文來幫助理解的情况。海昏簡也可能採取類似的略稱[②]。其二，簡文日期是“五月壬□”，今本作“五月癸丑”。這一點不能對應。海昏簡《春秋》所記時間與今本《公羊傳》有出入，例如簡文有“卅有三年四月丁巳”，今本作“辛巳”。陳蘇鎮（2021:138）認爲當作“辛巳”。其情形或與“五月壬□”類似[③]。

（三）師也曷附（？）子曰

釋文疑是“附”的字或是“叔”。漢代“叔”常見字形作“村”，即《説文》所收或體，形如：（馬王堆一號墓遣册296），（《張家山漢簡·算數書》90），（《尹灣漢簡》YM6D10）。“附”字形如：（馬王堆三號墓遣册48），（《馬王堆帛書》去穀食氣8），（《額濟納漢簡》ES9SF3:5-07）。可見，“村”與“附”字形頗似。另外，第一節所論孔子傳記中，第一行出現“房叔”“叔梁紇”，“叔”形如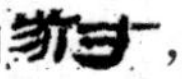，與“附”字極似。

按此，這句話當讀爲“師也曷叔子曰”，頗疑此句與蹇叔哭師有關。《公羊傳》云：

---

①漢石經存“……衛子、筥子盟于踐土”，莒字作筥。馬衡（2014:32）認爲本當作筥。

②踐土之盟時，衛侯出奔，其弟叔武受盟，因此稱“子”。參看《左傳》僖公二十八年經杜預注。

③這次盟會的日期，春秋經和《左傳》記載也不同，經文記癸丑，傳文記癸亥。杜預認爲“經傳必有誤”，參看僖公二十八年經注。

（僖公）三十有三年……夏，四月辛巳，晉人及姜戎敗秦於殽。其謂之秦何？夷狄之也。曷爲夷狄之？秦伯將襲鄭，百里子與蹇叔子諫曰："千里而襲人，未有不亡者也。"秦伯怒曰："若爾之年者，宰上之木拱矣，爾曷知！"師出，百里子與蹇叔子送其子而戒之曰："爾即死，必於殽之嶔巖，是文王之所辟風雨者也，吾將尸爾焉。"子揖師而行。百里子與蹇叔子從其子而哭之。秦伯怒曰："爾曷爲哭吾師？"對曰："臣非敢哭君師，哭臣之子也。"

整理者已經指出，引文中一些句子見於海昏簡，即：卅有三年夏四月丁巳，晉人及□戎□□；鄭佰□子許曰千里而襲；曰吾非敢哭師也吾哭臣之。簡本與今本《公羊傳》在文字外的最大不同是，簡本諫者是"佰□子"而没有蹇叔子。而《左傳》説"蹇叔曰：勞師以襲遠，非所聞也"，進諫的却是蹇叔。

蹇叔哭師的故事，古書多有記載，簡本當有其人。這裏"叔子曰"中的"叔子"可能就是蹇叔子。各種文獻對這一段的人物記述有所不同，例如：

繆公聞之，使人讓蹇叔曰："寡人興師，未知何如。今哭而送之，是哭吾師也。"蹇叔對曰："臣不敢哭師也。"（《吕氏春秋 • 悔過》）

師行，百里子與蹇叔子隨其子而哭之。秦伯怒曰："何爲哭吾師也？"二子曰："非敢哭師也。"（《穀梁傳 • 僖公三十三年》）

行日，百里傒、蹇叔二人哭之。繆公聞，怒曰："孤發兵而子沮哭吾軍，何也？"二老曰："臣非敢沮君軍。"（《史記 • 秦本紀》）

各處記載雖有差異，但顯然蹇叔都參與了對答。

蹇叔子可以略稱"叔子"。《國語 • 晉語六》："見苦成叔子，叔子曰：'抑年少而執官者衆，吾安容子。'"或與簡本例同。

就以上三例討論來看，海昏簡《春秋》與《公羊傳》僖公部分關係密切①。但以上所論仍有不密合之處，究竟如何，還需要新材料的支持。總的來説，海昏侯墓出土的多種資料與《公羊傳》緊密關聯，一系列問題值得繼續探究。

追記：終校時檢見鄭伊凡先生《讀海昏侯墓"孔子傳記"小札》（《江漢考古》2022年第3期）一文，文中已指出"臣弑君子弑父"的對應，並討論了"父""必"的字形關係，請讀者留意參考。本文對"試"字字形、通假的討論或仍可作爲補充。

---

①另外，陳蘇鎮文提到的"□□□□反命"可能與《公羊傳》僖公元年"奚斯不忍反命于慶父"有關，"何以□貶也，文公"可能與《公羊傳》僖公二十八年"曷爲貶？衛之禍，文公爲之也"有關。

本文引書簡稱表：

北大漢簡	北京大學藏西漢竹書集釋及字表	**馬王堆帛書、遣册**	馬王堆簡帛文字編
額濟納漢簡	額濟納漢簡文字編	**馬圈灣漢簡**	敦煌馬圈灣漢簡文字編
居延舊簡	居延舊簡文字編	**銀雀山漢簡**	銀雀山漢簡文字編
居延新簡	“居延新簡”文字編	**尹灣漢簡**	尹灣漢墓簡牘校理
居延漢簡貳	居延漢簡（貳）	**張家山漢簡**	張家山漢簡文字編

參考文獻：

白海燕　2014　《“居延新簡”文字編》，吉林大學博士論文。

北京大學出土文獻研究所　2015　《北京大學藏西漢竹書（壹）》，上海古籍出版社。

陳松長　2001　《馬王堆簡帛文字編》，文物出版社。

陳蘇鎮　2021　《海昏竹書〈春秋〉初讀》，《海昏簡牘初論》，北京大學出版社。

簡牘整理小組　2015　《居延漢簡（貳）》，“中研院”歷史語言研究所。

李　豪　2021　《結合古文字和文獻用字論“兕”“弟”“雉”等字的上古聲母》，《出土文獻》第1期。

李紅薇　2015　《北京大學藏西漢竹書集釋及字表》，吉林大學碩士論文。

李　瑶　2019　《居延舊簡文字編》，吉林大學博士論文。

馬　衡　2014　《漢石經集存》，上海書店出版社。

駢宇騫　2001　《銀雀山漢簡文字編》，文物出版社。

裘錫圭　1986/2012　《説“嵒”“嚴”》，《裘錫圭學術文集（甲骨文卷）》，復旦大學出版社。

裘錫圭（主編）　2014　《馬王堆漢墓簡帛集成（壹）》，中華書局。

邵　鴻　2016　《海昏侯墓孔子屏風試探》，江西師範大學海昏歷史文化研究中心編《縱論海昏》，江西教育出版社。

王意樂　吴振華　2021　《孔子衣鏡初讀》，《海昏簡牘初論》，北京大學出版社。

王　剛　2019　《“周室威”與〈公羊學〉問題：南昌海昏侯墓“孔子衣鏡”文發微》，《社會科學戰綫》第4期。

王凱博　2014　《額濟納漢簡文字編》，吉林大學碩士論文。

楊伯峻　2016　《春秋左傳注》（修訂本），中華書局。

楊　軍　恩子健　徐長青　2018　《海昏侯墓衣鏡畫傳“野居而生孔子”考》，《江西師範大學學報（哲學社會科學版）》第1期。

張守中　2012　《張家山漢簡文字編》，文物出版社。

張顯成　周羣麗　2011　《尹灣漢墓簡牘校理》，天津古籍出版社。

張仲清　2009　《越絶書校注》，國家圖書館出版社。

趙丹丹　2019　《敦煌馬圈灣漢簡文字編》，吉林大學碩士論文。

朱鳳瀚（主編）　柯中華（副主編）　2021　《海昏簡牘初論》，北京大學出版社。

Supplementary Discussion on the Texts of the *Commentary of Gongyang* (《公羊傳》) Unearthed from the Tomb of Marquis of Haihun

Cao Yabei

Abstract: The Confucius Dressing Mirror and the bamboo slips of the *Spring and Autumn Annals* unearthed from the Tomb of Marquis of Haihun present some texts pertaining to the *Commentary of Gongyang* (《公羊傳》). Through the discrimination of characters and comparison with texts, this paper discusses some currently uninterpreted sentences, including "臣詑君子□必四面起矣", "立於門北", "五月壬□會□侯□子玄子明于□□□□", and "師也曷附子曰", etc. These sentences can mutually corroborate the *Commentary of Gongyang* and other handed-down documents.

Key words: Tomb of Marquis of Haihun; *Commentary of Gongyang* (《公羊傳》); the Confucius Dressing Mirror; Bamboo slips of the *Spring and Autumn Annals*

（曹亞北，中國人民大學文學院　北京　100872）

馬王堆帛書《刑德》“奇正”探析：132-141，2023（01）

馬王堆帛書《刑德》“奇正”探析*

賀璐璐

摘　要：馬王堆帛書《刑德》“奇正”分别指：“刑德小游圖”的奇正宫、神煞奇、奇風，前兩者和古人的奇偶觀念有關，後者强調出其不意，它們均在“刑德小游圖”上有具體體現。帛書對“奇”各種運用，經過了數術化和神煞化，其本質是術士希望用數術方式將抽象的“奇”具體化，是兵陰陽文獻發展成熟的體現。“奇正”在兵書中的運用，並非單純的兵力配置，還要順應五行、結合占卜。古人對“奇”的追求，源於對至上神“太一”的崇拜，體現了當時的宇宙觀。

關鍵字：奇正；兵陰陽；數術；宇宙觀

“奇正”作爲一對二元對立詞語，是古代兵法中極爲重要的概念。奇與正相對，常指非常，或与偶數相對的奇數。學界對“奇正”的研究多注重其概念轄指、運用及思想，對它與數術、兵陰陽關係的研究不多（參看陳亞如，1993；盛奇秀，1993；李零，2012:177-191、2014:125）。

出土簡帛材料中，兵陰陽文獻數量可觀，其中記載的“奇正”代表了當時兵家或術士對它的理解。本文嘗試以簡帛兵陰陽文獻代表馬王堆帛書《刑德》爲中心，結合其他相關材料，探討“奇正”與數術、兵陰陽的關係，及其背後蘊涵的宇宙觀。

一、帛書《刑德》中“奇正”的分類

馬王堆帛書《刑德》是爲數不多記録“奇正”的兵陰陽文獻，從中可以窺探當時兵家和術士對它的理解與運用。“奇正”在帛書《刑德》中被視爲作戰取勝的重要因素，雖然以數術方式表達，但與《孫子兵法》、銀雀山漢簡《奇正》强調“以奇取勝”的觀念相合。兵陰陽家結合占卜，試圖使“奇正”具象化，以便實際運用。我們根據帛書《刑德》“奇正”占辭的内容，將其分爲三類，下面對這些内容進行剖析。

---

*本文爲國家社科基金重大項目“簡帛陰陽五行類文獻集成及綜合研究”（20&ZD272）、棗莊學院文學院“古文獻與語言文化協同創新研究團隊”項目的階段性成果。

第一類“奇正”表示刑德運行的宮位，如《刑德》乙篇《刑德占》：

荆(刑)、【德六日】而並斿(游)也，亦各徙所不朕（勝）；荆(刑)以子斿(游)10於【奇，以午與】德合於正，故午而合，子而離。11

（《集成・刑德》乙篇，37）

釋文奇、正指“刑德小游圖”的奇宮、正宮（見圖1）。奇宮指東南、西南、西北、東北四維宮，正宮指東方、南方、西方、北方四正宮。奇宮、正宮是神煞刑、德運行宮位，刑在奇宮中運行，德在正宮中運行，二者可會合於正宮。刑、德處於不同的宮位，用兵的時機和結果會有很大不同，所以奇正宮位決定了用兵的時間和方位。

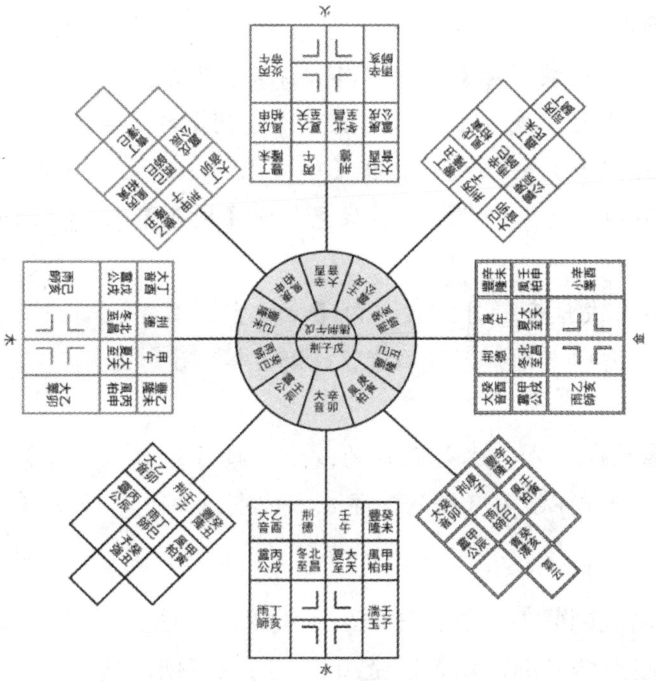

圖1　《刑德》乙篇《刑德占》“刑德小游圖”（《集成》，224）

第二類指神煞“奇”，如帛書《刑德》的《刑德占》部分：

（1）●凡德在中宮，不可用【=】兵=（用兵，用兵）者，其國有□，□【□】□□荆（刑）德三□，其禍不彰，□□，100其餘盡兇（凶）。五午之火，可以伐【□】，遷地益【□】；五子之【□，□】倍（背）荆（刑）德，益【□，□】邑，始用兵伐101德者。用除與衡（衝），【以奇用兵】，其後毋（無）央（殃）∟。102　　（《集成》，26）

荆（刑）在木，德在火，皆徙【金】〼【甲子東南禺（隅），丙子西南】禺（隅），庚子西北禺（隅），壬子103東北禺（隅），戊子

⊠□荆（刑）德游□⊠□104月下旬∟，日之奇⊠□□□□伐國□□□□□勝之。荆（刑）以子游105於奇，以午與德合於正而左之。□□宇者，勝∟。以奇伐者，左、逆荆（刑）而戰，勝，拔國。106

（《集成》，26—27）

（2）【荆（刑）、德】以子徙，則庚辰爲上奇，戊戌【爲下奇，寅爲大火，午爲】小火，午爲衝（衝），未爲除；90以午徙，則戊戌爲上奇，庚辰爲下奇，午爲大火，戌爲小火，子爲衝（衝），丑爲除，此謂六【康】。91所去爲廢日。92

（《集成》，25）

（3）●荆（刑）、德徙以子，午爲衝（衝）∟，未除，寅【大火，午小火，庚辰上奇，戊戌下奇】；亓（其）14以午徙也，子爲衝（衝），丑爲除，午【大火，戌小火，戊戌上奇，庚辰下奇。用】除15與衝（衝），以奇用兵，亓（其）後無（無）央（殃）。非【……上……雖左、迎】荆（刑）16德，朕（勝），取地。大火，可以火兵伐邑，便【地益】封，踐山破國。17

（《集成》，40）

（4）辰、戌日奇；月五日、旬【七日】、二旬九日月奇；不受朔者歲奇。會三奇，迎荆（刑）、德戰者，99毋（無）咎。100

（《集成》，26）

（5）●辰戌日奇，入月五日奇，十七日奇，廿（二十）九日奇，不受朔者歲奇，得三奇以18單（戰），雖左、迎荆（刑）、德朕（勝）。19

（《集成》，40）

第一例奇日的規則殘去，無從獲知，《集成》整理者據《刑德》乙篇補“以奇用兵”，可從。合觀上舉之例，均言以奇用兵，勝敵無殃。

“奇”在上例中已經成爲具有固定運行周期、吉凶屬性的成熟神煞，它是“奇”數術化後再神煞化的結果。此處雖然只有“奇”，但其與“正”相對，對應日期和地支均位於奇數位置上，反映出古人對“奇”特别的需求。第三例中，依據神煞刑、德在“刑德小游圖”上移徙時的地支，“奇”可分爲上奇、下奇。上奇、下奇已經成爲神煞，它當由神煞“奇”按照二元對立結構分化而來。其所值干支固定，當刑、德以子日徙時，庚辰爲上奇，戊戌爲下奇；當以午徙時，戊戌爲上奇，庚辰爲下奇。地支辰、戌也出現在第四、五例的“三奇”中。

學界對“三奇”所指尚有争論。胡文輝（2000:189）認爲“三奇”指兩個月（六十日）中，每月的五日、十七日、二十九日，《長沙馬王堆漢墓簡帛集成（伍）》整理者（2014:40）從之。劉樂賢（2012:82）則認爲，辰、戌日爲一奇，入月五日、十七日、二十九日爲一奇，不受朔者爲歲奇，是爲“三奇”。如按胡氏意見，則辰、戌日和月五日、十七日、二十九日無别，均是三奇，那麼歲奇又該如何歸類？簡文爲何又再强調每月的這三日呢？對比甲、乙篇的簡文，頗疑乙篇“入月五日奇，十七日奇，廿（二十）九日奇”的“廿九日”之後脱一“月”字。《刑德》甲篇把月五日、十七日、二十九日稱爲“月奇”，是知甲篇“三奇”當指日奇、月奇、歲奇。因此，當以劉説爲優。另外，地支辰、戌在“鈎繩圖”上對應四維奇數位置。若朔日爲地支子，則五日、十七日、二十九日的地支正落在辰上，而且下月五日、十七日、二十九日地支落在戌上，見表一。這裏所用地支爲第三、九位，恰與“奇正”之“奇”有奇數之義吻合，而且在“鈎繩圖”位置上也處於奇位，此也説明神煞“奇”是在“奇數”觀念影響下産生的。

表1　帛書“奇日”表（《集成》，2014:40）

日序	初一日	初二日	初三日	初四日	初五日	初六日	初七日	初八日	初九日	初十日	十一日	十二日	十三日	十四日	十五日
首月	甲子	乙丑	丙寅	丁卯	戊辰	己巳	庚午	辛未	壬申	癸酉	甲戌	乙亥	丙子	丁丑	戊寅
次月	甲午	乙未	丙申	丁酉	戊戌	己亥	庚子	辛丑	壬寅	癸卯	甲辰	乙巳	丙午	丁未	戊申
日序	十六日	十七日	十八日	十九日	廿日	廿一日	廿二日	廿三日	廿四日	廿五日	廿六日	廿七日	廿八日	廿九日	卅日
首月	己卯	庚辰	辛巳	壬午	癸未	甲申	乙酉	丙戌	丁亥	戊子	己丑	庚寅	辛卯	壬辰	癸巳
次月	己酉	庚戌	辛亥	壬子	癸丑	甲寅	乙卯	丙辰	丁巳	戊午	己未	庚申	辛酉	壬戌	癸亥

第三類是指奇風，如《刑德》丙、甲篇的記録：

（1）句憲之言起兵者，以風氣若云（雲）雨也。以戊戌2之日有風從西北方來，疾至於發屋析<折>木，天3下沕（昏）海（晦）①，起磨（礫）石，兵在外，大戰，在邑，兵起，主自將，期4不出六十日之中□【□□】。以戊戌【之】日有云（雲）從西北方來，5兵在外，戰，在【邑，兵起】▨云（雲）氣也，皆以風6【□】□▨。7　　（《集成》，59）

（2）●凡以風占軍吏之事：子、午，荆（刑）德，將軍；丑、未，豐隆，司空；寅、甲，風柏（伯），矦（候）└；卯、酉，大音，109尉└；辰、戌，靁（雷）公，司馬└；巳、亥，雨師，冢子。各當其日，以奇風殺鄰，

① “海（晦）”采用鄔可晶（2016:259–279）改釋意見。

其官有事，若無事，110乃有罪。111　　（《集成》，27）

（3）●凡占戰之道，必以戊戌之奇風，至於折木發室，蓢（飄）礫石，必戰111　　（《集成》，27）

《刑德》丙篇《地剛占》“戊戌日之風”是對劉邦、項羽彭城之戰時一場突起西北風的改寫（程少軒，2014:208–213），而《刑德》甲篇“戊戌奇風”則又是對丙篇《地剛占》的改編。彭城之戰時，劉邦被項羽圍困，借西北奇風脱險，且又來自西北，地支戌於式圖上位於西北方，對應“刑德小游圖”的西北奇宫，説明“奇”包涵非常和奇数兩方面的含義，基於此，甲篇徑稱之爲“戊戌之奇風”。這也使得甲篇對奇風多有强調，如“以奇風殺鄰”“凡占戰之道，必以戊戌之奇風”。《刑德》甲篇在“刑德小游圖”西北宫外注有“氣雲”二字，《刑德》乙篇將之併入宫中。“戊戌奇風”由先前的附注轉變成《刑德占》必不可少的組成部分，反映了該篇編纂者對“奇”十分重視。

帛書三類“奇”的核心思想是冀求通過數術手段固定變化無常的“奇”，以實現克敵取勝。前兩類“奇”與刑德直接相關，第三類與“刑德小游圖”有關，它們都需要在九宫圖上推演，這源於對古代軍陣的模擬。古代兵書以軍陣來安排“奇正”，如《玉海》卷一四〇引《司馬法》曰：“五人爲伍，五伍爲隊，萬二千五百人，爲隊二百五十。十取其三焉而爲奇，其餘七以爲正。四奇四正，而八陣生焉。”《司馬法》按九宫分配軍隊，與帛書《刑德》“刑德小游圖”九宫數切合。

在帛書《刑德》乙篇《刑德占》中只有神煞德可以進入中宫，刑被規定不可進入，中央二宫的奇正宫位實際只有圖形上的對稱作用。但是，這一做法並非一次爲之，而是經過了多次改編。在《刑德》甲篇《刑德占》中，刑德二神煞應該可以相合於中宫，但到了《刑德》乙篇《刑德占》中，則只允許德進入中宫。德，在古人心中被視爲陽，這和奇數爲陽的觀念一致。刑德小游刑德入中宫運行規則的改變，是術士運用餘奇思想改編甲篇《刑德占》的結果。

二、“奇正”與“制之以五行”

在早期兵書中，“奇正”的運用離不開五行理論。銀雀山漢簡《奇正》對“奇正”含義、形式和運用進行了論述，簡文摘録如下：

故善戰者，見適（敵）之所長，則智（知）其所短；見適（敵）之所不足，則智（知）一一八二其所有餘。見勝如見日月。其錯勝也，如以水勝火。刑（形）以應刑（形），正也；無刑（形）而裚（制）刑（形），奇也。一一八三奇正無窮，分也。分之以奇數，裚（制）之以五行，斱（鬭）之以□□。分定則有刑（形）矣，刑（形）定則有名一一八四【矣，□□□】則用矣。同不足以相勝也，故以異爲奇。是以靜爲動奇，失（佚）爲勞奇，飽一一八五爲飢奇，治爲亂奇，衆爲寡奇。發而爲正，其未發者奇也。奇發而不報，則勝一一八六矣。有餘奇者，過勝者也。一一八七

（《銀雀山漢墓竹簡（貳）》，2010:155）

“奇正無窮”主要表現在對軍隊正、奇人數的安排和部署。在分配軍隊奇、正部分時，還應參以五行，如此攻敵，方可制勝。和簡文“制之以五行”相類語句，亦見《鶡冠子・天權》：

兵有符而道有驗，備必豫具，慮必蚤定，下因地利，制以五行，左木，右金，前火，後水，中土，營軍陳士，不失其宜，五度既正，無事不舉。招搖在上，繕者作下。取法於天，四時求象：春用蒼龍，夏用赤烏，秋用白虎，冬用玄武。

“左木，右金，前火，後水，中土”即“制以五行”的内涵，指用五行理論指導軍事部署，换言之，軍隊作戰要順應五行。“五度”，《淮南子・兵略》云：“詘伸不獲五度”，許慎注：“獲，誤也。五度，五行也。”“五度既正”是説行事要合於五行。“招摇”代指北斗。“取法於天”指遵循天道，“四時求象”，吾世拱注：“求，就也，成也。象，蒼龍、赤鳥、白虎、玄武也。順用四時之象。”（《鶡冠子校注》，2014:339）本段引文是説，行軍作戰依據地形的同时，还要順應五行。而五行也是“道”外在的重要表現形式。

在式占材料中，帛書《刑德》丙篇《地剛占》也有類似“制以五行”之語，文曰：

凡用【斗】⧄□。紀剛（綱），首爲紀而12尾爲剛（綱）；【權衡，前爲權】而後而爲衡。此用斗之13大方也。故曰左青【龍而右】白虎，前丹蟲而後14玄武，招榣在上，韋□□下，乘龍戴斗，戰必勝15而攻（功）必取，善者從事下。16

（《集成》，59）

這段簡文除了個别用語外，與《鶡冠子・天權》强調内容相同，都要求與“道”保持一致，這在帛書《天地陰陽》中被視爲黄帝戰勝四帝的原因。此説明，“制之以五行”或“制以五行”應與兵陰陽有關，事實上，《漢書・藝文志》“兵權謀”小序“包陰陽”指兵陰陽，已經透露出“奇正”與兵陰陽關係密切。易言之，“奇正”的運用離不開占算。

另外，“奇正”與“奇倿”也有緊密聯繫，王念孫《讀書雜志・漢書第七・藝文

志・奇胲》云：“《説文》：‘奇侅，非常也。’《淮南子・兵略篇》：‘明於刑德奇賌之數’，即此所云‘奇賌、刑德’。又曰：‘明於奇賌、陰陽、刑德、五行、望氣、候星、龜策、機祥。’高注云：‘奇賌、陰陽，奇秘之要，非常之術。’《史記・倉公傳》：‘受其脉書上下經、五色診、奇咳術。’然則‘奇侅’者，非常也。‘侅’正字也，‘胲’‘咳’‘賌’皆借字耳。脉法之有五色診、奇胲術，猶兵法之有五音、奇侅，皆言其術之非常也。顔以‘奇胲用兵’四字連文，遂以‘胲’爲軍中約，不知軍中約之字自作‘該’，《説文》：‘該，軍中約也。’字從言，非奇胲之義。且‘奇’‘胲’二字同訓爲非常，若以‘胲’爲軍中約，則與‘奇’字義不相屬矣。”《説文》：“侅，奇侅，非常也”，段注：“‘奇侅’與今云‘奇駭’音義皆同”，也是非常之義。

“奇侅”一詞異文頗多，有“奇賌”“奇咳”“奇該”“奇胲”等。侅、賌、咳、該、胲諸字均从“亥”得聲，與从“亘”之字聲母皆屬牙喉音，韻母爲之蒸對轉。馬王堆帛書《老子》甲本“木强則恒”，北大漢簡本作“木强則核”。因此，“奇侅”當即“奇恒”。“奇恒”古醫書常見，如《黄帝内經・素問・病能論篇》云：“《奇恒》者，言奇病也。”于鬯《香草續校書・内經素問一》認爲：“奇恒，猶言變常也。”故“奇恒”就是“奇常”，即非常。又《史記・扁鵲倉公列傳》：“受其脉書上下經、五色診、奇咳數、揆度陰陽外變、藥論、石神、接陰陽禁書。”《正義》注：“《八十一難經》云：‘奇經八脉者，有陽維，有陰維，有陽蹻，有衝，有督，有任，有帶之脉。凡此八者，皆不拘於經，故云奇經八脉也。’”是“奇”與“經”相對，指異於尋常。“奇侅”和“奇正”表達相似，一字指非常，一字指常規，所强調的是非常之術。因此，把“奇侅”理解爲非常，是没有問題的。

《漢書・藝文志・數術略》“五行”類有《五音奇侅用兵》《五音奇胲刑德》之書，《淮南子・兵略》有“明於星辰日月之運，刑德奇賌之數，背鄉左右之便，此戰之助也”之語，是知“奇侅”與刑德術是相關聯的。“奇侅”謂非常，也是陰陽奇秘變化之關鍵，聯繫上面説的帛書刑德和“奇正”的關係，“奇侅”與“奇正”内涵應是相同的。

古代兵家運用“奇正”時要遵循五行理論，還要結合占卜，這是順應天道的體現。帛書將“奇正”融合在式法之中，是希望把“奇”固定，以掌握它出現的時機。帛書《刑德》的神煞刑德，由太陰化生，雖然此時太陰、刑、德之間的孳生關係初具形態，但這種不成熟的生成體系到《淮南子・天文》時就十分完善了。《天文》云“太陰所居，日德，辰爲刑”，據太陰所處甲子，可以快速推出刑、德所在地支和天干、方位，即太陰生刑、德之意。太陰又名天一、太一（馮時，2004:251-253），因此，刑德的運行反映了太一或天一的運行，同時説明，和刑德相關的“奇正”與太一也是緊密聯繫的。

招揺或北斗的運行被視爲天道或天數的代表。《淮南子 • 兵略》曰：“所謂天數者，左青龍，右白虎，前朱雀，後玄武”，許慎注：“此順北斗之銓衡也。”“銓衡”即權衡，《淮南子•齊俗》：“夫挈輕重不失銖兩，聖人弗用，而縣之乎銓衡”，劉文典（2013:444）注：“《群書治要》引‘銓’作‘權’。”“權衡”與北斗有關，見上引帛書《地剛占》第12—14行簡文。“順北斗之權衡”，是說行軍要順應北斗之運行。而北斗的運行又被認爲代表了太一的運行，如《淮南子 • 天文》說：“紫宫者，太一之居也。……紫宫執斗而左旋，日行一度，以周於天。”就是把北斗視爲太一的化身。而《靈樞經 • 九宫八風》則直接用太一一年中在諸宫居留日數來推算，這也可以證明北斗即太一的代表。

太一或北斗在式占中常常位於式盤的中央位置，即被認爲居於宇宙的中心，如阜陽夏侯竈漢墓的六壬式盤、太乙式盤便是其例。大將指揮奇兵、正兵，掌握餘奇部隊，位於軍陣中央，和太一居式盤中央相似。《握奇經》云：“四爲正，四爲奇，餘奇爲握奇。”杜牧闡述“握奇”作用說：“陣數有九，中心有零者，大將握之。”（《十一家注孫子校理》，2012:116）陣型按照九宫圖布置，四正宫爲正，正宫之兵爲正面作戰部隊；四維宫爲奇，奇兵負責實施機動突襲，而中央土宫是餘奇，爲主帥掌握，成爲影響戰局的關鍵因素。主帥“握奇”取勝，是作爲餘數的一（李零，2014:127-128），《鶡冠子 • 世兵》說：“昔善戰者舉兵相從，陳以五行，戰以五音，指天之極，與神同方，類類生成，用一不窮。明者爲法，微道是行。”運用“一”是善戰者取勝的原因，實際是把握了“道”，即“太一”[①]。因此，兵陰陽對“奇”的重視實質爲順應天道，其内在思想是對太一的崇拜[②]。

結　語

帛書《刑德占》對“奇”的强調應承自兵書，尤對《孫子兵法》“奇正”思想作了發揮。它是在兵書基礎上，融合數術原理進行改造，借助九宫圖使之神煞化。兵陰陽被認爲是兵家中的數術家，其把數術理論運用到軍事上，以此指導部隊作戰。既然兵陰陽與兵家、數術家均有關係，並且專門服務戎事，那麽其必然會受兵書影響。兵陰陽自身的性質决定了其與兵書難以割離，它們共同的服務對象也决定了它們之間必然會發生交融。這是兵陰陽體系自身發展和完善的重要過程。

①“太一”就是“道”，如《吕氏春秋 • 大樂》：“道也者，至精也，不可爲形，不可爲名，强爲之名，謂之太一。”

②太一與兵陰陽關係甚密，可參看李學勤（1991）、李零（1992）。

兵陰陽將數術理論運用到軍事上，其中自然包含了占卜測算内容，而“奇正”作爲一種非常之術，本身就變化莫測，不易把握。因此，將“奇”與程式化的占卜結合，成爲術士或兵家把握“奇”的最佳選擇。兵陰陽對“奇”的强調，包含了非常和奇數兩方面的含義，這從帛書三類“奇正”中就可以窺見。兵家認爲有餘奇纔可以取勝，實質是對至上神太一的崇拜，這也是古人宇宙觀的體現。

本文引書簡稱表：

《刑德》甲篇	《長沙馬王堆漢墓集成（伍）・刑德》甲篇	**帛書**	長沙馬王堆漢墓帛書
《刑德》乙篇	《長沙馬王堆漢墓集成（伍）・刑德》乙篇	**集成**	長沙馬王堆漢墓簡帛集成
《刑德》丙篇	《長沙馬王堆漢墓集成（伍）・刑德》丙篇		

參考文獻：

陳亞如　1993　《兵法奇正論證》，《軍事歷史研究》第1期

程少軒　2014　《馬王堆帛書“戊戌奇風”與楚漢彭城之戰》，《簡帛研究二〇一四》，廣西師範大學出版社。

馮　時　2004　《“太一生水思想”的數術基礎》，《新出簡帛研究》，文物出版社。

洪德榮　2019　《論兵學出土文獻中的“奇正”思想》，《諸子學刊》（第19輯），上海古籍出版社。

胡文輝　2000　《中國早期方術與文獻叢考》，中山大學出版社。

黄懷信　2014　《鶡冠子校注》，中华书局。

李　零　1992　《湖北荆門“兵避太歲”戈》，《文物天地》第3期。

李　零　2012　《兵以詐立——我讀〈孫子〉》（增訂典藏本），中華書局。

李　零　2014　《唯一的規則——〈孫子〉的鬥爭哲學》，生活・讀書・新知三聯書店。

李學勤　1991　《“兵避太歲”戈新證》，《江漢考古》第2期。

劉樂賢　2012　《簡帛數術文獻探論》（增訂版），中國人民大學出版社。

劉文典　2013　《淮南鴻烈集解》，中華書局。

裘錫圭（主編）　2014　《長沙馬王堆漢墓簡帛集成（伍）》，中華書局。

盛奇秀　1993　《奇正兵略研究》，《山東大學學報（哲社版）》第2期

鄔可晶　2016　《讀馬王堆帛書刑德、陰陽五行、天文氣象雜占瑣記》，《出土文獻研究》（第15輯），上海古籍出版社。

楊丙安　2012　《十一家注孫子校理》，中華書局。

銀雀山漢墓竹簡整理小組　2010　《銀雀山漢墓竹簡（貳）》，文物出版社。

Study on Jizheng (奇正) in *Xingde* (《刑德》) of the Mawangdui Silk Texts

He Lulu

Abstract: Jizheng (奇正) in *Xingde* (刑德) of Mawangdui silk texts refers to the

Palace of Jizheng (奇正宫), Calendar Spirits of Ji (神煞奇) and Wind of Ji (奇風) of the painting of the Daily Revolution of Xingde (刑德小游圖). The first two of them relate to the odd-even concept of ancient people, and the last one of them emphasizes unexpectedness, and all of them manifest themselves on the painting. The essence of silk texts' emphasis on *Ji* is to concretize the abstract *Ji* by means of numbers and techniques. *Jizheng* is not simply a disposition of forces, but also conformance to Wuxing in combination of divination, that is, conformance to the way of heaven. This is the ancients' pursuit of *Ji*, which originates from the worship of the supreme god Great One (太一), and reflects the outlook on the universe at that time.

Key words: Jizheng (奇正); School of the Millitary Yin-yang (兵陰陽); Numbers and techniques (數術); Cosmology

（賀璐璐，棗莊學院文學院　山東　277122）

北大漢簡《蒼頡篇》文字辨析兩則

陳松長　謝偉斌

摘　要：文章分別對北大漢簡《蒼頡篇》中第44號簡中的和第54號簡中的橧兩字的字形進行了重新隸定，並對其字義進行了辨析。我們認爲，簡文中的當隸定爲锫；橧字本是楣的訛寫，當直接隸定爲楣，它具體是指棟（即正中標條）左右兩側的標條。

關鍵詞：釋锫；釋楣；字形；字義

北大漢簡《蒼頡篇》是現在所知十餘種已刊布的漢代《蒼頡篇》簡牘殘本中保存狀況最好，文字最多，且最清晰的一個本子，因其文字是用相當成熟的八分隸書所抄寫，故文字的釋讀相對比較容易一些，但也許正是這種看上去比較容易辨識的隸書文字，却常常會被不經意地誤讀誤釋。這裏，我們僅就簡文中兩個文字的隸定和釋讀談談我們的認識。

一、釋锫

北大漢簡《蒼頡篇》簡44有如下文句：“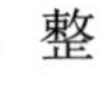域邸造，殚殒縠沓。”整理者在釋文中將“”隸定爲“梧”，並引用文獻《景福殿賦》注釋曰：“桁梧複疊。”李善注：“梧，柱也。”王念孫《疏證》：“或，域，國三字，古聲義並同。”認爲“梧域”或許與“柱國”有關，如《吕氏春秋・淫辭》“荊柱國莊伯”，高誘注：“柱國，官名，若秦之有相國。”（北京大學出土文獻研究所，2015:112）

胡平生先生早已指出，從訓詁學角度來看，整理者將“梧域”釋爲“柱國”是錯誤的，並且找不到類似的文例。因此，胡先生認爲“域”應讀爲“棫”，與“梧”一起，均指木材；“邸造”則表示建造邸舍的意思。“域邸造”，即使用梧、棫一類的木材建造邸舍[①]。

按，胡先生正確地指出“梧域”釋爲“柱國”是錯誤的，但其將“梧域”釋爲

①詳參胡平生《讀〈蒼〉札記九》，復旦大學出土文獻與古文字研究中心網站論文，2016年01月09日，http://www.fdgwz.org.cn/Web/Show/2721.

“梧棫”，在字形上是有問題的。其實，簡文中的“”就當參照陳劍的意見隸定爲“㹳”，而不宜釋爲“梧”[①]。

先看字形，“”右側爲“吾”，毫無疑問。關鍵在於左側偏旁的釋讀，將其與北大漢簡《蒼頡篇》中其他帶“木”的字進行比對後，可發現，“木”作爲偏旁時，上部横筆的兩端大都向上抬起，下部均爲一撇一捺。可以説，這種隸書的寫法直接源於小篆，但在將小篆構形進行平直化處理的時候，又多保留着篆書構形的筆意，具體字例見下表，但“”字左側的寫法完全不一樣，它的上部不是一横，而是由撇點兩筆構成，故兩端都没有向上抬起的筆意，而都是往下走的筆畫，而且其下部也不是一撇一捺，而是明顯的一横（見表1），因此，此字不宜釋爲“梧”，而應該隸定爲“㹳”：

表1　北大漢簡“木”旁字形表

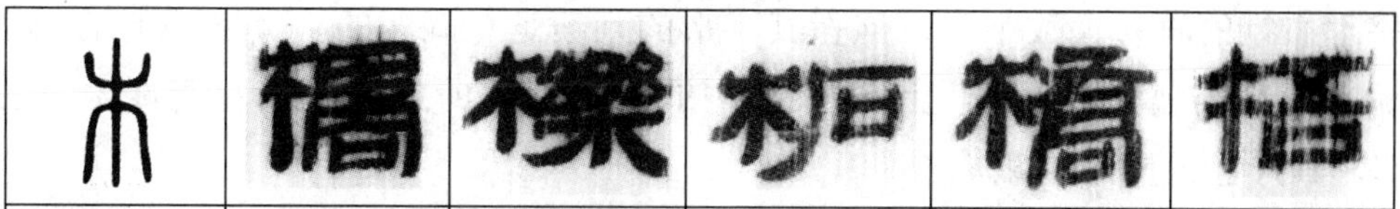

小篆 木	簡16 橘	簡34 櫟	簡34 柘	簡54 橋	簡44 㹳

或以爲“㹳”與“牾”字形相近，故此字或可讀爲“牾”。其實，“牛”與“午”的寫法在北大漢簡《蒼頡篇》中也是有明顯區别的（見表2）。從表中可以看出，“牛”字上部横筆的兩端也是向上抬起的，而下部均爲一横。就是在上下結構字中的“牛”字看上去好像是簡化成了兩横筆，但上面一横的兩端還是可以明顯看出向上筆意的。而“午”的寫法則明顯不同，或者可以説相差甚遠。從筆意和構形來看，簡47號中的“許”右側的“午”，就與“”字中的“午”相差無幾。因此，我們完全可以斷定：“”左側從“午”，該字應釋爲“㹳”。

表2　北大漢簡帶“牛”“午”字形表

帶“牛”					帶“午”	
簡47 牴	簡56 犀	簡56 犛	簡68 牝	簡 68 牡	簡47 許	簡44 㹳

①參見陳劍《北大漢簡〈蒼頡篇〉釋文商榷》，復旦大學出土文獻與古文字研究中心網論壇“學術討論”版塊，2015年11月14日，http://www.fdgwz.org.cn/forum/forum.php?mod=viewthread&tid=7733.

二、釋楣

北大漢簡《蒼頡篇》簡54有如下文句：“桴樇榱檖，柱枅橋梁。”整理者對樇字的注釋如下：

> 樇，即《説文》“楣”字也，其字形與《説文》中小篆楣字形近。《爾雅·釋宫》：“楣謂之梁。”郭璞注：“門户上横梁。”又《説文》：“楣，秦名屋櫋聯也。齊謂之檐，楚謂之梠。”即屋椽之横木。又《禮記·鄉射禮》：“序則物當棟，堂則物當楣。”鄭玄注：“是制五架之屋也。正中曰棟，次曰楣，前曰庪。”則此楣是指五架之屋正中大梁前後次一級的梁架。（北京大學出土文獻研究所，2015:122）

整理小組的解釋大致不誤，但對其字形的判斷是有問題的，簡文中的這個字其實就是楣字的隸書寫法，而不是因與小篆中的楣字形近所致。樇字左側從木，右側的“𥇛”，其形體就應隸定爲眉。

眉，《説文》：“目上毛也。从目，象眉之形，上象頟理也。”《説文新證》（季旭昇，2010:258）早已指出其謬誤：“甲骨文從目，上象眉毛之形。金文則在目上加畫一道眉綫，然後在眉綫上加畫毛形，眉毛的味道更明顯。《説文》誤把毛形分離，釋爲‘象頟理’（就是額頭上的皺紋），不可從。”

表3　眉字字形演變

甲骨文			金文		小篆
京津2082 合3198	拾14.3合8265	佚484合28377	夆簋 西周中期 集成4331	小臣言□簋 西周早期 集成4238	説文解字

按，從表3可知，“眉”爲象形字，甲骨文中的“眉”從目，在眼睛上方畫的兩折筆，明顯是表示眉毛。金文中的“眉”，則是在甲骨文眉字基礎上，在表示眉毛的符號下方加了一畫綫，以便更好地區分眉毛與睫毛。而小篆字形在甲骨、金文基礎上發生訛變：小篆“眉”中的即爲眼睛，即爲眉綫，而則爲眉毛。眉綫與眉毛本爲一個整體，以金文爲例，寫作。而小篆中二者分開，表示眉毛的旋轉變成了，眉綫前後兩端也被拉長，最終變成。其實，在簡帛文獻中所寫的“眉”，大多是在金文形體之後的繼續訛變（見表4）。

表4　眉字結構對比

睡日甲	睡日乙	阜陽蒼	馬王堆帛書繫	北大蒼	小篆
媚		楣			眉

從表中帶眉的字形來看，小篆眉中的⺁曾訛寫作𠃜，與尸類似。如上舉睡虎地秦簡《日書》甲、乙本中的“媚”字，阜陽漢簡和馬王堆帛書《繫辭》中的“楣”字都是如此。我們知道，《説文》“尸，陳也。象卧之形”，即象人側卧之形，顯然與眉綫的本義相差甚遠，當是書寫時訛變所致，北大漢簡中的寫法亦如此。

小篆中的︽，或許由於其甲骨、金文中的符號與“人”類似，故在睡虎地秦簡中，既有分開寫作“仌”，也有連寫類似“大”者。馬王堆漢簡和阜陽漢簡中，甚至還可簡寫爲一個“人”。北大簡中寫成的“土”形，當爲“大”字之訛：簡文中與之類似的字形就有脊字（見表5）。脊字的上方既有連寫也有分寫，與眉類似。此外，北大簡的文字書寫中，許多曲筆多作平直化處理，故脊就曾被誤讀爲青（參看張存良，2021:109-110）。由此推之，北大簡中的︽本應連筆寫似“大”，因爲書手寫作習慣的原因將其訛變成了“土”。因此，北大漢簡中所隸定的“楕”字就是“楣”字的訛寫，就應當直接隸定爲“楣”。

表5　眉字︽寫法訛變

					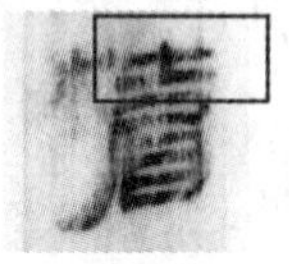
睡日甲	睡法	北大蒼	小篆	睡日乙	北大蒼
脊			眉	媚	楣

再看“楕”的釋義，整理者似乎也不確定，引用三段材料給出了三種解釋：1.《爾雅·釋宫》：“楣謂之梁。”郭璞注：“門户上橫梁。”2.《説文》：“秦名屋櫋聯也。齊謂之簷，楚謂之梠。”即屋椽端之橫木。3.《儀禮·鄉射禮》：“序則物當棟，堂則物當楣。”鄭玄注：“是制五架之屋也。正中曰棟，次曰楣，前曰庪。”則此楣是指五架大屋正中大梁前後次一級的梁架。

首先，若要理解楣指何物，必須先明確古人所謂的梁是指何種建築構件。古人所指的梁與今人所指的梁並不是同一概念：今人所指的梁是指與柱連接的橫向承重構件，絶大多數是與建築的進深方向平行[①]。古人所指的梁，應當包括今人之檁[②]、梁等在内的所有横向承重構件：

> 楣謂之梁……宲廇謂之梁，其上楹謂之棁。（郭璞，1980:2597-2598）
>
> 楣，眉也，近前若面之有眉也。（刘熙，1985:80）

古人稱“楣”和“宲廇”爲梁，取横互意[③]，表示横向承重構件，與梁的本義相近。然而宲廇上可承棁，即童柱，是進深方向的横向構件。因此，宲廇無疑是今人所指之梁。而楣，通眉，猶如建築正面有眉。因此，楣爲面闊方向的横向構件。

再看整理者對楣的解釋，大致可概括爲兩類：第一種據郭璞注，楣是特指建築大門上方的横梁，出土明器中常見（圖1）。在文獻中多與門連用，如《漢書》：“曲陽侯根驕奢僭上，赤墀青瑣，孟康曰：‘以青畫户邊鏤中，天子制也。’如淳曰：‘門楣格再重，如人衣領再重，裏者青，名曰青瑣，天子門制也。’”青瑣即裝飾門窗的青色花紋，用它裝飾門楣，故門楣又引申爲門第；第二種據鄭玄注，楣與棟爲同類性質構件。棟又指脊檁，即爲木結構屋架上面最高的一根横木，俗稱大梁，故楣亦當爲檁條。

回到簡文中的“桴楯榱椙”來看，桴、榱、椙均爲屋頂上的建築構件：桴即棟，榱即椽，椙即簷。若楣指門上横梁，則位于屋頂之下，與行文邏輯相背。故可知楣是與棟一樣的建築構件，也就是位于棟兩側的面闊方向的横向構件。此外，棟與楣常在禮制文獻作爲禮制活動地點的標志出現，如“序則物當棟，堂則物當楣”“北面當楣再拜”等。

通過文獻和磚壁畫，還可復原出由桴、楣、榱、椙組成的屋面結構（圖2）：五架之屋，指屋面有五個檁條的屋子。其正中間的檁曰棟，即桴，前後兩側的檁曰楣，楣兩側承托屋簷的檁曰庪，檁上鋪榱。

参考文獻：

[漢]班固撰　[唐]顔師古注　1962　《漢書》，中華書局。

[漢]劉　熙　1985　《釋名》，中華書局。

[漢]王逸章句　[宋]洪興祖補注　2005　《楚辭章句補注》，吉林人民出版社。

北京大學出土文獻研究所　2015　《北京大學藏西漢竹書（壹）》，上海古籍出版社。

---

①古建築的平面長邊爲寬，短邊爲深。建築物的寬稱面闊，即指平行於檁的方向，且同一直綫上相鄰兩根簷柱中心綫間的水準距離。進深指建築物縱深各間的長度，即位于同一直綫上相鄰兩柱中心綫間的水準距離。

②架在房梁上托住椽子的横木。

③參見《經義述聞》第二十三《爾雅》：“楣謂之梁，宲廇謂之梁，是横者謂之梁也。”（《爾雅》又曰“堤謂之梁”，亦取横互之義）

陳桐生（譯注）　2013　《國語》，中華書局。
河南博物院　2002　《河南出土漢代建築明器》，大象出版社。
季旭昇　2010　《説文新證》，福建人民出版社。
阮元校刻　1980a　《儀禮注疏》，中華書局。
阮元校刻　1980b　《爾雅注疏》，中華書局。
張存良　2021　《北大漢簡〈蒼頡篇〉釋文商兑》，伏俊璉主編《寫本學研究》（第1輯），商務印書館。

圖1　門楣（河南博物院，2002）

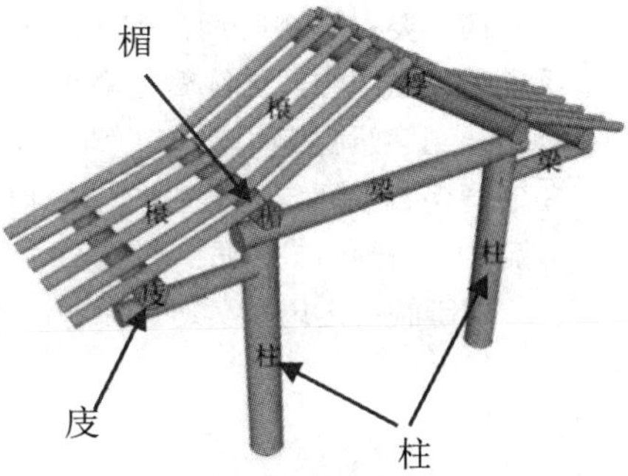

圖2　五架之屋結構（謝偉斌繪）

Analysis of Two Characters in *Cangjiepian* (《蒼頡篇》) of the Peking University Han Bamboo Slips

Chen Songchang & Xie Weibin

Abstract: This paper clerically transcribes anew the character [illegible] in No.44 slip and the character 棈 in No.54 slip in *Cangjiepian* (《蒼頡篇》) of the Peking University Han bamboo slips, and analyzes their semantic meanings. In the slip texts, [illegible] should be clerically transcribed as wu (牾); 棈 is meant to be a corruption of mei (楣) and should be clerically transcribed as mei (楣) directly，which refers to purlins to both sides of the ridge beam.

Key words: Interpretation of wu ([illegible]) ; Interpretation of mei (棈); Graphic form of a character; Semantic meaning of a character

（陳松長，謝偉斌　湖南大學嶽麓書院/“古文字與中華文明傳承發展工程”協同攻關創新平臺　湖南　410082）

試論走馬樓吴簡“守録”簡及相關問題：148-165，2023（01）

試論走馬樓吴簡“守録”簡及相關問題*

盧　玲　陳榮傑

摘　要：三國時期，戰事頻繁，前方戰場需要充足的糧食供應。吴簡中保存了許多軍糧調配的記録，守録簡是嘉禾二年四、五月份一次臨時性的緊急軍糧調配的記録。“守録”一詞意爲保存、保管。調配程序爲鄉吏從鄉調配米先交給比伍、月伍、歲伍保管，在他們保管期間，若發生虧損由他們自己補足，待保管的米達到一定數量之後交給丘的負責人屯田帥和魁，再運往前綫，以保證前方戰場的糧食供應。

關鍵詞：走馬樓吴簡；守録；軍糧調配

關於走馬樓吴簡（下簡稱“吴簡”）軍糧調配問題，已經有不少的研究成果。王素（2004:75）《漢末吴初長沙紀年》分析了在征討武陵蠻夷期間，兵曹集結出船師將軍用物資運送到武陵前綫以滿足戰事需要。羅新（2001:170）認爲吴簡中的“督軍糧都尉”是節度系統的屬官，在發運軍糧的重大行動中，先要由中央的節度系統發文到地方（郡縣），且有專人負責監督其執行，而“督軍糧都尉”就是負責監督執行的那個人。侯旭東（2006:182-185）《吴簡所見“折咸米”補釋——兼論倉米的轉運與吏的職務行爲過失補償》復原了孫吴節度系統，即：右節度——督軍糧都尉——倉曹（掾、史）——（郡）州中倉（吏）——（縣）三州倉（吏）。戴衛紅（2010:204、212）在此基礎上綜合考查了節度府的設置和職責、邸閣儲存軍糧的功用以及邸閣官員負責軍糧調配的問題，進一步將孫吴在戰時的節度系統復原爲：（左、右）節度府——督軍糧都尉——州中邸閣左、右郎中——三州邸閣郎中，並認爲臨湘侯國雖然不在戰事前沿，却是重要的糧草供給基地。以上關於軍糧調配問題的研究充分表現了孫吴在攻打武陵蠻夷中對作戰物資的需求，但這些研究主要利用的是早期公布的吴簡資料，所涉及的均是常規的軍糧調配問題。在新刊布

*本文是國家社科基金“冷門絶學”項目（19VJX119）、中央高校基本科研業務費重點項目（SWU1909024）、國家社科基金重大項目（21&ZD295）的階段性成果之一。

的《吴簡肆》《吴簡伍》《吴簡陸》《吴簡柒》[①]中出現了非常規的軍糧調配簡文，我們稱之爲“守録”簡。凌文超（2015:58）認爲“守録”即守衛、管領。徐雪（2020:66-67）分析“主簿”這一職官時利用守録的簡文認爲主簿的職責是記録出入米的情況。耿曉晴（2021:107）歸納了守録簡的格式，並認爲守録簡爲賬簿簡，是記録從某鄉中調取米，由主簿或勸農掾等發放給某丘某人。以上成果多是在相關研究中涉及守録簡，學界尚未見系統研究守録簡的成果。故我們在時賢研究成果的基礎上，對這批簡進行分析研究，發現守録簡應爲孫吴戰時臨時性的緊急軍糧調配的記録簡。不足之處敬請方家指正。

一、“守録”的含義

據統計，“守録”簡出現在《吴簡肆》《吴簡伍》《吴簡陸》《吴簡柒》中，凡64見，其中《吴簡陸》出現的次數最多，計34見。根據“守録”簡出現的相關内容可以將其分爲3類，即入米簡、出米簡和統計簡[②]。由於部分簡文殘斷，現列完整簡文如下：

出入米簡：

（1）出平鄉元年雜米十一斛𠷂嘉禾二年五月十九日勸農掾蔡□付□丘大男石莴守録▨ （《肆》4005）[③]

（2）出平鄉元年雜米六十斛𠷂嘉禾二年四月廿九日勸農掾蔡忠付周

---

①“吴簡”表示走馬樓吴簡，漢字“肆”“伍”“陸”“柒”“玖”分别表示竹簡册数，即《長沙走馬樓三國吴簡・竹簡［肆］》2011年、《長沙走馬樓三國吴簡・竹簡［伍］》2018年、《長沙走馬樓三國吴簡・竹簡［陸］》2017年、《長沙走馬樓三國吴簡・竹簡［柒］》2013年、《長沙走馬樓三國吴簡・竹簡［玖］》2019年，文物出版社。

②外審專家指出應利用揭剥位置示意圖、区位圖等信息展開守録簡的復原工作。出土簡牘復原整理研究若能够利用相關考古發掘信息，是最理想、科學的方法。我們在最初整理守録簡時，首先考慮到利用揭剥位置示意圖等考古信息嘗試進行復原，但對守録簡全面搜集研究後發現利用揭剥位置示意圖等進行復原是非常困難的。理由如下：一、守録簡發掘時擾亂嚴重，現公布相關材料散見於《吴簡肆》《吴簡伍》《吴簡陸》《吴簡柒》四卷中，且屬於不同的區位。僅《吴簡陸》相關簡屬於Ⅱ—b區，但相關揭剥位置示意圖中守録簡的簡面均朝下，没有構成一個簿書的條件。二、現公布守録簡殘損嚴重，如《吴簡伍》中相關簡牘共18枚，除《吴簡伍》95外，其餘17枚簡均殘損非常嚴重。三、守録簡的形制差别較大，如外審專家提到的（75）-（89）這十餘枚簡，有些簡較寬，如《吴簡陸》2299、《吴簡陸》2302等；有些簡較窄，如《吴簡陸》2306、《吴簡陸》2312等。故目前尚很難利用揭剥位置示意圖等考古信息對守録簡進行復原。考慮到這批簡很特殊，且具有重要的歷史信息，故我們嘗試從簡牘格式角度進行分類集成，並在此基礎上嘗試探討相關歷史問題。

③括號内爲所引簡文簡號，即該簡的出版編號。

陵丘大男菍苲區曲守録若折咸□▨　　（《肆》4320）

（3）出平鄉……限米□斛𡗗嘉禾二年四月十八日勸農掾蔡忠付□丘比伍烝□守録若▨　　（《肆》4321）

（4）出小武陵鄉嘉禾元年新吏限米十一斛一斗𡗗嘉禾二年四月一日勸農掾蔡忠付木㇏丘歲伍□守録若□▨　　（《肆》4331）

（5）出平鄉元年雜禾十八斛四斗𡗗嘉禾二年四月十八日勸農掾蔡忠付舍田丘大男廖□守録　　（《肆》4348）

（6）出平鄉元年雜米四斛𡗗嘉禾二年五月六日勸農掾蔡忠付東丘大男番狼守録若折咸▨　　（《伍》95）

（7）出桑鄉嘉禾元年私學限米十一斛二斗五升其七石二斗五升□米其四石米𡗗嘉禾二年四月七日主簿郭宋付夫與丘大男黄干守録　　（《陸》2306）

（8）出桑鄉嘉禾元年税禾米六斛其三石五斗米其二石五斗禾𡗗嘉禾二年四月十七日主簿郭宋付夫與丘大男李猬守録　　（《陸》2312）

（9）出桑鄉嘉禾元年租禾米十六斛八斗五升其五斛五斗米其十一斛五升𡗗嘉禾二年四月十八日主簿郭宋付度上丘大男鄧狗守録（《陸》2313）

（10）出桑鄉嘉禾元年租米四斛五斗𡗗嘉禾二年四月十九日主簿郭宋付區丘大男黄□□□守録　　（《陸》2316）

（11）出桑鄉嘉禾元年租禾米十二斛其五斛米其七斛禾𡗗嘉禾二年四月十八日主簿郭宋付區丘大男潘□守録　　（《陸》2317）

（12）出桑鄉□□□子弟限米十七斛其二石五斗米其十四石五斗禾𡗗嘉禾二年四月十八日主簿郭宋付□丘大男潘□守録　　（《陸》2320）

（13）出桑鄉二年租米十斛𡗗嘉禾二年四月十八日主簿郭宋付□□丘大男谷著守録　　（《陸》2322）

（14）出桑鄉嘉禾二年私學限米十三斛五斗𡗗嘉禾二年四月十七日主簿郭宋付租下丘大男谷箸守録　　（《陸》2430）

（15）出□鄉嘉禾元年佃吏限米七斛五斗𡗗嘉禾二年四月□日主簿郭宋付□丘殷□守録　　（《陸》4360）

（16）出桑鄉嘉禾元年佃吏限米廿二斛五斗𡗗嘉禾二年四月十六日主簿郭宋付音溲丘大男黄高守録　　（《陸》4372）

（17）出桑鄉嘉禾元年租米廿斛六斗𡗗嘉禾二年四月廿二日主簿郭宋

付何丘大男由牧守録　　　　　　　　　　　　　　　　（《陸》4383）

（18）出桑鄉嘉禾元年租米六斛八斗畢嘉禾二年四月廿二日主簿郭宋付上佳丘大男黄利守録　　　　　　　　　　（《柒》139）

入米簡：

（19）入桑鄉嘉禾元年佃吏限米三斛畢嘉禾二年四月十三日鄉吏劉平付桐丘男子李馬守録折咸馬自備　　　　　（《陸》4386）①

（20）入桑鄉嘉禾元年佃吏限米十斛畢嘉禾二年四月十六日鄉吏劉平付度□丘男子鄧狗守録折咸狗自備　　　　（《陸》4385）②

（21）入桑鄉嘉禾元年佃吏限禾五斛畢嘉禾二年四月十六日勸農掾□付桐丘男子李馬守録折咸馬自備　　　　（《陸》4376）③

（22）入桑鄉……斛畢嘉禾二年四月廿二日主簿郭宋付夫與丘大男黄困守録　　　　　　　　　　　　　　　（《陸》4377）

（23）入桑鄉嘉禾元年租米六斛畢嘉禾二年四月十六日鄉吏劉平付賀丘男子朱華守録折咸華自備　　　　　　　（《陸》4364）

（24）入桑鄉嘉禾元年租禾十九斛畢嘉禾二年四月十六日鄉吏劉平付夫與丘男子黄困守録折咸困自備　　　　　（《陸》4355）④

（25）入桑鄉嘉禾元年租米六斛畢嘉禾二年四月十六日鄉吏劉平付何丘男子由改守録折咸改自備　　　　　　（《陸》2435）

（26）入□鄉□年米一斛八斗畢嘉禾二年四月十七日平鄉勸農掾□□付□丘大男黄利守□☑　　　　　　　　　（《肆》4886）

（27）入桑鄉元年限米六十二斛畢嘉禾二年四月廿一日勸農蔡忠付□□丘□伍朱劉潘□守録若□☑　　　　　　（《肆》4877）

【注】“農”下脱“掾”字。

（28）入平鄉領傳丘嘉禾元年限米□一斛七斗畢嘉禾二年四月十五

①該枚簡整理者整理的釋文爲“六平”，雖字迹不清，根據“守録”簡中出現的鄉吏的姓名來看，應是“劉平”，今改。

②據圖版，第一個“嘉禾二年”應爲“嘉禾元年”，字形爲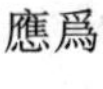，“斛”前一字可釋爲“十”，字形爲，今改。

③據守録簡的記賬時間，此簡“四月十六日”前的“嘉禾元年”當爲“嘉禾二年”，今改。

④據圖版，“東鄉”應爲“桑鄉”，字形爲，筆畫清晰，應爲“桑”字，今改。

日鄉吏蔡□□□□守録若⍁　　（《肆》4334）①

以上出米簡和入米簡格式基本相同，我們以相同的部分爲基礎，將守録簡中的出入米簡格式歸納爲：出/入+禾/米的類型+禾/米的數量+合同符號+記賬時間+勸農掾/鄉吏/主簿某+付+某丘某人+守録（+若折咸某自備）。

統計簡：

（29）其六斛租米付何丘大男由改守録　　（《陸》2436）

（30）其□斛新吏限米付何丘大男由改守録　　（《陸》2438）

（31）其九斛租米付夫與丘大男黄囷守録　　（《陸》4368）

（32）其十斛佃吏限米付度上丘大男鄧狗守録　　（《陸》4380）②

（33）其三斛佃吏限米付桐丘大男李馬守録　　（《陸》4381）

（34）其五斛佃吏限禾付桐丘大男李馬守録　　（《陸》4389）③

（35）其十九斛租禾付……大男黄囷守録　　（《陸》4390）④

（36）其三斛五斗五升租米付園丘大男文從守掾　　（《柒》50）⑤

（37）其五十一斛七斗魁劉齊守録　　（《伍》1523）

（38）其二百七十斛屯田帥廖□守録　　（《伍》6444）

（39）·右嘉禾元年租禾廿六斛米廿三斛五斗五升合卌九斛五斗五升付園丘歲伍文從守録　　（《陸》4384）⑥

（40）右嘉禾□年……三斛合十八斛付度丘桐丘月伍鄧狗大男李馬守録　　（《陸》4388）

統計簡中，前 10 枚爲分類統計簡，後 2 枚爲總計簡。以相同的部分爲基礎，可將其格式歸納如下：

分類統計簡：其+禾/米的數量+禾/米的類型+付+某丘某人+守録。

總計簡：右+年份+禾/米的類型+禾/米的數量+合+總數量+付+某丘某人+守録。

---

①原釋文爲“嘉禾三年四月十五日”，據圖版，“嘉禾三年”的“三”當是“二”之誤，字形爲，今改。

②據吴簡分類統計簡體例，這枚簡“十斛”前脱“其”字，爲了便於行文，現將其補上。

③據圖版，該簡文中的“米”字應爲“禾”字，字形爲，今改。

④據圖版，該簡文中的“米”字應爲“禾”字，字形爲，上面的一撇是自右上至左下，且右上没有一點，應爲禾字，今改。

⑤此簡“守掾”應爲“守録”，詳參“二、‘守’和‘守視’”的相關討論。

⑥據圖版，“丘”字前一字可釋讀爲“園”，字形爲，“文”字後面的字可釋讀爲“從”，字形爲，雖然模糊，但可以看到左邊爲雙人旁，右邊構件與《吴簡·陸》中“從”字右邊構件相同，如、，可釋爲“從”，今改。

李均明（2005:135）將吴簡中出米簡的格式歸納爲：支出方+支出物品+數量+支出所依據的官方憑證+支出用途（被供給物件、消耗物品總量與定量）+具體支付時間及接受人（通常以“付”字表示），據李先生觀點，“付”字後面就是接受人。侯旭東（2006:2—12）歸納的入米簡的格式爲：入鄉名＋納入米各類＋數量＋胄畢（同文）＋年月日＋丘名＋身份＋姓名＋關閣某＋付倉吏某。我們在參考二位先生觀點的基礎上，整理歸納吴簡入米簡的基本格式爲：入+某鄉+（年號）+米的類型+米的數量+（胄畢）+合同符號+記賬時間+某丘某人+關邸閣某+付+倉吏某受；吴簡中米的分類統計簡的格式爲：其+禾/米的數量+付+某收/領。通過將守録簡的格式與吴簡入米簡格式相比較發現：守録簡的格式基本吻合吴簡入米簡格式，不同之處在於吴簡入米簡末尾爲“受”，而守録簡末尾爲“守録”，守録簡中的“守録”與入米簡中的“受”位置相同，亦應爲行爲動作，即“守録”應爲動詞。

傳世文獻“守録”一詞僅見《魏書·盧同傳》：“臣伏思黄素勳簿，政可粗止奸僞，然在軍虚詐，猶未可盡。請自今在軍閲簿之日，行臺、軍司、監軍、都督各明立文按，處處記之，斬首成一階已上，即令給券，一紙之上，當中大書，起行臺、統軍位號，勳人甲乙。斬三賊及被傷成階已上，亦具書於券，各盡一行，當行豎裂。其券前後皆起年號日月，破某處陳，某官某勳，印記爲驗。一支付勳人，一支付行臺。記至京，即送門下，别函守録。”王東洋（2008:44-45）指出盧同建議將勳券送至門下省審核，是因爲北朝的門下省地位較高，權限較大，常常參决尚書奏事，有一定的封駁權。相對南朝而言，北朝軍功文書官吏制度更完善，措施更得當，軍隊、尚書吏部和門下省均參與了管理過程，形成了互相監督、層層糾彈的機制。徐美莉（2011:46）認爲“記至京，即送門下，别函守録”是强調門下省的監督權，這裏的“記”是指文按（案）和勳券，文按（案）和勳券交付門下省，作为門下省行使監督職責的憑證。門下省可以就所保存之文按（案）、勳券驗證尚書省奏案。可知，“别函守録”指的是門下省的監督審核權，即對勳券和文按進行審核、存檔。“守録”義爲存檔、保管。

通過以上將守録簡與吴簡出入米簡的格式相比對，參考僅見於《魏書》中的“守録”之含義，我們認爲吴簡“守録”爲動詞，義爲“保存、保管”。

在這些出入米簡中，出現了“若折咸某自備”的字樣，這裏的“若”當解釋爲“如果”。關於“折咸米”，王子今和侯旭東都曾對其進行過解釋，王子今（2001:75）認爲“咸”即“减”的俗字，“折咸米”就是“折减米”。侯旭東（2006:186）肯定了王子今的觀點，並從倉米的轉運和吏的職務過失補償進一步進行了解釋，侯先生不僅從傳世文獻中找到了關於物資管理出現誤差要賠償的規定，還從出土文獻中找到了例證，如《張家山漢簡》中的“二年律令”規定“效案官及縣料而不備者，負之”“出實多於律程，及不宜出而出，皆負之”，並指出孫吳以後許多朝代的法律都有類似的規定。侯先生認爲簡文中出現的“備”體現了孫吳政權對管理過失的追究制度，是對各種吏的職務過失行爲的補償，這種責任追究制可追溯到秦代，孫吳繼承了前代的規定。由此可見，守録簡中保管米的大男同樣要承擔守録的米若折減需補足的責任。

二、“守”和“守視”

在研讀吴簡時，我們發現有一些簡文與守録簡出米格式基本相同，共 11 例，現列完整簡文如下：

（41）出桑鄉嘉禾元年租米三斛其一石佃吏米/其二石租米𠔉嘉禾二年四月十六日鄉吏劉平付夫與丘男子黄囷守　（《陸》2299）

（42）出桑鄉嘉禾元年租米四斛五斗其一石五斗佃吏米/其三斛租米𠔉嘉禾二年四月十六日鄉吏劉平付何丘男子由□守　（《陸》2302）①

（43）出桑鄉嘉禾元年私學限米廿斛𠔉嘉禾二年四月十六日鄉吏劉平付露丘男子烝杲守　（《陸》3045）②

（44）出桑鄉嘉禾元年佃吏限禾米合八斛其三石米/其五石禾𠔉嘉禾二年四月十六日鄉吏劉平付桐丘男子李馬守　（《陸》3041）

（45）出桑鄉嘉禾元年佃吏限米卌斛□斗九升𠔉嘉禾二年四月廿日鄉吏劉平付度上丘鄧狗守　（《陸》4378）③

（46）⧄桑鄉嘉禾元年佃吏限米七斛𠔉嘉禾二年四月十六日鄉吏劉平付度上丘男子鄧狗守　（《陸》2307）

其格式可歸納爲：出+禾/米的類型+禾/米的數量+合同符號+記賬時間+勸農掾/鄉吏/主簿某+付+某丘某人+守。這些簡的格式與上述守録簡格式基本相同，應是守録簡的省略，表達的意義應和守録簡相同，“守”義爲保存、保管。

《吴簡伍》中另出現了兩例與“守録”分類統計簡格式類似的簡文，見下：

（47）•其卅六斛爲禾□昌鄉監農（？）長民王勉（？）守視□⧄　（《伍》1732）

①該枚簡原釋文爲“嘉禾二年正月”，據圖版，“正”字應釋爲“四”，圖版爲 ，今改。
②該簡中第二個“嘉禾”後原釋文爲“元”，字形爲 ，據字形和釋文當釋作“二”，今改。
③據圖版，“鄧”字後應釋爲“狗”，字形爲 ，今改。

（48）其□准米卅斛稱□區諱□備胡圭所换中倉僦付王勉守視
（《伍》1744）

《漢語大詞典》“守視”：“看護、守衛。《後漢書 • 城陽恭王祉傳》：‘以皇祖、皇考墓爲昌陵，置陵令守視。’北齊顔之推《顔氏家訓 • 歸心》：‘時復旱儉，飢民盜田中麥，思達遣一部曲守視，所得盜者，輒截手腕，凡戮十餘人。’”故上揭兩例“守視”應與吴簡“守録”意義相近。

此外，《吴簡柒》中出現了一例較爲特殊的“守掾”簡，即《吴簡柒》50“其三斛五斗五升租米付園丘大男文從守掾”。其書寫格式與守録簡中的分類統計簡相同：

（49）其三斛五斗五升租米付園丘大男文從守掾　（《柒》50）
（50）其九斛租米付夫與丘大男黄困守録　（《陸》4368）
（51）其十斛佃吏限米付度上丘大男鄧狗守録　（《陸》4380）
（52）其三斛佃吏限米付桐丘大男李馬守録　（《陸》4381）

《吴簡柒》50中“掾”的字形爲，吴簡中其他“掾”字的寫法爲、，《吴簡柒》50“掾”圖版雖不是很清晰，但右邊的構件與吴簡中其他“掾”字的右邊構件相同。吴簡中“録”的字形通常爲、，“録”字右邊的構件與“掾”字右邊的構件極爲相似，但仍有一定的區别，故此處恐不是整理者誤釋。

該簡中“付”的對象爲“園丘大男文從”，園丘文從在守録簡中也有出現，如《吴簡陸》2429“出桑鄉……米□斛五斗五升𡸁嘉禾二年四月十六日鄉吏劉平付園丘男子文從守”，故《吴簡柒》50和《吴簡陸》2429“付”的對象應是同一人。《吴簡柒》50的“守掾”與分類統計簡中的“守録”處在相同的語法位置上，我們上面分析“守録”爲動詞，但據文獻“守掾”應爲職官名。沈小仙（2017:32）：“掾，一般爲吏員的長官通稱，如公府掾、倉曹掾、督郵掾之類。”東漢李君碑碑陰：“陽嘉二年，十二月丁卯朔。文學主事掾鄭廉、史杜遂及五棠、守掾李位、羊寵、范前，月令掾彭祉、師王伯……”守掾和主事掾、月令掾等職官名相並列，可知這裏的“守掾”應是一種職官。吴簡中“掾”也同樣是一種職官，吴簡多見屯田掾、録事掾、勸農掾、市掾、丞掾等，如《吴簡玖》1762“☑其二斛郡屯田掾利焉所貸黄龍三年☑”。“守掾”在吴簡中僅此一例，與表示“保存、保管”義的“守録”“守視”處於相同的語法位置，故我們認爲此“守掾”簡應也是守録簡，“掾”極可能是書手誤書“録”所致（爲方便討論，下文將“掾”改釋爲“録”）。

三、守録簡相關信息分析

守録簡中出入米簡有明確記賬年份的有47例，圖版不清晰未釋出年份的有1例。其中44例爲嘉禾二年，2例爲嘉禾三年，1例爲嘉禾元年。嘉禾三年的簡爲：“入平鄉領傳丘嘉禾元年限米□一斛七斗𦈡嘉禾三年四月十五日鄉吏蔡□□□□守録若☑（《肆》4334）”和“……斛𦈡嘉禾三年□月廿二日鄉吏蔡忠付大男□□守録若折咸□□☑。”（《肆》4341）《吴簡肆》4334之“三年”，據圖版，“三”應是“二”之誤，其字形爲，顯爲兩横劃。《吴簡肆》4341之“三年”圖版不清晰，從守録簡出現的年份看恐是“二年”之誤。嘉禾元年的簡爲：“入桑鄉嘉禾元年佃吏限禾五斛𦈡嘉禾元年四月十六日勸農掾□付桐丘男子李馬守録折咸馬自備。”（《陸》4376）據圖版，“四月十六日”前確爲“元年”，根據守録簡其他簡的記賬時間看極可能是“二年”之誤。故我們認爲守録簡的記賬年份應在嘉禾二年。

簡文中有明確月份的有45例，其中42例爲四月，2例爲五月，1例爲正月，即《吴簡陸》2302：“出桑鄉嘉禾元年租米四斛五斗其一石五斗佃吏米其三斛租米𦈡嘉禾二年正（？）月十六日鄉吏劉平付何丘男子由□守。”整理者在“正”字後加“（？）”，表示釋爲“正”不確定。“正”圖版爲，《吴簡陸》“正”的寫法爲、，其上端横畫乾净利落，没有向下彎的趨勢，而此簡“月”前一字最上面一筆顯有右下彎的趨勢，故不應釋爲“正”字。這種向下彎的趨勢却很符合《吴簡陸》中“四”的寫法，字形如、，再結合此簡“四斛”之“四”的寫法爲，“正”應釋爲“四”字。未釋出具體月份的有3例，其中一例整理者釋爲“十□月”，即《吴簡肆》4315“……嘉禾□□十□月十三日鄉吏蔡忠付□□丘大男□□守録若禾折咸□☑。”從圖版來看，“嘉禾”兩字到“月十三日”四字之間僅有三個字的墨迹，雖模糊不能釋出具體的月份，但此處的月份應是單數，不可能是十幾月，從守録簡出現的月份看可能是四月或五月。綜上，守録簡的記賬時間當爲嘉禾二年四月、五月。

據《三國志・吴書・吴主傳》，黄龍三年二月，孫權“遣太常潘濬率衆五萬討武陵蠻夷”，至嘉禾三年冬十一月“太守潘濬平武陵蠻夷，事畢，還武昌”。嘉禾二年正是討伐武陵蠻夷戰事的關鍵時期。王素（2004:75）曾根據嘉禾二年部分簡文討論過要兵曹集結船師將軍用物資運到武陵前綫。戴衛紅（2010:204）認爲臨湘侯國雖然不在戰事前沿，却是重要的糧草供給基地。可見，長沙郡作爲戰爭的大後方，需要提供充足的軍糧供應。

我們統計了吴簡賦税簡繳納米的時間，嘉禾元年的米繳納時間主要在嘉禾元年秋冬季，嘉禾二年的米繳納時間主要在嘉禾二年秋冬季。守録簡的入米時間是在嘉禾二年四、五月份，顯然不太可能是正常的賦税繳納，且其格式與賦税入米簡的格式亦有不同，賦税入米簡末尾是“倉吏某某受”，而守録簡末尾是“某某守（録若折咸某自備）”。考慮到嘉禾二年正值攻打武陵蠻夷的關鍵時期，我們認爲守録簡應是前方軍糧不足，大後方臨湘侯國臨時緊急征調糧食以運往前綫的真實記録。

吴簡出入米簡格式雖有些相似，但兩者性質不同，而在守録簡中，出米簡和入米簡的格式除了前面之“出”和“入”的區别外，其他部分完全一致。鄉吏、主簿和勸農掾作爲“付”的主體，一位鄉吏一天既辦理出米又辦理入米，並且付給不同丘之人，鄉吏等應該是經手人。如：

（53）入桑鄉嘉禾元年租米六斛𠄘嘉禾二年四月十六日鄉吏劉平付何丘男子由改守録折咸改自備（《陸》2435）

（54）入桑鄉嘉禾元年租禾十九斛𠄘嘉禾二年四月十六日鄉吏劉平付夫與丘男子黄囷守録折咸囷自備（《陸》4355）

（55）入桑鄉嘉禾元年租米六斛𠄘嘉禾二年四月十六日鄉吏劉平付賀丘男子朱華守録折咸華自備（《陸》4364）

（56）出桑鄉嘉禾元年私學限米廿斛𠄘嘉禾二年四月十六日鄉吏劉平付露丘男子烝杲守（《陸》3045）

（57）出桑鄉嘉禾元年租米三斛其一石佃吏米 其二石租米𠄘嘉禾二年四月十六日鄉吏劉平付夫與丘男子黄囷守（《陸》2299）

上揭簡文中的鄉吏劉平在嘉禾二年四月十六日這天辦理了桑鄉的入米和出米，付的對象有何丘由改、夫與丘黄囷、賀丘朱華、露丘烝杲，可見，鄉吏劉平不是替自己或他人繳納米，他只是辦理出入米的經手人。

守録簡中“付”的主體官吏有3位——蔡忠、郭宋、劉平，他們的職官名有主簿、鄉吏和勸農掾，蔡忠即是勸農掾又是鄉吏，劉平是鄉吏，郭宋是主簿。通過統計吴簡中他們3人的任職情况發現，蔡忠還擔任過屯田掾、縣吏、典田掾，參與的事件有收責財用錢、代繳米、詣求石厚金如等書、逐捕叛卒、發遣答言、料校部界生子處居等；劉平還擔任過縣吏、郡吏、勸農掾，職責爲代繳米、代繳布、代繳皮；郭宋還擔任過勸農掾、鄉吏，參與了收責逋錢、追捕叛吏、詭責粢租、隱核户籍等。關於主簿，凌文超（2014:59）認爲吴簡中的主簿主要是負責檢驗文書簿籍。徐雪（2020:66-67）進一步指出吴簡中的主簿主要出現在出米守録簡中，職責爲記録出米情况；其次出現在君教文書中，君教文書中的主簿爲縣置，負責文書簿籍省察工作。主簿是各級機構通用職官，主管文書簿籍，故吴簡之主簿是縣置掌簿書記録省察之官，在諸文書職官中，地位較高，位於掾史之上。徐暢（2016:35、45）認爲三國孫吴的鄉吏多接受上級的派遣，參與複雜或臨時性事務的處理。勸農掾只是臨湘侯國部署巡查各鄉的廷掾的一個職位名目，他們的職責是在縣諸曹指揮下，處理鄉部内的非常規事務，只是每次外派駐鄉時，名目不同，或稱勸農掾，嘉禾五年以後，傾向於以典田掾稱之。孫聞博（2021:85–87）認爲勸農掾、典田掾是縣派出的在鄉工作的縣吏，又泛稱鄉吏，具有因事差遣屬性。綜上，劉平和蔡忠所參與的事件並不固定，因事差遣。從我們統計郭宋在吴簡中的任職情況來看，他同劉平、蔡忠一樣，應都是縣廷下派處理特殊事務的官吏，並非單一地負責文書簿籍的省察工作，而他在守録簡中的職責也並非是記録出米情況，其職責當與蔡忠、劉平職責相同，都爲經手人。

守録簡的經手者主簿、鄉吏和勸農掾的職官因事而設的性質，且他們經手的時間非常短，多集中在嘉禾二年四月十三日至五月初，也説明守録簡應是嘉禾二年間一次臨時性的緊急軍糧調配記録。

據戴衛紅（2010:212）復原的孫吴在戰時的節度系統，即：（左、右）節度府——督軍糧都尉——州中邸閣左、右郎中——三州邸閣郎中，常規的軍糧調配程序複雜，從民衆陸續將糧食交到三州倉，再由三州倉運送到州中倉，督軍糧都尉才能在州中倉調取糧食，這個程序需要花費很長的時間。但前方戰場正是作戰的關鍵時期，急需充足的糧食供應，不可能坐等這一系列程序完成後再將軍糧送到前綫。而守録簡所收集的米不經三州倉和州中倉，直接由因事而設的鄉吏等負責在各鄉收米，達到一定數量後直接運往前方戰場，大大縮短了糧食運往前綫的時間，效率更高。

四、臨時的軍糧調配程序

吴簡守録簡既然是一次臨時性的緊急軍糧調配記録，那麽，其調配程序是怎樣的呢？下面據現公布的守録簡嘗試對其調配程序進行復原。

通過對守録簡簡文的分析，我們發現守録簡的入米簡有相對應的統計簡，舉例如下：

（58）入桑鄉嘉禾元年租米六斛𡬷嘉禾二年四月十六日鄉吏劉平付何丘男子由改守録折戚改自備　（《陸》2435）

（59）其六斛租米付何丘大男由改守録　（《陸》2436）

（60）入桑鄉嘉禾元年佃吏限禾五斛𡬷嘉禾二年四月十六日勸農掾□付桐丘男子李馬守録折戚馬自備　（《陸》4376）

（61）其五斛佃吏限禾付桐丘大男李馬守録　（《陸》4389）

（62）入桑鄉嘉禾元年佃吏限米三斛𡬷嘉禾二年四月十三日鄉吏六平

付桐丘男子李馬守録折咸馬自備　　（《陸》4386）

（63）其三斛佃吏限米付桐丘大男李馬守録　　（《陸》4381）

（64）入桑鄉嘉禾元年租禾十九斛☰嘉禾二年四月十六日鄉吏劉平付夫與丘男子黄困守録折咸困自備　　（《陸》4355）

（65）其十九斛租禾付……大男黄困守録　　（《陸》4390）

（66）入桑鄉嘉禾元年佃吏限米十斛☰嘉禾二年四月十六日鄉吏劉平付度□丘男子鄧狗守録折咸狗自備　　（《陸》4385）

（67）其十斛佃吏限米付度上丘大男鄧狗守録　　（《陸》4380）

（68）入桑鄉……斛☰嘉禾二年四月廿二日主簿郭宋付夫與丘大男黄困守録　　（《陸》4377）

（69）其九斛租米付夫與丘大男黄困守録　　（《陸》4368）

最後一組入米簡米的數量不清晰，但從守録者“夫與丘大男黄困”看極可能是相對應的。這6組簡文中，入米簡都有相對應的統計簡，無論是米的數量還是米的類型都互相對應，這應該不是巧合，在未發現或殘斷的竹簡中可能也存在這樣的情況。因此，入米簡下的分類統計簡應是另一簿籍中該入米簡的分類統計。

上述情況僅有1組特例，即：

（70）出桑鄉……米□斛五斗五升☰嘉禾二年四月十六日鄉吏劉平付園丘男子文從守　　（《陸》2429）

（71）⧄其三斛五斗五升租米付園丘大男文從守録　　（《柒》50）

《吴簡陸》2429開頭的“出”字原圖版不清晰，似難釋讀爲“出”，而中間米的數量部分，據圖版可釋讀爲“三斛五斗五升”，恰好和統計《吴簡柒》50相對應。

我們發現在守録簡中出現了一位大男出米的數量是他入米數量之和，見下：

（72）入桑鄉嘉禾元年佃吏限米三斛☰嘉禾二年四月十三日鄉吏劉平付桐丘男子李馬守録折咸馬自備　　（《陸》4386）

（73）入桑鄉嘉禾元年佃吏限禾五斛☰嘉禾二年四月十六日勸農掾□付桐丘男子李馬守録折咸馬自備　　（《陸》4376）

（74）出桑鄉嘉禾元年佃吏限禾米合八斛其三石米 其五石禾☰嘉禾二年四月十六日鄉吏劉平付桐丘男子李馬守　　（《陸》3041）

上揭《吴簡陸》4386和《吴簡陸》4376的數量加起來恰好是《吴簡陸》3041的數量，且米的類型也完全相合，《吴簡陸》3041應是前兩枚入米簡的詳細記録。

因此，我們推測守録簡的管理應非常嚴格，不僅入米簡要記載清楚具體守録人，而且出米簡也要詳細記載入米簡的相關信息。男子李馬守録的入米簡時間爲嘉禾二年四月十三日和十六日，出米簡的時間爲嘉禾二年四月十六日。其中有一筆入米和出米發生在同一天，足見速度之快、時間之緊。這從一個側面也説明守録簡是一次臨時的、緊急的軍糧調配記録。

《吴簡陸》3041中“其三石米其五石禾”圖版爲雙行小字，守録簡中出現這種雙行小字的簡文還有以下幾枚簡：

（75）出桑鄉嘉禾元年租米三斛其一石佃吏米 其二石租米〓禾二年四月十六日鄉吏劉平付夫與丘男子黄囷守 （《陸》2299）

（76）出桑鄉嘉禾元年租米四斛五斗其一石五斗[佃吏]米其三斛租米〓嘉禾二年四月十六日鄉吏劉[平]付何丘男子由□[守] （《陸》2302）

（77）出桑鄉嘉禾元年私學限米十一斛二斗五升其七石二斗五升□米其四石米〓嘉禾二年四月七日[主簿]郭宋付夫與丘大男黄干守[録] （《陸》2306）

（78）出桑鄉嘉禾元年税禾米六斛其三石五斗米 其二石五斗禾〓嘉禾二年四月十七日主簿郭宋付夫與丘大男李猬守録 （《陸》2312）

（79）出桑鄉嘉禾元年租禾米十六斛八斗五升其五斛五斗米 其十一斛五升〓[嘉禾二年]四月十八日主簿郭宋付度上丘大男鄧狗守録 （《陸》2313）

（80）出桑鄉嘉禾元年租禾米十二斛其五斛米 其七斛禾〓嘉禾二年四月十八日主簿郭宋付區丘大男[潘]□[守録] （《陸》2317）

（81）出桑鄉□□□子弟限米十七斛其二石五斗米其十四石五斗禾〓嘉禾二年四月十八日主簿郭宋付□丘大男潘□守録 （《陸》2320）

（82）出桑鄉嘉禾元年佃吏限禾米合八斛其三石米 其五石禾〓嘉禾二年四月十六日鄉吏劉平付桐丘男子李馬守 （《陸》3041）

（83）出桑鄉嘉禾元年新吏限米廿二斛八斗其十石三斗禾其十二石五斗米〓嘉禾二年□月廿九日鄉吏劉平付[夫與]丘□□守 （《陸》4354）
①

（84）⍁限禾米卌斛五斗其十二斛禾其廿八斛五斗米〓嘉禾二年四月十九日主簿郭宋付平丘□□郭□守録 （《陸》4356）

（85）出桑鄉嘉禾元年……[斛]三[斗]其一石佃吏限米 其二石六斗二升禾□□二石六斗八升〓嘉禾二年四月廿日鄉吏劉平付阿丘谷衆守 （《陸》4370）

---

①前文已論述，此處將“桑鄉二年”改爲“桑鄉嘉禾元年”。

上揭11枚簡和《吴簡陸》3041一樣，米的數量處都有雙行小字説明米的構成，即“其……米，其……禾”，這些簡應也是某些入米簡的詳細記録。由於吴簡是搶救性發掘，可能還有一些竹簡没有被發掘，而發掘出來的守録簡中也有殘斷的，故導致上揭11枚出米簡無相應的入米簡與之相匹配。

在統計簡中，也發現有數量關係相合的情况。如：

（86）其十斛佃吏限米付度上丘大男鄧狗守録　（《陸》4380）

（87）其三斛佃吏限米付桐丘大男李馬守録　（《陸》4381）

（88）其五斛佃吏限米付桐丘大男李馬守録　（《陸》4389）

（89）右嘉禾□年……三斛合十八斛付度丘桐丘月伍鄧狗大男李馬守録　（《陸》4388）

最後一枚統計簡付的對象是鄧狗和李馬，米的數量是十八斛，恰好是第一、二、三枚簡米數之和，且米的類型相同，這説明，最後一枚簡是前三枚簡的總計簡，結合前面所列入米簡和分類統計簡的對應關係可以看出《吴簡陸》4388是鄉吏劉平付給大男李馬和鄧狗守録的米的總計簡。

此外，在統計簡中還出現了兩枚米的數額較大的簡，即：

（90）其五十一斛七斗魁劉齊守録　（《伍》1523）

（91）其二百七十斛屯田帥廖□守録　（《伍》6444）

這兩枚簡可能是大男守録匯總之後的另一簿書的分類統計簡。吴簡中出現過兩個關於魁的稱謂，即里魁和丘魁。李均明（2008:266、269）指出吴簡常見丘之負責人稱爲帥。佃吏、佃帥當包含丘帥之類，或許還包括屯田帥，里魁是諸里的負責人，西漢稱里正，東漢改名爲里魁。孫聞博（2011:274-275）指出：“秦漢時期的里吏由於是里中居民各項情况的真正了解者，故在賦税徵收、徭役分派及案件調查等事務中往往扮演着重要角色，是必不可少的參與與執行人員。”連先用（2017:305）認爲“丘魁”並非一職，“魁”仍爲“里魁”之義。可見，魁和屯田帥都是里丘的負責人。

守録簡中“付”的對象除了上述的魁和屯田帥之外還有比伍、歲伍、月伍、大男、男子、丘民。孫聞博（2011:279）認爲“比伍”與“伍人”含義相同。沈剛（2013:174-177）認爲“伍”是設置管理丘這一新生基層單位的官吏。吴簡中的“歲伍”和“月伍”都是新出現的丘的管理者。二者分工不同，“歲伍”主要管理丘中的民户，“月伍”負責土地管理，有時還要負責代繳本丘居民的賦税。徐暢（2016:50）也認爲“歲伍”“月伍”等是比鄉更基層的管理者。于振波（2004）、高敏（2006）、李恒全（2013）等認爲大男是十五歲以上的成年男性。守録簡中“付”的對象還有一種身份爲丘民，除了《吴簡伍》187“□年四月……廿日己（？）丘民謝仁守録”外，還有兩枚簡也應是丘民，即《吴簡伍》6712“元年□米六斛……民謝兒守録”和《吴簡伍》6836“☑□民黄□守録☑”，根據守録簡中出現的“付”的對象身份推測這兩枚簡中“守録”的主語應也是“丘民”。僅從稱謂看，大男和丘民都屬於普通民衆，守録簡中大男和丘民却可以與比伍、歲伍等丘的管理者共有“守録”的權力。

我們發現在以下幾枚簡中出現了同一丘同一人名却有不同的稱謂。如：

（92）出桑鄉……米三斛五斗五升〓嘉禾二年四月十六日鄉吏劉平付園丘男子文從守　　（《陸》2429）

（93）☑其三斛五斗五升租米付園丘大男文從守録　　（《柒》50）

（94）・右嘉禾元年租禾廿六斛米廿三斛五斗五升合卌九斛五斗五升付園丘歲伍文從守録　　（《陸》4384）

（95）出桑鄉嘉禾元年租禾米十六斛八斗五升其五斛五斗米 其十一斛五升嘉禾二年四月十八日主簿郭宋付度上丘大男鄧狗守録　　（《陸》2313）

（96）其十斛佃吏限米付度上丘大男鄧狗守録　　（《陸》4380）

（97）右嘉禾□年……三斛合十八斛付度丘桐丘月伍鄧狗大男李馬守録　　（《陸》4388）

文從在守録簡中多次出現，所屬丘均爲園丘，如上揭《吴簡陸》2429、《吴簡伍》50和《吴簡陸》4384，且此三枚簡米的數量中均有三斛五斗五升，這三枚簡極可能是内容上有關聯的簡，故“園丘男子文從”“園丘大男文從”和“園丘歲伍文從”應爲同一人。

鄧狗在守録簡中共出現6例，其中5例所在丘爲度上丘，僅1例爲度丘，即《吴簡陸》4388，該簡中“度”字後一字不清晰，整理者將其釋讀爲“丘”，字形爲，但從寫法看，此字與下面“桐丘”之“丘”字寫法不同（字形爲），“度”字後一字的上部横畫與長横之間的距離近，而“丘”的中間的横畫與下横畫距離較遠，從該簡中字與字之間的距離看，“度”字下一字也不可釋爲“丘”，“度”字與其下字之間的字距爲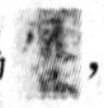，該簡中“桐”與“丘”的字距爲，縱觀整枚簡的字距都是字字分明的，並没有出現字與字之間重合的情況，因此該簡中“度”字下一字恐不可釋爲“丘”。此字却與守録簡中“上”字的寫法相似，如《吴簡陸》4378“上”爲，《吴簡陸》4380“上”爲，故《吴簡陸》4388“度”下一字恐釋爲“上”字。該簡“度上”與“桐”共用一“丘”字。吴簡有不少類似的省略情

况，如《吴簡柒》3247“都中鄉領今年粢租米一百五十斛四升四合”，“都鄉”和“中鄉”省寫爲“都中鄉”；又如《吴簡陸》188“小武陵西鄉領雜租米□一斛五斗六升八合”，“小武陵鄉”和“西鄉”省寫爲“小武陵西鄉”。且如上文所述，《吴簡陸》4388米的數量恰好是鄧狗和李馬守録米的數量之和。《吴簡陸》4388應爲“度上丘月伍鄧狗”和“桐丘大男李馬”。故“度上丘大男鄧狗”和“度上丘月伍鄧狗”應爲同一人。

由此可見，文從和鄧狗的身份不是普通民衆，而是歲伍、月伍，上面所討論的丘民恐與大男一樣，僅表明該人與某丘的所屬關係及年齡性别，守録簡中“付”的對象應爲月伍、比伍、歲伍這類比鄉更基層的管理者。

綜合以上分析，我們試復原出守録簡的基本流程如下：

(98) 入桑鄉嘉禾元年佃吏限米三斛𠕋嘉禾二年四月十三日鄉吏六平付桐丘男子李馬守録折咸馬自備　（《陸》4386）

(99) 其三斛佃吏限米付桐丘大男李馬守録　（《陸》4381）

(100) 入桑鄉嘉禾元年佃吏限禾五斛𠕋嘉禾二年四月十六日勸農掾□付桐丘男子李馬守録折咸馬自備　（《陸》4376）

(101) 其五斛佃吏限禾付桐丘大男李馬守録　（《陸》4389）

(102) 出桑鄉嘉禾元年佃吏限禾米合八斛其三石米其五石禾𠕋嘉禾二年四月十六日鄉吏劉平付桐丘男子李馬守　（《陸》3041）

(103) 入桑鄉嘉禾元年佃吏限米十斛𠕋嘉禾二年四月十六日鄉吏劉平付度□丘男子鄧狗守録折咸狗自備　（《陸》4385）

(104) 其十斛佃吏限米付度上丘大男鄧狗守録　（《陸》4380）

(105) 右嘉禾□年……三斛合十八斛付度丘桐丘月伍鄧狗大男李馬守録　（《陸》4388）

(106) 其五十一斛七斗魁劉齊守録　（《伍》1523）

(107) 其二百七十斛屯田帥廖□守録　（《伍》6444）

這次臨時性的緊急軍糧調配記録的基本格式可歸納如下：

入+某鄉+年號+禾/米的類型+禾/米的數量+合同符號+入米時間+鄉吏/勸農掾/主簿某+付+某丘某人+守録（若折咸某自備）

其+禾/米的數量+禾/米的類型+付+某丘某人+守録

出+某鄉+年號+禾/米的類型+禾/米的數量+合同符號+出米時間+鄉吏/勸農掾/主簿某+付+某丘某人+守録（若折咸某自備）

右+年號+禾/米的類型+禾/米的數量+付+某丘某人+守録

其+禾/米的數量+魁/屯田帥某+守録

綜上，此次臨時性的緊急軍糧調配程序爲勸農掾等因事而設的官吏從各鄉調米先交給各鄉下各丘的比伍、月伍等保管，在他們保管期間，米若發生虧損由他們自己補足，守録的米達到一定數量之後再交給丘的負責人魁和屯田帥保管，然後再運往前綫，以保證前方戰場的糧食供應。但從現有的材料看，魁和屯田帥與比伍、月伍等只具有守録職責，而未見其運輸職責。因此，魁和屯田帥可能也只是對比伍、月伍守録米的匯總。現有守録簡中尚未見具體的運輸者，我們推測可能是由船師等負責運輸。這種臨時性的軍糧調配情況的記録在吴簡中目前僅見於守録簡，在傳世文獻中更是罕見，對之進行研究可補充、豐富相關史料之缺。

參考文獻：

阿部幸信　2011　《長沙走馬樓吴簡所見的調——以出納記録的檢討爲中心》，《吴簡研究》（第3輯），中華書局。

成都文物考古研究所　2012　《成都天府廣場東御街漢代石碑發掘簡報》，《南方民族考古》（第8輯），科學出版社。

戴衛紅　2010　《長沙走馬樓吴簡中軍糧調配問題初探》，《簡帛研究二〇〇七》，廣西師範大學出版社。

高　敏　2006　《吴簡中所見“丁中老小”之制》，《新鄉師範高等專科學校學報》第3期。

耿曉晴　2021　《〈長沙走馬樓三國吴簡·竹簡[陸]〉地名整理與研究》，西南大學碩士學位論文。

侯旭東　2006　《吴簡所見“折咸米”補釋——兼論倉米的轉運與吏的職務行爲過失補償》，《吴簡研究》（第2輯），崇文書局。

侯旭東　2006　《長沙三國吴簡三州倉吏“入米簿”復原的初步研究》，《吴簡研究》（第2輯），崇文書局。

李均明　2005　《走馬樓吴簡會計用語叢考》，《出土文獻研究》（第7輯），上海古籍出版社。

李均明　2008　《長沙走馬樓吴簡所反映的户類與户等》，《華學》（第9、10輯），上海古籍出版社。

連先用　2017　《吴簡所見臨湘“都鄉吏民簿”里計簡的初步復原與研究——兼論孫吴初期縣轄民户的徭役負擔與身份類型》，《簡帛研究二〇一七》（秋冬卷），廣西師範大學出版社。

羅　新　2001　《吴簡中的“督軍糧都尉”簡》，《歷史研究》第4期。

凌文超　2014　《走馬樓吴簡舉私學簿整理與研究——兼論孫吴的占募》，《文史》（第2輯）。

凌文超　2015　《新見吴簡私學木牘文書考釋》，《簡牘學研究》（第6輯），甘肅人民出版社。

李恒全　2013　《從走馬樓吴簡看孫吴時期的口算與徭役》，《南京農業大學學報》第2期。

孫聞博　2011　《走馬樓吴簡所見鄉官里吏》，《吴簡研究》（第3輯），中華書局。

孫聞博　2021　《從鄉嗇夫到勸農掾：秦漢鄉制的歷史變遷》，《歷史研究》，2021年第2期。

沈　剛　2013　《長沙走馬樓三國竹簡研究》，社會科學文獻出版社。

沈小仙　2017　《古漢語職官詞訓釋與研究》，浙江大學出版社。

王　素　2004　《漢末吴初長沙紀年》，《吴簡研究》（第1輯），崇文書局。

王　素　宋少華　羅　新　1999　《長沙走馬樓簡牘整理的新收穫》，《文物》第5期。

王子今　2001　《走馬樓“折咸米”釋義》，何雙全主編《國際簡牘學會會刊》（第3號），蘭臺出版社。

徐美莉　2011　《從熙平二年盧同上書看北魏後期軍功賞賜制度》，《甘肅民族研究》第2期。

徐　暢　2016　《走馬樓簡所見孫吴勸農掾再研究》，《文史》（第1輯）。

徐　暢　2016　《走馬樓簡所見孫吴“鄉勸農掾”的再研究——對漢晉之際鄉級政權的再思考》，《文史》（第1輯）。
徐　雪　2020　《〈長沙走馬樓三國吴簡 · 竹簡[柒]〉職官稱謂語研究》，西南大學碩士學位論文。
于振波　2004　《走馬樓吴簡中的限米與屯田》，《中國社會科學院研究生院學報》第1期。

Discussion on the Shoulu (守録) Slips of *Zoumalou Wu Bamboo Slips* and Related Problems

Lu Ling & Chen Rongjie

Abstract: During the Three Kingdoms period, wars erupted frequently, so the front line needs adequate food supplies. Many records of the allocation of military provisions were kept in Wu bamboo slips, and the shoulu (守録) slips were a temporary record of urgent allocation of military provisions in April and May of the 2nd year of the Jiahe Era. The word shoulu means preservation and custody. The process of allocation begins with officials of township allocating rice from the town to Biwu (比伍), Yuewu (月伍) and Suiwu (歲伍) for safe keeping. They will compensate for any loss in their custody, and then deliver it to the head of Qiu (丘), the Commander of Agricultural Garrison and the Chief of Qiu after the stock of rice reaching a certain amount. Finally, these provisions will be transported to the front line to ensure the food supply.

Key words: *Zoumalou Wu bamboo slips*; Shoulu (守録); Allocation of military provisions

（盧玲，陳榮傑　西南大學漢語言文獻研究所　重慶　400715）

《諸子徙信　燕趙璽印》札記（四則）：166-170，2023（01）

《諸子徙信　燕趙璽印》札記（四則）*

張一方

摘　要：本文對《諸子徙信　燕趙璽印》中幾枚璽印的釋文提出自己的觀點：一、將原釋文爲“喜丞”的“”，改釋爲“产（尉）喜”；二、將原釋文爲“飢”的“”讀爲“軌”；三、將原釋文爲“餂”的“”，改釋爲“餲”；四、將原釋文爲“罠”的“”，改釋爲“罩（淖）”。

關鍵詞：《諸子徙信　燕趙璽印》；戰國璽印；私璽

《諸子徙信　燕趙璽印》（以下簡稱《徙信》）爲吴振文、胡立鵬先生藏戰國璽印選，由河北省稍可軒博物館主編出版，共收録戰國璽印126枚，爲戰國時期璽印的研究提供了十分豐富的材料。本文主要是對幾枚璽印的釋文提出自己的觀點，以就方家之證。

一、产（尉）喜

《徙信》第114頁收録一枚方形橋鈕戰國陽文私璽，見下圖：

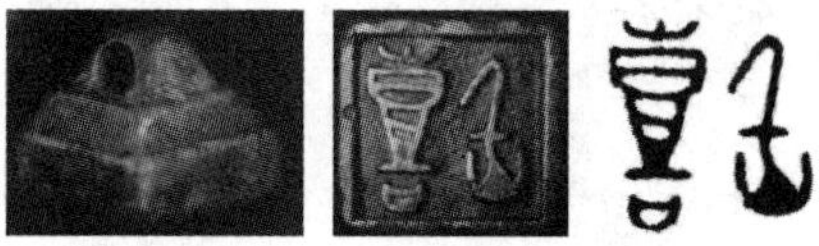

釋文作：喜丞。

按：首字“”又見於《璽彙》0889“”。“”應釋爲“产”，讀爲“尉”，作姓氏。此枚璽印應從右往左讀，釋爲“尉喜”。于省吾（1979:17-19）、吴振武（1999:117-121）、大西克也（2003:331-346）、李家浩（2004:23）、馮勝君（2007:124）等對“”做過詳細説解，均將此字釋作“产”，爲从“人”从“山”之形，表示人在山上，後引申爲人處於危險之中，讀爲“危”。李家浩（2004:23）

*本文寫作過程中蒙得程燕師、王磊師兄的指導以及匿名審稿專家提供寶貴的建議，謹致感謝！本文受“古文字與中華文明傳承發展工程”協同攻關創新平臺安徽大學漢字發展與應用研究中心資助。

又提出，璽印中“危”讀爲“尉”。《通志・氏族略六》（2009:198）：“尉氏，鄭大夫尉翩之後。”

二、春軌

《徙信》第126頁收録一枚方形橋鈕戰國陽文私璽，見下圖：

釋文作：旾（春）飢。

按：“”可分析爲从“食”“九”聲，疑爲“簋”之異體，讀爲“軌”。《説文》：“簋，黍稷方器也，从竹从皿从皀。，古文簋，从匚飢；，古文簋，或从軌；，亦古文簋。”段注：“，各本作从匚飢，飢非聲也，从匚，从食，九聲也。”“”所从之“几”乃“九”之訛形。《世本》所載“魯桓公，姬姓，名軌”是此枚私璽人名作“軌”之證。黄德寬（2017:614）將“”（《珍秦齋藏印・戰國篇》48）隸定爲“飢”，作“簋”之異體字形。

另，《徙信》250頁收的一枚璽印爲，釋文作“賈鄭”，應是排版時疏漏，放錯位置，釋文改作“椁/槨（郭）飢（軌）”。

三、䜌（欒）奇餲

《徙信》第138頁收録一枚方形橋鈕戰國陽文私璽，見下圖：

釋文作：䜌（欒）奇餂。

按：“”字形新見，整理者釋爲“䜌”。但細審其形，從未見“䜌”所从的“糸”作“”，本文暫將其作爲未識字。

“”左上部从“”，與“五”的形體不同，“五”的古文字形多作“”（《包山》15），“”（《包山》266），未有其中加一斜筆之形。檢戰國璽印中有一枚私璽作（《璽彙》2352），左側从“食”之字與上文討論之字形相似，因此，我們懷疑此字可釋爲“餲”。“曷”及从“曷”之字在戰國文字中作：

曷　《璽彙》1536

渴　《清華五・厚父》5　《集成》9735　《璽彙》1303

歇　《璽彙》1900

對於“曷”字形的分析，王磊（2019:179–186）做過詳述，引文如下：

> 鄔可晶先生（2018:173）指出，右下寫作 、 的部件，是“匃”筆畫粘、雜糅的結果，基本是正確的。不過鄔先生認爲 、 等“是由 、 兩種‘匃’的簡體糅合而成的，‘ ’形筆畫爲彼此公用”，則稍嫌曲折。據A中“渴”第三字的寫法（ ），我們認爲， 等形應直接視作“亡”（ ）、“刀”（ ）的結合，至於 等形，衹是將“亡”“刀”形體略加變化，寫作“ ”“ ”而已。

通過字形比較，不難發現“ ”與戰國文字常見的“曷”形體有别，但由《璽彙》1303的“渴”所从“ ”來看，不排除有進一步簡省的可能，以致裏面的叉形只剩一斜筆。因此，我們懷疑“ ”極有可能就是“餲”，用作人名。

四、罩（淖）瘖

《徙信》第150頁收録一枚方形橋鈕戰國陽文私璽，見下圖：

釋文作：罝瘖。

按：戰國文字中“良”及从“良”之字作：

良　《集成》09443　《信陽》2・03　《包山》218

莨　《璽彙》2293

根　《集成》10176

“卓”及从“卓”之字作：

卓 《集成》02831 天卜 天卜《楚系》[①]

綽 《璽彙》2920 《璽彙》5575 《上博八·蘭賦》3

趠 《集成》02730 《三晉》一五六·二一[②]

“”上作“”，與“卓”上部所从“”“”“”“”的幾無區別（僅有的區別在於飾筆是點還是横，但這不影響這兩個形體的釋讀）。“”下作“”，與上部形體無别，“”形之演變可看作劉釗（2006：95）所説的“文字形體自身的類化現象”。所以，我們認爲“”應分析爲从“罒”“卓”聲，隸定爲“罩”，疑讀爲“淖”。“罩”和“淖”同从“卓”聲，《通志·氏族略六》（2009:196）：“淖氏，音鬧。魯恭王有淖姬。”“”應分析爲从“疒”“胳”聲，隸定爲“瘩”。故此枚璽印應釋爲“罩（淖）瘩”。

本文引書簡稱表：

包山	包山楚簡	**三晉**	三晉文字編
楚系	楚系簡帛文字編	**上博八**	上海博物館藏戰國楚竹書（八）
集成	殷周金文集成	**璽彙**	古璽彙編
清華五	清華大學藏戰國竹簡（伍）	**信陽**	信陽楚墓

參考文獻：

[宋]鄭樵撰　王樹民點校　2009　《通志二十略》，中華書局。

大西克也　2003　《試論上博楚簡〈緇衣〉中的“”字及相關諸字》，《中國第四届國際古文字學術研討會論文集》，香港中文大學。

冯胜君　2007　《郭店簡與上博簡對比研究》，綫裝書局。

河北省稍可軒博物館（主編）　2020　《諸子徙信 燕趙璽印》，西泠印社出版社。

黄德寬　2017　《戰國文字字形表》，上海古籍出版社。

李家浩　2004　《戰國官璽考釋三篇》，《出土文獻研究》（第6輯），中華書局。

劉　釗　2006　《古文字構形學》，福建人民出版社。

滕壬生（主編）　2008　《楚系簡帛文字編》（增訂本），湖北教育出版社。

湯志彪　2013　《三晉文字編》，作家出版社。

王　磊　2019　《楚帛書“渴”字考》，《戰國文字研究》（第1輯），安徽大學出版社。

鄔可晶　2018　《戰國時代寫法特殊的“曷”的字形分析，並説“敵”及其相關問題》，《出土文獻與古文字研究》（第7輯），上海古籍出版社。

① “天卜”二字形皆出自滕壬生主編《楚系簡帛文字編》（增訂本），湖北教育出版社，2008年，第759頁。

② 侯馬盟書字形出自湯志彪《三晉文字編》，北京：作家出版社，2013年。

吴振武　1999　《戰國璽印中所見的監官》，《中國古文字研究》（第1輯），吉林大學出版社。
蕭春源　2001　《珍秦齋藏印•戰國篇》，澳門基金會。
于省吾　1979　《釋“𠂆”》，《甲骨文字釋林》，中華書局。

Four Notes on the *Zhuzi Xixin—Seals of the Sate of Yan and Zhao* (《諸子徙信 燕趙璽印》)

Zhang Yifang

Abstract: This paper advances the author's opinions about some interpretations of seal inscriptions in the *Zhuzi Xixin—Seals of the Sate of Yan and Zhao* (hereinafter referred to as *Xixin*):1) The original interpretation of “” is Xicheng (喜丞), we change it into Weixi (𠂆喜); 2) The original interpretation of “” is Gui (飢), we change it into Gui (軌); 3) The original interpretation of “” is Wu (鋙), we change it into Ai (餲); 4) The original interpretation of “” is Lang (罠), we change it into Nao (罩).

Key words: *Zhuzi Xixin—Seals of the Sate of Yan and Zhao* (《諸子徙信 燕趙璽印》); Seals of the Warring States period; Personal seals

（張一方，安徽大學文學院/安徽大學漢字發展與應用研究中心　合肥　230601）

古璽印中舊釋爲“石”或“砳”的“忑”字及相關璽印版本比對*

莊哲彦

摘　要：《古璽彙編》（簡稱《璽彙》）3681“”字，舊釋爲“石”“砳”或作未識字，通過字形比對分析，當改釋爲“忑”。“忑”字常見於《璽彙》，然部分璽印版本不佳，通過版本比對及印面翻拍可對璽印進行修復，有助於《璽彙》重編、古璽字典的編纂及研究質量的提高。

關鍵詞：古璽；《古璽彙編》；古文字；璽印版本；璽印修復

一、釋“忑”

表1　《璽彙》3681與《簠齋》版本比對

 《璽彙》3681金司鈢	 《簠齋》38.6

《璽彙》3681原載於《簠齋》《印郵》，《璽彙》（羅福頤，1981:340）重新著録，釋“金□鈢”，《文編》（羅福頤，1981:450）著録於附録欄第42條。此璽次字，湯餘惠（2010:1037）作未識字，國别歸於齊璽。何琳儀（2004:545）釋“石”。陳光田（2009:65-66）作未識字。孫剛（2010:251、545）釋“石”，但於“金”字條下闕釋作“□”（參看孫剛，2010:360）。張振謙（2014:2479）作未識字，徐暢（2016:182）釋“石”，付梟（2016:478）釋“砳”。

湯餘惠最早將《璽彙》3681之分域歸列爲齊璽，而諸家從之，《璽彙》3681“鈢”字作“”，與齊系“鈢”字作（《圖録》2.702.1）、（《璽彙》0157）、

* 本文爲2019年度海峽博士後交流項目“古璽彙編釋文校補及版本比對”（F00E0011001X13）的階段性成果。感謝林志强老師、林文彦老師、龎壯城老師以及匿名評審專家對本文提出寶貴的修改意見，亦特别感謝研究生邱霖莉的校對及編輯。

（《彙考》31頁）等字形相同，故爲齊璽無誤。徐暢（2016:182）於《圖典》中對此璽釋文提出論述，其云：

> 布白方整嚴謹。石字古文厂下有一或二横爲繁飾。

古文字“石”即作（《璽彙》1157）、（《璽彙》1156）、（《璽彙》1150）、（《璽彙》1160）、（《璽彙》1154）、（《璽彙》1162），又作（《郭·緇》.35）、（《包》2.150）、（《包》2.80）、（《包》2.199），於“厂”下有一或二横爲繁飾筆畫，且古文字“心”“口”往往有形近互作的情形，如尚作（《璽彙》5063）、（《璽彙》5070）、（《璽彙》2375），（《璽彙》5527）；青作（《璽彙》3337）、（《璽彙》3443），（《璽彙》3374），因此徐暢之論可備一説。

然而諸家釋讀中湯餘惠、陳光田、張振謙等將“”視作未識字，當是認爲“”非“石”字，或另爲其他不識之字，因此“”是否爲“石”字，或另爲他字，便有其探研的價值。筆者則認爲“”當可釋爲“砭”字，兹就“”釋爲“砭”字論述如下：

表2 “砭”字古璽印一覽表

 《璽彙》0688 長（張）砭	 《璽彙》1892 郱（井）砭	 《璽彙》2308 陽砭	 《璽彙》2679 蓌（菜-秀/穗）砭
 《璽彙》2892 文是砭	 《尊古》（1555） 孫砭	 《上博》13．1 （5567） 陳砭	 《魏石經》38．2 （3065） 肈砭

上揭八方含“砭”字的古璽印，就構形觀之，可分五類：

a. （《璽彙》0688） （《璽彙》2679）
（《璽彙》3065） （《璽彙》2308）

b. （《璽彙》1892）

c. （《璽彙》1555）

d. （《璽彙》5567）

e.（《璽彙》2892）

分析上揭五類“忑”字，a類爲數最多，忑字的“下”與“心”作上下分置，且筆畫互有穿插。b類在a類的基礎上，“心”旁作反書構形。c類是在a類的基礎上，於“下”旁上方繁增一飾筆。d類同樣繁增一飾筆，唯“下”與“心”不作穿插的構形，與此相近字形又見（《集成》976）及（《里耶》5-5正）。e類則是“下”旁作了貫穿筆畫的構形而作“”形，戰國璽印文字中運用貫穿筆畫的構形者如“梁”字作（《璽彙》1709）、（《璽彙》1705），又作（《璽彙》1700）、（《璽彙》1704）、（《璽彙》3229）；“平”字作（《璽彙》2088）、（《璽彙》3310），又作（《璽彙》0663）、（《璽彙》0125）；“地”字作（《璽彙》1345），又作（《璽彙》1705）；“吁”字作（《璽彙》4019），又作（《璽彙》5279）；“王”字作（《璽彙》0399），又作（《璽彙》0546）、（《璽彙》0482），這些貫穿筆畫的文字，時而筆畫較長而表現明顯，時而較短而不甚明顯，而e類“下”旁貫穿筆畫的形體又見《集成》11561十一年閔令趙狽矛“下庫”合文的“下”字，可比對參照。

表3　“下”形文字貫穿筆畫比對

 《集成》11561十一年閔令趙狽矛下庫	 《集成》11561下庫摹本	 《璽彙》3681	 《璽彙》3681“下”旁	 《璽彙》2892	 《璽彙》2892“下”旁

綜觀上揭“忑”字後，接着分析“”字，“”字與繁增一飾筆的“”字形不同之處除了“”从心，而“”从口外，最主要的差異在於“”左上角有二筆交叉突出，如《璽彙》3681所示，而“”字並無，據此，筆者認爲“”所从之“”當與《璽彙》2892所從之“”同爲“下”旁無誤。

戰國古璽除了是古文字重要的研究材料外，又兼具高度的藝術性，璽印文字彼此間筆畫數不一，爲了共容於璽印的方寸之間，且表現和諧自然之感，璽印文字往往在常見文字的基礎字形上作了挪讓位移的構形的變化，如古璽“倚”字作（《璽彙》1232）、（《璽彙》3878），又作（《璽彙》0651）；“信”字楚簡作（《包》2. 15），於古璽則作（《璽彙》3580），而“”則是在d類（）及e類（）二者的基礎上進行變化，儘管字形因構形變化而不易辨識，但通過比對分析後，將“”

釋爲“忎”當無誤，除了上揭a～e類“忎”字字形外，“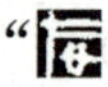”則可作爲第f類。

關於“忎”字，《説文》所無，朱德熙曾説明古文字“忎”與今文字“忎”並非一字，今文字“忎”爲後世所造的會意字，而戰國時期“忎”字則爲形同字異的形聲字，參見朱德熙（1995:13）：

> （《集成》2794楚王忎鼎）第二個是忎（）字，銘文作：勺之三、勺之四。郭沫若先生釋忎，其實是从心从下。古鉨有此字，揭之如次：《徵》附二四、同上（《徵》附二四），戰國時期上下二字的寫法已與今隸相同，劍柲銘（《三代》二〇・四九）可證。下字上面增一横畫，是古文字演化通例，已詳上文。《道藏・大上三元賜福赦罪解厄消災延生保命妙經》（《道藏》續集隸一〇六三）“心心忐忎”，原注：忎音懇，忎音禱。但《五音集韻》忐字“吐敢切音毯”，忎字“他德切音忒”，和《道藏》讀音不同。這兩個字是後世造的會意字，心不定，一上一下謂之忐忎。戰國時期的忎字是形聲音，與忐忎的忎字無關。這是一個有趣的形同字異的例子，戰國文字中這類例子還有，玆不贅。

除朱德熙外，何琳儀（1998:467）亦對“忎”字音韻作了梳理：

> 忎，从心，下聲。《搜真玉鏡》：“忎，音下。”

綜觀現有的資料，戰國時期“忎”字皆作人名，金文“秦忎”見“冶盤埜匕”（《集成》975～976）及“楚王酓忎鼎”（《集成》2794），古璽亦同（見表2），並無辭例可解其義，故戰國時期“忎”字字義爲何，抑或僅是繁增“心”符的“下”字？仍待更多的未知出土文獻佐證。

二、《璽彙》“忎”字璽印版本比對

《璽彙》成書於1981年12月，爲羅福頤（1905-1981）於最後在世前三年中，克服了年邁力衰之限，走訪大江南北十五省市、二十七個博物館及文化機構後，采集戰國古璽資料近萬件，並從中汲取5708方印拓編纂成書，此書堪稱研究戰國璽印文字不可或缺的重要資料之一，然而此書編纂時間匆促，故存在着一些美中不足之處。

施謝捷（2006:172-198）在《談〈古璽彙編〉存在的幾個問題》一文中即提及《璽彙》有“1. 版本、2. 圖版出處、3. 璽印重出、4. 秦印、巴蜀印雜入、5. 印刷編輯、6. 後仿僞印、7. 釋文及分類”等相關問題。其中版本、圖版出處以及釋文等三者之間息息相關，璽印印拓“版本”直接影響“釋文”的結果，而“圖版出處”則爲“版本”

來源的綫索，透過“圖版出處”汲取印拓“版本”加以比對，則可增加“釋文”的準確性，並有益於字書的編纂，可見璽印版本何其重要。

《璽彙》部分含“忑”字印拓圖版模糊不佳，因此比對圖版及印面翻拍便格外重要，圖版局部或部分模糊不佳者有《璽彙》1555、2892、3065、5567等四璽，筆者分别將“1.《璽彙》圖版、2.著録於相關印譜圖版、3.筆者修復圖版”比對製“表4”如下：

表4　含“忑”字古璽相關版本比對

序列	《璽彙》	其他印譜
1	 1555	 《尊古》卷一  筆者修復圖版
2	 2892	 《浙博》50．3  《浙博》50．3印面翻拍  筆者修復圖版
3	 3065	 《簠齋》89．5  《魏石經》38．2、  筆者修復圖版
4	 5567	 《上博》13．1  《上博》13．1封泥墨拓

分析上表四個序列璽印版本如下：

序列1“孫忑”，《璽彙》版“忑”字飾筆模糊不清，幾近消失，而《尊古齋》版則飾筆稍存，且“孫”字字口亦較《璽彙》版清晰完整。

序列2“文是忑”，《璽彙》版筆畫較《浙博》完整，而《浙博》版則是筆畫較之細緻，又《浙博》版附有印面翻拍作爲比對，可確定“”之“”確實是運用了貫穿筆畫的構形，又因此璽附有印面翻拍，故可對璽印殘損之處進行修復，如“文是”合文筆畫“=”缺損一筆，“是”字右上“日”旁殘損及“忑”字“下”旁横畫殘損之處皆可運用電腦繪圖軟件進行修復，如上表所見。

序列3“犨忑”，《璽彙》及《簠齋》版於“犨”之“牛”旁之中軸筆畫皆留有殘筆，而《魏石經》版則“牛”旁之中軸筆畫殘損，《魏石經》版雖於“犨”字完整性不如《璽彙》及《簠齋》版，但“忑”字及印框則較《璽彙》及《簠齋》版完整，可見三個版本各有可取之處，可相互比對。

序列4“陳忑”，《璽彙》版“陳忑”二字皆殘損模糊，而《上博》版則文字字口清晰，兼附封泥墨拓，可作雙重比對。《文編》編輯團隊著録《璽彙》5567“忑”（）字時，同樣對璽印文字作了修復（比對表4《璽彙》5567），可見璽文修復亦是字書編纂的重要工程之一。

綜合上述論點及圖版，筆者於此就本文文字考釋、版本及修復之“忑”字分域製表如下，以供文字相關研究參考。

表5　古璽“忑”字分域

文字	分域	璽印文字
忑	晉	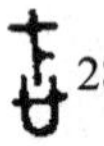2892、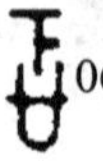0688、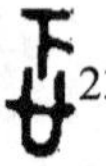2308、1892、2679、3065、1555
	楚	5567
	齊	3681

三、結語

本文對《璽彙》3681的集釋作了文獻梳理，並通過版本比對及璽印修復製作二表（表4、表5）可作相關研究之參考，然而古璽印譜搜羅斐易，未能盡攬所有版本，僅能透過筆者現有的材料進行比對，雖有不足，但仍有可觀之處，而《璽彙》3681“”字釋出，可補戰國齊系古璽“忑”字之缺，《璽彙》3681“金忑鉨”璽印秀麗，章法和諧，且“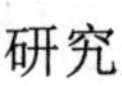”構形特殊，字法優美，具有高度藝術價值，於戰國文字構形研究及篆刻藝術皆有可借鏡之處。

《典論·論文》云：“文非一體，鮮能備善。”人常闇於自見，筆者亦是如此，行文當有不足之處，還請學者方家不吝指正。

本文引書簡稱表：

包	包山楚簡	**圖典**	古璽印圖典
簠齋	陳簠齋手拓古印集（簠齊古印集）	**魏石經**	魏石經室古璽印景

郭	郭店楚簡	**文編**	古璽文編
彙考	古璽彙考	**璽彙**	古璽彙編
集成	殷周金文集成	**浙博**	浙江博物館典藏大系・方寸乾坤
里耶	里耶秦簡	**尊古**	尊古齋古璽集林
上博	上海博物館藏戰國楚竹書		

參考文獻：

陳光田　2009　《戰國璽印分域研究》，嶽麓書社。

陳介祺　2012　《中國印譜全書・簠齋古印集》，人民美術出版社。

付　梟　2016　《〈古璽彙編〉字釋綜覽》，復旦大學碩士論文。

何琳儀　1998（2004重印）　《戰國古文字典：戰國文字聲系》，中華書局。

羅福頤（主編）　1981　《古璽彙編》，文物出版社。

羅福頤（主編）　1981　《古璽文編》，文物出版社。

孫　剛　2010　《齊文字編》，福建人民出版社。

施謝捷　2006　《談〈古璽彙編〉存在的幾個問題》，《出土文獻研究》（第1輯），復旦大學出版社。

湯餘惠　2010　《戰國文字編》，福建人民出版社。

徐　暢　2016　《古璽印圖典》，天津人民美術出版社。

張振謙　2014　《齊魯文字編》，學苑出版社。

浙江博物館（編）　2009年　《浙江博物館典藏大系・方寸乾坤》，浙江古籍出版社。

周　暹　1989　《中國歷代印譜叢書・魏石經室古璽印景》，上海書店。

朱德熙　1995　《朱德熙古文字論集》，中華書局。

On the Character Te (忑) Formerly Interpreted as “石” or “⿱石心” in Ancient Seal Inscriptions and the Comparison with Versions of Related Seals

Zhuang Zheyan

Abstract: The original interpretation of the character “” in No. 3681 inscription of the *Corpus of Ancient Seal Inscriptions* (《古璽彙編》) is “石”, “⿱石心” or an unrecognized character. Through the comparison with the graphic forms of character, it should be reinterpreted as te (忑). The character te is frequently found in the *Corpus*, but some versions of seals are of inferior quality. Through the comparison with versions and the reproduction of inscription photos, seals can be restored, which is conducive to the re-editing of the *Corpus*, the compilation of the dictionary of ancient seals, and also the improvement of the quality of research.

Key words: Ancient seal; *Corpus of Ancient Seal Inscriptions* (《古璽彙編》); Ancient characters; Versions of seals; Restoration of seals

（莊哲彦，福建師範大學文學院　福建　350007）

戰國璽印陶文釋讀七則：178-185，2023（01）

戰國璽印陶文釋讀七則*

許　飛

摘　要：近年來，戰國璽印陶文的彙編性著作不斷問世，這爲戰國文字研究提供了珍貴的材料。本文擬對其中幾方戰國古璽陶文的釋文進行校訂：《盛世璽印録》（續三）編號012改釋爲“傷弼信璽”；《盛世璽印録》（續四）編號059改釋爲“蓋疛”；《諸子徙信 燕趙璽印——吴振文、胡立鵬藏戰國璽印選》第4頁私璽改釋爲“僇”，第74頁私璽改釋爲“續鳩夷”；還對《齊陶文集成》第58、197、331頁的三方陶文做了重新校訂。

關鍵詞：璽印；陶文；戰國文字

一

《盛録》（續三）第31頁著録一件編號012的齊系①陰文私璽，印蛻如下：

原書釋作“煬□信坙”。

按：第二字整理者未釋，我們認爲“”字應分析爲从弜省、从丙，即“弼”字。戰國文字中“弼”字作：

（《璽彙》5671） （《曾乙》32） （《清華叁·説命下》3）

細審形體，可以發現璽文“”與上舉“弼”字形體的差别就在於左邊少了一個“弓”旁。古文字中常見的簡化就是省略重複的偏旁（參看何琳儀，2017:257-258），例如：

*本文是“古文字與中華文明傳承發展工程”項目“戰國文字資料綜合整理與研究”（G142）的階段性研究成果。拙文完成後得到徐在國師、程燕師、滕勝霖師兄及匿名審稿專家指正，謹致謝忱！

①原書未對璽印做分域工作，本文根據印文特點，直接注明國别，不再另行解釋。

“宜”字本作“”（《璽文》7.10），兩“肉”或省略其一作“”（《璽文》4.7）；“霝”字古璽文字作“”（《璽文》11.5），下部从三個“口”，或省作“”（《璽文》11.5）；“曹”字陶文作“”（《陶文》5.31），上部从二“東”，或作“”（《中山》55），省去了重複的“東”旁。

璽文“”也應當是省去了重複的“弓”旁，釋爲“弼”，用作人名。《説文・人部》：“傷，創也。从人，煬省聲。”“煬”“傷”二字聲符相同，音近可通，故璽文“煬弼”可讀爲“傷弼”。秦私印中亦有人名爲“傷”“傷平里”（許雄志，2021:316）。

二

《盛録》（續四）編號059著録一方三晉陽文私璽，印蜕如下：

原書釋作“鏐疛”。

按：首字釋“鏐”，不確，當是从金、从羽、从介的字，可隸定爲“鎅”。戰國文字中“翏”字作：

（《包山》169） （《陶彙》3・787）

（《上博一・孔》26） （《陶録》4・179・1）

上舉“翏”字的下部與“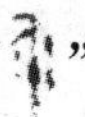”並不相似，二者絶非一字。戰國文字中“介”字有如下形體：

（《上博九・舉》8） （詛楚文・亞駝） （《雙劍》介鍾磬）

“”與上舉形體一致，當即“介”字。“𦐇”又見於《璽彙》3040、3041、3459，都用作姓氏，原書釋作“翏”。吴振武（2011:367）改釋爲“𦐇”，十分正確。“𦐇”亦見於戰國楚簡作“”（《上博四・柬》15），孟蓬生認爲“𦐇”當即“蓋”之異構，从羽、介聲，簡文中指“傘蓋”（《簡帛文獻語言研究》課題組，2009:144-145），其説可從。我們認爲“鎅”即“鏨”之異體，在璽文中徑讀作

“蓋”。《古今姓氏書辯證》：“蓋氏，出自齊大夫食采於蓋，以邑爲氏。”

三

河北省稍可軒博物館主編的《諸子徙信　燕趙璽印——吴振文、胡立鵬藏戰國璽印選》（河北省稍可軒博物館，2020）（以下簡稱《燕趙》）第4頁著録一方燕系陰文私璽，印蜕如下：

原書釋作“𠈇”。

按：整理者釋“𠈇”，不確，當分析爲从人、翏聲，即“僇”字。此字下部所从之“”並非是“未”字，戰國文字中“未”字作：

（《温縣》T1K1：2182）　（《清華肆·筮法》53）

（《集成》04649）

不難看出“未”字上部均作曲筆，與“”所从的横畫有明顯區别。而戰國文字中的“翏”字作：

A:（《集成》11262）　（《上博一·孔》26）

B:（《郭店·窮達》9）　（《璽考》183）

C:（《陶録》4·179·1）　（《包山》189）

戰國文字中“翏”字異體很多，大致可分爲以上三類。其中B類可以看作是A類和C類的雜糅，既有A類下部的飾筆，也有C類表示省形的兩短横。我們認爲璽文“僇”所从之“翏”即是上舉B類“翏”字的省寫，區别在於璽文將“翏”下部的“丩”形省寫成一豎畫，左右兩側飾筆減少。

此外，《陶録》2·280·2著録一方齊系陶文，如下：

原書釋作“東鑰里公孫綵”，《戰國文字字形表》（徐在國等，2017）一書將末一字隸作“繆”，我們認爲是可信的。此陶文“繆”字所从之“翏”與璽文相比，僅省寫了中間的一短橫。

故璽文當釋爲“僇”，這是一方單字人名璽。

四

《燕趙》第74頁著録一方三晉陽文私璽，印蜕如下：

原書釋作“續旭”。

按：整理者將“”釋爲“九”没有問題，但“”是否爲“冉”還有待商榷。我們認爲“”可能是“嗌”的省寫，“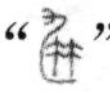”即“九嗌”合文。古文字中“冉”和“嗌”的形體如下：

冉（冄） 《吉大》145 《集粹》

嗌 《侯馬》194:2 《清華叁・良臣》1

從字形上看，“”可能是“冉”省掉了上部的横畫，也可能是“嗌”省掉了上部的“口”和横畫。璽印文字中有“艽嗌”“九嗌”：

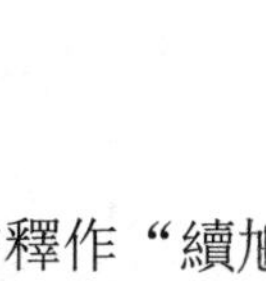《璽彙》2294・艽嗌帚 《璽彙》1551・孫九嗌

上舉印文中“九”都是與未省簡過的“嗌”字連用，《璽彙》2294中的“艽嗌”書寫格式與“”一致，“嗌”在“九”的曲筆之中，故“”更有可能是“嗌”的省寫。

吴振武（1998:82-83）認爲：

> “艽嗌”疑當讀作“鳩夷”。“艽”“鳩”並从“九”聲，例可通假。……上古“嗌”“夷”二字讀音相去亦不遠。从“益”得聲的“溢”古通“泆”，如：《尚書·禹貢》“導沇水，東流爲濟，入于河，溢爲滎”之“溢”，《史記·夏本紀》作“泆”；《莊子·天地》“數如泆湯”之“泆”，《釋文》謂“本或作溢”。而“泆”古又與“夷”通，如見於《莊子·達生》中的神獸“泆陽”，《國語·周語上》等多作“夷羊”。據此，“嗌”讀作“夷”是有可能的。
>
> “鳩夷”是古姓氏。陳士元《姓觿》（平聲二十六尤）“鳩夷”氏條下謂：“《路史》云，宋公族之後。”《希姓録》（上平聲四支）謂：“鳩夷氏，微子之後。”

徐在國（2002:94）同意吴振武先生的觀點，將“孫九嗌”之“九嗌”也讀爲“鳩夷”，認爲璽文中是以複姓“鳩夷”作人名。

我們認爲“續九嗌”之“九嗌”亦應讀爲“鳩夷”，在璽文中用作人名。

五

《齊陶文集成》（以下簡稱《齊陶》）（成穎春，2019）第58頁著録如下兩方陶文：

《戊丁》2. 11. 9

《戊丁》3. 11. 9

原釋文爲“沽□”。

按：我們認爲第二字應當釋“櫥”，只是“木”旁寫在“甫”上，與“甫”共用一竪畫。戰國文字中這種寫法的“櫥”字有：

《集拓》2. 1

齊文字中的“櫥”常作左右結構，用作人名（參看王恩田，2006：957-964）。此陶文寫法當是與狹窄細長的書寫空間有關，並不多見。

六

《齊陶》第197頁著録如下一方陶文：

《戊丁》4.02.4

原釋文爲“城陽□”。

按：末一字當是“朔”字。齊陶文中“朔”字作：

《陶録》3・227・3 《陶録》3・230・3 《陶録》3・291・5

上舉字形與“”相類，省寫的“屰”在“月”之上，當爲一字。“朔”是陶工私名，類似的“城陽某”陶文常見於臨淄陶器，如“城陽衆”“城陽楚”“城陽得”等（參看徐在國，2014:583-725）。

七

《齊陶》第331頁著録如下一方陶文：

《戊丁》5.05.20

原釋文爲“蒦陽□”。

按：第三字整理者未釋。我們對拓片做如下翻轉：

顯然此字當釋爲“故”。从“故”之“慦”在陶文中屢見，常用作陶工名，如：

《簠齋》063“蒦陽匋里人慦”

《戊丁》1. 10. 47“䓖”　　《齊故》306-7“䓖”

我們認爲从“心”之“䓖”當是“故”字繁寫，都是指陶工私名，“蒦陽故”即“蒦陽匋里人䓖”的簡寫。戰國文字中一些字可加心旁繁化，如“鄙”加心旁作“”、“詢”加心旁作“”（劉釗，2011:342），“䓖”字與此同類。

本文引書簡稱表：

包山	包山楚簡	**上博四**	上海博物館藏戰國楚竹書（四）
曾乙	曾侯乙墓	**上博一**	上海博物館藏戰國楚竹書（一）
簠齋	簠齋藏古陶文選	**盛録**	盛世璽印録
郭店	郭店楚墓竹簡	**雙劍**	雙劍誃古器物圖録
侯馬	侯馬盟書	**陶彙**	古陶文彙編
吉大	吉林大學藏古璽印選	**陶録**	陶文圖録
集成	殷周金文集成	**陶文**	陶文编
集粹	中國璽印集粹	**温縣**	河南温縣东周盟誓遺址一號坎發掘簡報
集拓	中國古代陶文集拓	**戊丁**	戊丁藏陶古拓本
齊故	臨淄齊故城	**璽彙**	古璽彙編
清華叁	清華大學藏戰國竹簡（叁）	**璽考**	古璽彙考
清華肆	清華大學藏戰國竹簡（肆）	**璽文**	古璽文編
上博九	上海博物館藏戰國楚竹書（九）	**中山**	中山王譽器文字編

參考文獻：

成穎春　2019　《齊陶文集成》，齊魯書社。
何琳儀　1998　《戰國古文字典：戰國文字聲系》，中華書局。
何琳儀　2017　《戰國文字通論》（訂補），上海古籍出版社。
河北省稍可軒博物館　2020　《諸子徙信 燕趙璽印——吴振文、胡立鵬藏戰國璽印選》，西泠印社出版社。
《簡帛文獻語言研究》課題組　2009　《簡帛文獻語言研究》，社會科學文獻出版社。
劉　釗　2011　《古文字構形學》（修訂本），福建人民出版社。
羅福頤（主編）　1981a　《古璽彙編》，文物出版社。
羅福頤（主編）　1981b　《古璽文編》，文物出版社。
吴振武　1998　《古璽姓氏考（複姓十五篇）》，《出土文獻研究》（第3輯），中華書局。
吴振武　2011　《〈古璽文編〉校訂》，人民美術出版社。
吴硯君（主編）　2020a　《盛世璽印録》（續三），書法出版社。
吴硯君（主編）　2020b　《盛世璽印録》（續四），書法出版社。
王恩田　2006　《陶文圖録》，齊魯書社。
徐在國　2002　《古璽文釋讀九則》，《考古與文物》第5期。
徐在國　2014　《新出齊陶文圖録》，學苑出版社。

徐在國　程　燕　張振謙　2017　《戰國文字字形表》，上海古籍出版社。
許雄志　2021　《秦印文字彙編》（增訂本），河南美術出版社。

Seven Interpretation Notes on the Seal and Pottery Inscriptions in the Warring States Period

Xu Fei

Abstract: In recent years, corpora of Warring States seals and pottery inscriptions have been published consecutively, which provides precious materials for the study of Warring States characters. This paper intends to revise the interpretations of several Warring States seal and pottery inscriptions: No. 012 inscription in the *Records of the Seal Inscriptions in the Flourishing Age (Sequel 3)* should be interpreted as Shangbixin Xi (傷弼信璽); No. 059 inscription in the *Records of the Seal Inscriptions in the Flourishing Age (Sequel 4)* should be interpreted as Gai Jie (蓋疛); The seal inscription on page 4 of the *Zhuzi Xixin—Seals of the Sate of Yan and Zhao: Selected Seal Inscriptions of the Collection of Wu Zhenwen and Hu Lipeng* should be interpreted as Lu (僇), and the seal inscription on page 74 should be explained as Xu Jiuyi (續鳩夷); then the three pieces of pottery inscriptions on page 58, 197 and 331 of the *Corpus of Seal Inscriptions of the State of Qi* are revised.

Key Words: Seal inscriptions; Pottery inscriptions; Warring States scripts

（許飛，安徽大學漢字發展與應用研究中心　合肥　230039）

隸定古文疑難字釋例（二）*

劉偉浠

摘　要：傳抄古文一般是指漢以後歷代輾轉抄寫而保留下來的古文字，分爲篆體古文、隸定古文兩種。但在後世流傳中又混雜不少俗字，造成其來源十分複雜。本文重新考釋字書和韻書中隸定古文疑難字“怡”“堂”“靈”“零”“總”。

關鍵詞：傳抄古文；隸定古文；疑難字

傳抄古文（以下簡稱爲“古文”）是一批重要的文字材料，自宋至民國一直不受重視，近幾十年在諸多學者的努力下，其價值才逐漸彰顯。古文包括篆體、隸定兩種，隸定古文主要保存於《玉篇》《龍龕手鑑》《古文四聲韻》《四聲篇海》等字書及《穆天子傳》、古本《尚書》等先秦典籍，其來源十分複雜，既包括先秦古文字，又包含中古俗字。前人對隸定古文有過不少研究，徐在國《隸定古文疏證》（2002）就是一本全面整理與研究隸定古文的論著，張涌泉、楊寶忠、李春桃等對隸定古文也有相關探討。前人的研究成果雖多，但還有一些疑難字尚可繼續商榷，我們結合篆體古文字及隸楷俗字，擷取數例古文加以考證。下文中《説文解字》《汗簡》《古文四聲韻》《集篆古文韻海》等古文形體主要采自徐在國《傳抄古文字編》（2006），爲行文方便，此四書分别簡稱爲“説”“汗”“四”“海”。

一、古文“怡”

朝鮮本《龍龕手鑑·几部》“今增”字：“㔰，古文怡字。”該形其他字書亦録，如：

《四聲篇海·几部》：“㔰，音怡。古文。”

《古俗字略·補卷支韻》：“㔰，古怡。”

《字彙補·几部》：“㔰，古始字。”

*本文獲福建省社科基金青年項目“宋以來字韻書傳抄古文疑難字研究”（FJ2021C050）的資助。

對於此古文的來源，張涌泉《漢語俗字叢考》（2000:857）説《字彙補》釋“始”古無所本，“始”是“怡”傳刻之誤。楊寶忠（2011:82-83）否定其説，因“⿰臣几”與“怡”古文“”（《四》1・19乂）形不合，故認爲是“瓯”之誤。後來張涌泉（2020:560）在《漢語俗字叢考》增訂本校按中指出：“但《篇海》明云此字爲‘古文’，是其不可解處。今考玄應《音義》卷一《大方等大集經》第十五卷音義：‘怡，古文嫛同，翼之反。’頗疑‘⿰臣几’或與‘嫛’相關，俟再考。”

按，張氏釋“嫛”，楊氏釋“瓯”，此二字形體與“⿰臣几”不太接近，恐非。不過，張氏謂“始”爲“怡”之誤，則是，《字彙補》較晚出，且其他字書皆作“怡”，又“始”隸定古文作“乨”“⿱厶⿰口乚”“⿰台乚”“迨”等，形皆與“⿰臣几”不合。這裏我們提出另一種見解，即“⿰臣几”是“以”古文“⿰自几”之訛，《字彙補・几部》：“⿰自几，古以字。見漢孔宙碑。”檢孔宙碑“以”字原拓作“”[1]，“⿰自几”即由它隸訛，又《古俗字略・紙韻》以“**⿰臣几**”爲“以”古文，“**⿰臣几**”也是它之隸訛。俗字中“目（或自）”形常訛作“臣”形，如《龍龕手鑑・臣部》：“師，俗，所類、所律二反。”張涌泉（2020:561）考“師”爲“帥（師）”之訛。又《集韻・有韻》“守”作“⿳宀自寸”，《字彙補・寸部》：“⿳亼自寸，古文守字。見《古老子》。”“⿳宀自寸”訛作“⿳亼自寸”。從用法来看，《龍龕手鑑》等以“以”爲“怡”亦古有所本。古書中“怡”“以”音近可通，《古璽彙編》4656號吉語璽“自以”讀作“自怡”（參看王輝，2011:28），《書・大誓》“怡悦婦人”。劉逢禄《尚書今古文集解》：“孫云：《禮樂志》怡作以。”（宗福邦、陳世鐃、蕭海波，2003:783）總之，從字形及用法兩方面考慮，把古文“⿰臣几”釋作“以”古體“⿰自几”之訛是合適的。

下面附帶説一下《四聲篇海》《古俗字略》中的一類可能與“⿰自几”相關的形體，如下：

《四聲篇海・凡部》：“**⿰几九**，音移字。”

《古俗字略・支韻》：“移，弋枝切。遷也。**⿰𠘧几**，古。”

“**⿰𠘧几**”與“⿰自几”可能是一形之變，其形體接近，而且注音相同（“怡”“移”《洪武正韻・支韻》皆注“延支切”），故《古俗字略》將之當作音近字“移”之古體。若“**⿰𠘧几**”爲“⿰自几”所訛，可視作是受右部“几”形影響發生的類化。朝鮮本《龍龕手鑑》又有二形如下：

《几部》：“**⿰凡几**，音始。”

《八部》“今增”字：“**⿵八几**，音始。”

---

[1] 漢魏碑刻中“以”多作此形，又如北魏寇治墓誌作⿰㠯丨（毛遠明，2014:1069）。

亦見於《四聲篇海・几部》：“凧，音始。”《几部》：“𠘨，音始。”根據音形，知“舤”“凧”應該是一字。而“舤”又與“舧”形極近，根據前面所論“怡”誤爲“始”之例，可推斷“舧”與《龍龕手鑑》“音始”之“舤”“凧”可能爲一形之變。不過，“舧”“舤”“凧”是否真與“䏌”“飢”是同一字，還是另有來源，需要更多材料檢驗。

二、古文“靈”“零”

宋本《龍龕手鑑・户部》：“𢨋，音虛。”此字高麗本、朝鮮本、四庫本寫法皆同，《朝鮮本〈龍龕手鑑〉異體字表》（袁如詩，2019:195/361）一書未見有收録[1]。按，“𢨋”即“𢨋”之異，从三個重疊的“户”形，但第二個“户”上疊加一横，無別（“户”常俗作“戸”）。“𢨋”實爲古文“靈”字之省，《古文四聲韻》古文“靈”有一類隸定形體作：

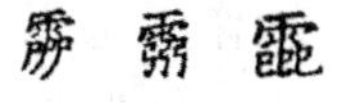（並《四》2・22崔）

下从“尸”，或从“弓”，或从“巳”，皆由“[illegible]”“[illegible]”（並四 2・22 尚）隸訛（黄錫全，1990:397）。《龍龕手鑑・弓部》：“靈、霈、𩆜，音零，三同。”下部訛作“戹”或“𢨋”形，此處的“𢨋”就是“𢨋”，部件出現了移位。三個“户”有時也省成兩個[2]，並把“𩆜”上部之“雨”省去。《龍龕手鑑・户部》：“𢨋，古文，音靈。”[3]又：“𨚫，音靈。”《四聲篇海・户部》：“𢨋，古文，音靈。”“𢨋”“𨚫”“𢨋”與“𢨋”皆爲一形之變。而“音虛”是“音靈”之誤，隸楷“虛”“靈”形近常混，曾良（2006:101）指出：“‘靈’的俗字作‘靊’，因‘虛’字的‘虍’旁俗或寫‘雨’，故‘靊’與‘虛’的俗字相似。”此説甚確。“虛”隋白仵貴墓誌作“𩃬”（秦公、劉大新，1995:350），與“靊”下部僅一筆之差，“亚”“业”形近相混，如“湿”《正字通・水部》俗作“湿”。曾良還舉若干異文，唐夫人段氏墓誌銘“虛源派深”，大唐故安王墓誌之銘作“派發靈源”，宋磧砂大藏經本《弘明集》卷 3 宗炳《答何承天書難白黑論》“僧貌而天虛”，日本《大正藏》本正作“僧貌而天靈”（2006:101-102）。《龍龕手鑑》注音字訛爲形近字的例子多見，

①“虛”“靈”“户”字頭下未收此形。

②《龍龕手鑑・户部》：“戹，音户。《玉篇》又莫飽反，又力酉反。”“音户”的“戹”可能是“户”繁體，中古“户”“虛”讀音不同，《集韻》“户”爲“後五切”，“虛”爲“休居切”，聲紐不近；《玉篇》所注“莫飽反”“力酉反”二音亦與“虛”不同音。

③徐在國（2002:22）指出“𢨋”是“𩆜”的訛省字。

如《龍龕手鑑・彳部》："⿰彳悠、⿰彳⿱厶心，二古文，音申。"古文爲"悠"，"音申"爲"音由"之誤（張涌泉 2000:363）。比《龍龕手鑑》晚出的字書均因襲其誤，如《字彙補・户部》："⿸户且，呼居切，音虛。出《篇海》。"《中華字海・户部》："⿸户且，音需，義未詳。見《龍龕》。""音需"顯然是"音虛"之誤。

《集韻・青韻》："零，《説文》：'餘雨也。'又姓。或作霝，亦从泠，古作[古文字形]。"《類篇・雨部》作"⿴囗𢆶"，《摭古遺文・青韻》："[古文字形]，零，即霝。"徐在國（2002:238）謂其構形待考。劉珊珊（2010:32）認爲："[古文字形]是靁之古文⿱⿰回回⿰回回的變體。且零，來母耕部，靁，來母微部；二字雙聲。但雙聲的語音關係，似乎不能作爲假借的條件，所以只有找到二字借用的文獻用例，方可證明我們的推測。"按，酉陽所出的清代抄本《三字經》有"⿴囗𢆶"字，但用作"機"（喻遂生，2015:426），根據音義，恐怕與古文"零"無關。古文字的"零"一般借"霝"表示，《説文・雨部》："霝，雨零也。《詩》曰：'霝雨其蒙。'"石鼓文有《霝雨》篇，今本《詩・豳風・東山》作"零雨"[1]。古文字"霝"作"[古文字形]"（史牆盤，《集成》10175）、"[古文字形]"（《包山》簡 42），古文形體與之相差甚遠，當非一字。疑它是古文"雷"之訛，《龍龕手鑑・囗部》："⿱⿰⿴口乂⿴口乂⿰⿴口乂⿴口乂，音雷。"古文"雷"作"[古文字形]"（汗 6・74 尚）、"[古文字形]"（《汗》6・82 説），鄭賢章（2004:208）認爲"⿱⿰⿴口乂⿴口乂⿰⿴口乂⿴口乂"即"⿱⿰回回⿰回回"之訛，甚是。"⿴囗𢆶""⿱⿰⿴口乂⿴口乂⿰⿴口乂⿴口乂"形體十分接近，只是中間筆畫粘合，可能爲一形之變。據劉珊珊表述，似認爲"雷""零"爲音近通用關係，我們則認爲是形近誤植。《説文》古文"雷"又作"[古文字形]"，《玉篇・雨部》隸作"⿱雨回"，與上揭《包山》簡"霝"省體"[古文字形]"形同，北魏元毓墓誌"靈"作"[古文字形]"（臧克和，2011:1612），上部省作"⿱雨回"，朝鮮本《龍龕手鑑・田部》"雷"古文訛从"霝"作"[古文字形]"，證明"雷""霝"有形混的可能。刻本中有"雷"誤作"靈"之例，《崇文總目輯釋》卷三第八十五頁《仙人養性治身經（三卷）》錢侗按"《宋志・仙人上》有雷公二字，注云雷一作靈"[2]，亦可佐證。故《集韻》"零"古文作"雷"當是形近誤植，而非假借。

三、古文"堂"

高麗本《龍龕手鑑・土部》有一與"同"同音之古文，作：

A ⿱⿱吉冖土

該書注："A，古文，音同。"徐在國（2002:165）列爲待考。按，此形當釋作

---

①"霝""零"音義近，古文字"霝"多見，而"零"秦漢後才出現。

②"靈"是由"霝"分化之字。

籀文"堂"之隸訛，《説文》"堂"字籀文作"𡔖"，此篆形《集韻 • 唐韻》隸作：

B 臺

可以看出，A 和 B 形體非常接近，比較特殊的是 B 中間的"尚"形訛成 A 中部的"亡"形。"堂"本从"尚"得聲，"尚"上部的"㞢"形是先省爲"宀"，再省爲"一"，《説文》古文"堂"又作"𡊌"，《玉篇 • 土部》隸作"坣"，《古文四聲韻》省从"宀"作"宔"（四 2 • 16 籀），而"宀"省爲"一"在俗變中並不罕見[①]。其次"口"形訛爲"心"形在古文中也是存在的，如"如"作"㤅"（四 1 • 23 庶），下部即寫成"心"形，與"思"古文"𢙍"（汗 6 • 74 華）下部"心"形接近，出土古文字中"口"常訛成"心"，亦可佐證，如安大簡《詩經》簡 54 "盍"作"□"，《古璽彙編》5527 號璽文"尚"作"㝐"。

高麗本《龍龕手鑑 • 心部》有個古文可以佐證 A 是"堂"字，作：

C 𢙷

並注："C，古文，音上。"[②]C 無疑是"尚"字，由 A 省去底部"土"而來（"堂"从"土""尚"聲），"上""尚"古音同，都是禪母陽部字。《儀禮 • 覲禮》"尚左"鄭玄注："古文尚作上。"《論語 • 顔淵》"草上之風必偃"，陸德明《釋文》："尚，本或作上。"《中州全韻 • 江陽韻》："尚，主也。又音上。"[③]《龍龕手鑑》注"堂"爲"音同"，因二者音近。《龍龕手鑑 • 足部》以"踼"爲"蹚（蹚）"之俗，"踼""蹚"爲替换聲旁的異體。又《字彙補 • 土部》："堂，又定隆切，音同。"説明"堂"又有"同"音一讀。

四、古文"總"

揚州使院重刻本《集韻 • 董韻》（1983:630）以"𥦗"爲"總"古體。徐在國（2002:267）謂："總字睡虎地秦簡作𦃃（《張編》194頁），漢帛書老子乙前48上作𦃃（《篆隸表》925頁），疑𥦗所从的凶乃𡇒、囱等形的訛變。"

按，漢代的"悤"上部一般作"十""丨""•"或"忄"形，與先秦古文字一脉相承。但這與古文上部"凶"形相差甚遠，不太可能由"十"形等寫法所訛。此形述古堂本、明州本《集韻》作"𥦗"，《類篇 • 糸部》："總，古作𥦗。"《重訂直音

①如"辟"俗作"侵""侵"。

②此形徐在國（2002:14）未列在"上"字條下討論。

③另朝鮮本《龍龕手鑑 • 高部》："高，音上。"《古俗字略 • 漾韻》："𩫖、髙，並出釋典。"根據形音，"高"似爲"尚"字之俗，待考。

篇·糸部》作"𦃃"，《康熙字典·糸部》作"𦃃"，皆是一形之變，上部从"凶"或"𠙴"形，下部从"糸"或"乍"。《集韻》以前字書未載"總"字此古體，從形體來看，其實應追溯到《説文》"緦（總）"的篆体古文，作：

此形即"𦃃"，从"糸""囟"聲（李春桃，2016:351）。《集韻·之韻》隸作"𢆶"，《中華大字典·幺部》作"𦃃"，其"囟"有時訛同"凶"形，如"緦"又作"𦃃"（四 1·19 乂）、"𦃃"（海 1·7），前一篆形下部"糸"形略訛，《六書分類·糸部》作"𦃃"（存乂切韻），形更準確。"囟"中間"×"形有時省爲"∧"形，如大唐故南和縣令張君墓誌銘"思思之情，篤姜陸而遺照"的"思"作"恖"（曾良，2007:32）。故"囟"能省爲"冈""凶"形，亦有可能進一步省成"𠙴"形。從形體上看，《集韻》之"𦃃"與《説文》之"𦃃"等同並没障礙。

《集韻》等把古文"緦"當作"總"古體，是因爲二字形近常相亂。《廣雅·釋詁下》："緦，聚也。"王念孫（1983:95）疏證："諸書無訓緦爲聚者，當作總，《説文》：'總，聚束也。'緦本作總，與總字相似，故總訛作緦。"《可洪音義》也見"總"作"緦"（韓小荊，2009:843）。"囟""匆"形近互訛在俗字中非常普遍，如晉代郭槐柩記"聰"作"聦"（臧克和，2011:1137），《龍龕手鑑·耳部》以"聦"爲"聰"俗體。反之，"囟"也能逆向訛成"匆"，《類篇·匆部》："匆，頭會腦也。象形。凡匆之類皆从匆。或作脖、𡇒。"又《思部》："恖，容也。从心，匆聲。凡恖之類皆从恖。古作𢗈、𢗈，隸作思。"很明顯，《類篇》把字頭"囟""思"分別誤寫成"匆""恖"。

因此，《集韻》録古文"緦"爲"總"古體，當屬形近誤植，與秦漢"總"字寫法無關。另外，《六書分類·糸部》"總"除録作"𦃃"（古文），又作"𦃃"（古文奇字），後者寫法不誤，即"總"之省體"𦃃"，上部从篆形"囟"。

本文引書簡稱表：

包山	包山楚簡	**張編**	睡虎地秦簡文字編（張守中撰集）
集成	殷周金文集成	**篆隸表**	秦漢魏晉篆隸字形表

參考文献：

丁度等　1983　《集韻》，中國書店。

故宫博物院　1981　《古璽彙編》，文物出版社。

韓小荊　2009　《〈可洪音義〉研究——以文字爲中心》，巴蜀書社。

黄德寬　徐再國（主編）　2019　《安徽大學藏戰國竹簡（一）》，中西書局。

黄錫全　1990　《汗簡注釋》，武漢大學出版社。

李春桃　2016　《古文異體關係整理與研究》，中華書局。
劉珊珊　2010　《〈集韻〉古文研究》，北京師範大學碩士學位論文。
毛遠明　2014　《漢魏六朝碑刻異體字典》，中華書局。
秦　公　劉大新　1995　《廣碑别字》，國際文化出版社。
王　輝　2011　《古文字通假字典》，中華書局。
王念孫　1983　《廣雅疏證》，中華書局。
徐在國　2002　《隸定古文疏證》，安徽大學出版社。
徐在國　2006　《傳抄古文字編》，綫裝書局。
楊寶忠　2011　《疑難字續考》，中華書局。
喻遂生　2015　《重慶新出傳抄古文〈三字經〉解析》，《漢語言文字研究》（第1輯），上海古籍出版社。
袁如詩　2019　《朝鮮本〈龍龕手鑑〉異體字表》，黄山書社。
臧克和（主編）　2011　《漢魏六朝隋唐五代字形表》，南方日報出版社。
曾　良　2006　《俗字及古籍文字通例研究》，百花洲文藝出版社。
曾　良　2007　《隋唐出土墓誌文字研究及整理》，齊魯書社。
張涌泉　2000　《漢語俗字叢考》，中華書局。
張涌泉　2020　《漢語俗字叢考》（修訂本），中華書局。
鄭賢章　2004　《龍龕手鏡研究》，湖南師範大學出版社。
宗福邦　陳世鐃　蕭海波（主編）　2003　《故訓匯纂》，商務印書館。

Explanations and Examples of the Knotty Characters of Clerically Transcribed Ancient Scripts (II)

Liu Weixi

Abstract: Transcribed ancient scripts generally refers to the ancient scripts transcribed and preserved through the ages after the Han dynasty, which are divided into two types: seal style ancient scripts and clerically transcribed ancient scripts. But it commingled with vulgar forms of character in the later process of spread, causing the complexity of its source. This paper reinterprets the knotty characters of clerically transcribed ancient scripts in character and rhyming dictionary, i.e. yi (怡), tang (堂), ling (靈), ling (零), and zong (總).

Key words: Transcribed ancient scripts; Clerically transcribed ancient scripts; Knotty characters

（劉偉浠，福建師範大學文學院　福州　350007）

《出土文獻綜合研究集刊》稿約

（2022年啓用）

《出土文獻綜合研究集刊》是由西南大學出土文獻綜合研究中心、漢語言文獻研究所主辦的學術刊物，旨在探賾索隱，推陳出新，宏揚原創，發表海内外有關出土文獻語言研究、文字研究、文獻研究等方面的學術論文和學術評論。本刊2012年开始籌辦，2014年正式創刊（半年刊），由巴蜀書社出版，現爲中文社會科學引文索引（CSSCI）收録集刊和人大複印資料來源刊物，並已收入中國知網和維普中文期刊服務平臺。

一、投稿方式

本刊已經開通“騰雲”期刊協同采編系統（知網版），網址爲：https://ctwj.cbpt.cnki.net。所有投稿、查看審稿進度均通過此系統完成。來稿切勿投寄個人，以免延誤審稿進度。

二、注意事項

（一）來稿若不屬本刊範疇，或經查證一稿多投，將直接作退稿處理。

（二）來稿字數以不超過3萬字爲宜，請按本刊规定格式用繁體字（一律使用新字形）排印。

（三）來稿若用到特殊字體，請用附件形式把相應的字體文件發送過來；若用到自造字、圖表或其他特殊形式，請做成圖像文件發送過來；將Word文件轉換成PDF文件時，請確認來稿内容（尤其是自造字和生僻字）可以在PDF文件中正確顯示。

（四）來稿引文務請核對原文，確保準確無誤。

（五）來稿請正確使用標點，注意兩個書名號（《》《》）、前後表達對等關係的引號（“”“”）之間不用頓號；單書名號用“〈〉”。

三、稿件格式

來稿請按16開（18.4cm×26cm）、每頁34（行）×36（字）排印。稿件内容請按如下順序撰寫：題目、作者、摘要、關鍵詞、正文、（徵引書目）、參考文獻、題目（英文）、作者（英文）、摘要（英文）、關鍵詞（英文）。作者簡介與聯繫方式請另附文檔。

（一）題目、作者、摘要、關鍵詞

來稿的中文題目限20字以内，摘要限300字以内，關鍵詞一般在3至6個。題目字體與字號爲宋體二號加粗，加寬0.1磅（副標題仿宋小三號），作者姓名爲仿宋體四號。“摘要”“關鍵詞”爲黑體小五號，摘要、關鍵詞的内容爲宋體小五號（左右縮進2個字符，並且首行縮進2個字符）。

題目、作者、摘要、關鍵詞的英文置於參考文獻後，字體爲Times New Roman。英文題目字號爲小四號加粗，其餘内容字號均爲11號。英文題目與關鍵詞請注意大小寫問題。

（二）題注

來稿若有所關涉的項目及需要向有關人員表示感謝等，應以“*”題注的形式標在稿件正文首頁下方，字體與字號爲宋體小五號，左側縮進2個字符，同時括注項目批準編號。

（三）正文

1. 正文文字請用宋體11號。

2. 正文中標題編排格式爲：一級小標題用“一”（居中、黑體四號）；二級小標題用“（一）”（左側縮進2個字符，宋體11號加粗）；三級小標題用“1. ……”（左側縮進2個字符，宋體11號）。

3. 正文中徵引的文獻例句用楷體11號（左右縮進2個字符，並且首行縮進2個字符），可於句後括注出處；例句如需排列，請采用（1）（2）（3）……的形式連續編號。例如：

（1）牧隻羌。（《甲骨文合集》39490/《合集》39490）

（2）韋橐，大、小十。（《敦煌漢簡》1147）

（3）躍躍毚兔，遇犬獲之。（《詩經・小雅・巧言》）

引文獨立成段時格式如下：

《風俗通義・過譽》有下面這樣的話：

孔子稱：“可寄百里之命，託六尺之孤，臨大節而不可奪。”相與之義，具於此矣。

4. 正文中涉及公元世紀、年代、年、月、日、時刻和計數等，均使用阿拉伯數字。

5. 正文中的圖片一定要清晰（不低於300dpi），達到出版標準；自造字或表外字一律采用圖片格式插入正文（不使用編碼方式造字），未經隸定的原形圖片字應儘量脱去底色。

6. 正文中圖片、表格如超過一個，請分别用“圖1”“圖2”……及“表1”

“表2”……的形式標明序號。表格若跨頁，續表加排表頭，同時要標注“續表”二字。圖表内文字一律用宋體小五號，圖片名位於圖片下端並居中；表格名位於表格上端，居中。

7. 正文中引述文獻標注順序爲：作者（編者）、發表年份、（頁碼），作者（編者）與發表年份中間加逗號，發表年份與頁碼中間加“:”號，外加圓括號。例如：（朱德熙，1986）；（裘錫圭，2013:32）。參看文獻格式爲：參看、作者（編者）、發表年份、（頁碼），作者（編者）與發表年份中間加逗號，發表年份與頁碼中間加“:”號，外加圓括號。例如：（參看裘錫圭，1992）；（參看李學勤，1995:78）。

如果引述或參看文獻不止一個，中間用分號隔開。例如：（參看朱德熙，1982；裘錫圭，2013:69）。正文中已出現作者姓名時，可在其後括注發表年份。例如：朱德熙（1986）指出；李學勤（1998:75）認爲；可參看裘錫圭（1992）。

8. 注釋

正文中的説明性注釋均采用當頁脚注（左側縮進2個字符，宋體小五號），每頁重新編號，注碼采用①②③……的形式。僅是參考或引述的文獻等内容一般不作爲注釋出現。

（四）參考文獻

排在正文後，空一行。“參考文獻”黑體小五號，頂格。所引文獻、書目等宋體小五號，另起一行，頂格，回行空7個字符。參考文獻格式爲：

1. 期刊、輯刊或論文集中的文章書寫順序爲：作者或編者（2人以上，中間空1個字符）、出版年份（前後各空1個字符）、文題（加書名號）、（編者名）、刊名或論文集名（加書名號）、（出版社）、期數、（頁碼）。例如：

喻遂生　2002　《甲骨文單個祭祀動詞句的轉换和衍生》，《語言研究》第2期。

裘錫圭　1983　《戰國璽印文字考釋三篇》，《古文字研究》（第10輯），中華書局。

李學勤　2016　《清華簡的文獻特色與學術價值》，姚小鷗主編《清華簡與先秦經學文獻研究》，生活·讀書·新知三聯書店。

2. 學位論文書寫順序爲：作者（2人以上，中間空1個字符）、出版年份（前後各空1個字符）、文題（加書名號）、學位授予機構及學位論文類型。例如：

陳　劍　2001　《殷墟卜辭的分期分類對甲骨文字考釋的重要性》，北京大學博士學位論文。

3. 專著書寫順序爲：作者或編者（2人以上，中間空1個字符）、出版年份、書名（加書名號）、有關章節的編號、出版社。例如：

張顯成　2004　《簡帛文獻學通論》，中華書局。

馬承源（主編）　2001　《上海博物館藏戰國楚竹書（一）》，上海古籍出版社。

太田辰夫　2003　《中國語歷史文法》（修訂譯本），蔣紹愚、徐昌華譯，北京大學出版社。

4. 報紙上的文章書寫順序爲：作者（2人以上，中間空1個字符）、出版年份（前後各空1個字符）、文題（加書名號）、報紙名（加書名號）、日期。例如：

黄德寬　2017　《漢語史研究要避免落入新材料的陷阱》，《文匯報》2月3日。

5. 外文參考文獻等書寫順序同中文。文章、書名排斜體。例如：

鷹取祐司　2017　《肩水金関遺址出土の通行証》，鷹取祐司編《古代中世東アジアの関所と交通制度》，汲古書院。

William H. Baxter, Laurent Sagart 2014 *Old Chinese: A New Reconstruction*, New York: Oxford University Press.

6. 其他。

非正式出版的論著或非紙質媒體發表的論著，可以當頁脚注的形式注明。

同一作者（編者）如有數條文獻的，逐條分行排列，按文章发表年份順序排列。作者（編者）在三人以上時，可在第一作者（編者）後加“等”字。

中文目録的編排順序以作者（編者）姓氏的音序排列；譯著按中文目録格式寫。外文目録一律排在中文目録後，順序先日文（文獻順序按作者姓氏中文讀音排序）後西文。

（五）作者簡介與聯繫方式

宋體五號。作者簡介包括：作者姓名、出生年月、籍貫、單位、職稱、學位、研究方向等。作者聯繫方式包括：通訊地址、郵政編碼、電子郵箱、聯繫電話等。

四、來稿處理

本刊采用雙向匿名審稿制度。編輯部一般在收到來稿後三個月内將審稿結果通過電子郵件告知作者。若編輯部未能如期處理稿件，作者可在三個月後來信咨詢。若需撤稿，請及時告知編輯部。

本刊不向作者收取版面費、審稿費等。稿件一經發表，本刊將贈送樣書兩册並支付薄酬。

五、聯繫方式

通訊地址：重慶市北碚區天生路2號西南大學漢語言文獻研究所《出土文獻綜合研究集刊》編輯部（400715）

電子郵箱：ctwxzhyj@163.com

聯繫電話：023-68252385

圖書在版編目（CIP）數據

出土文獻綜合研究集刊. 第十七輯/西南大學出土文獻綜合研究中心、西南大學漢語言文獻研究所主辦. —成都：巴蜀書社，2023.5

ISBN 978-7-5531-1982-3

Ⅰ.①出… Ⅱ.①西…②西… Ⅲ.①出土文物—文獻—研究—中國—叢刊 Ⅳ.①K877.04-55

中國版本圖書館CIP數據核字(2023)第071843號

出土文獻綜合研究集刊（第十七輯） 西南大學出土文獻綜合研究中心 西南大學漢語言文獻研究所 主辦
CHUTU WENXIAN ZONGHE YANJIU JIKAN

責任編輯	周昱岐
封面設計	冀帥吉
出版發行	巴蜀書社
	四川省成都市錦江區三色路238號新華之星A座36樓
	郵編：610023
	總編室電話：（028）86361843 發行科電話：（028）86361847
網　　址	www.bsbook.com
經　　銷	新華書店
印　　刷	成都蜀通印務有限責任公司
	電話：（028）64715762
版　　次	2023年5月第1版
印　　次	2023年5月第1次印刷
成品尺寸	260mmx185mm
印　　張	12.75
字　　數	250千
書　　號	ISBN 978-7-5531-1982-3
定　　價	75.00圓

本書如有印裝質量問題，請與本社發行科聯繫調換